길림성 통화 만발발자 유적
# 고조선과 고구려의 만남

**일러두기**

• 이 책은 2020년도 동북아역사재단 기획연구 수행 결과물임(NAHF-2020-기획연구-31).

동북아역사재단
연구총서 130

길림성 통화 만발발자 유적

# 고조선과 고구려의 만남

### 책을 펴내며

고구려는 고조선을 계승한 고대국가다. 고구려 스스로 고조선을 계승했노라고 표명한 기록은 없지만 고고학 자료는 이를 보여주고 있다. 단편적인 기록이나마 고구려현이 고조선의 관할 범위에 있었다는 내용도 사서에 나온다.

이 책에서 주로 다루고 있는 중국 길림성 통화(通化)시 만발발자(萬發撥子) 유적은 고조선과 고구려의 문화 요소가 상하 복합적으로 퇴적되어 있는 대형 유적이다. 고조선과 고구려 유적이 이렇게 한꺼번에 한 유적에서 발견된 최초의 사례다. 이 때문에 우리 학계는 고조선 멸망 후 문화 변동, 고구려 문화의 기원, 고조선과 고구려의 계승 관계를 풀 수 있는 유적으로 오랫동안 주목해 왔다.

유적은 1956년 처음 발견됐으나 출토 유물 등 전체적인 정황에 대한 정보가 공개되지 않고 있었다. 간헐적으로 발표되는 중국 학계의 짧은 글이 전부였다. 그러다가 2019년 9월에 종합발굴보고서가 간행됐다. 발견 후 60여 년이 흐른 뒤였다. 오랜 시간이 흐르면서 발굴당시의 기록 일부가 소실됐고 유물 일부도 부패하고 없어졌다. 유적은 이미 중국사적 시각에서 해석됐고 내용도 중국사 중심으로 구성됐다.

이에 재단은 한국사적 시각에서 만발발자 유적을 검토할 필요성을 느끼고 지난해인 2020년 학계와 공동으로 이 유적을 전면적으로 검토했다. 고조선과 고구려 전공자들이 모여 유적에서 발견된 무덤이나 주거지, 청동기, 철기, 토기 등을 분석하고 연구했다. 같은 해 연구 결과물을 공유하는 학술대회를 개최했고, 일부 원고는 재단이 간행한 『동북아역사논총』 71호(2021. 3)와 국내 저명 학술지에 나누어 게재했다. 이를 통해 고조선과 고구려의 계승 관계를 탐색하고 한국고대사의 국제적 위상을 높이고자 했다.

이 책은 일반 독자들을 위해 학술지에 게재한 원고를 읽기 쉽게 보완해서 엮은 것이다. 사진과 도면이 중복되더라도 내용의 이해를 위해 추가했고 전문용어의 사용을 되도록 자제하고 풀어 썼다. 그럼에도 불구하고 유물의 명칭 등 한자식 표현이 여전히 많다.

본문은 모두 일곱 개의 글로 구성했다. 만발발자 유적뿐만 아니라 인근의 유적 자료와도 비교해 고조선과 고구려의 계승성을 살폈다.

박선미 동북아역사재단 연구위원은 유적이 위치한 통화지역의 역사지리적 배경과 고고학적 배경을 검토하고 만발발자 유적이 고조선사와 고구려사에서 갖는 의미를 살폈다. 고조선과 고구려를 직접 연결시켜 서술한 문헌기록을 검토하고 유적에서 발견되는 고조선 및 고구려 문화 요소의 전반을 살폈다. 이를 통해 통화지역의 청동기시대 토착 주민들이 고구려 초기 역사에 관계하면서 남긴 것이 만발발자 유적일 것으로 추정했다.

강인욱 경희대 교수는 만발발자 유적의 무덤 자료를 살폈다. 그는 인근 지역의 석묘 유적과 비교해 기원전 4세기 동북아시아의 역동적인 문화 변동이라는 거시적인 맥락과 만발발자라는 지역사회의 변천을 비교, 검토했다. 이를 통해 통화와 환인(桓仁) 일대가 후기 고조선의 영향을 벗어나 초기 고구려 세력에 편입되는 과정의 변화를 이 유적이 보여주고 있음을 지적했다.

강현숙 동국대 교수는 고구려 형성을 전후한 시기의 돌무덤을 검토해 고구려 적석총과의 관계를 탐색했다. 만발발자 유적에서 발견된 돌무덤 가운데 대개석적석묘는 고구려 적석총의 연원으로 지목됐으나 구조적으로 상호 차이가 있음을 밝혔다. 이는 고구려 초기 적석총이 어느 특정한 무덤에서 연원한 것이 아니라 오랜 기간에 걸쳐 여러 요소가 복합적으로 결합된 데에서 온 것으로 추정했다.

이종수 단국대 교수는 유적에서 발견된 토광묘와 집장묘(集葬墓)를 분석하고 검토했다. 집장묘는 하나의 묘광에 35인이 매장되어 있는 무덤이다. 그는 무덤의 구조와 장법 등을 비교해 만발발자 토광묘가 고조선의 지배계급 무덤인 심양의 정가와자 유적에서 기원했을 것으로 보았다. 집장묘는 전염병 등 비정상적인 사망과 같은 긴급한 상황에서 조영된 것으로 추정했다.

이후서 경희대 연구교수는 유적이 위치한 혼강 유역의 세형동검문화와 휘발하, 두만강, 길림 등에서 출토한 광범위한 고고학 자료를 비교, 검토했다. 그는 세형동검문화에서 보이는 '동검-동과-동모'라는 청동무기, 다뉴동경, 토기 그리고 이것들이 묻혀 있던 무덤과 주거지 등을 함께 살폈다. 이를 통해 고조선의 네트워크에 포함되어 있던 혼강 유역의 정치체가 기원전 2세기경 점차 이탈해 다변화된 네트워크를 구축하며 독자적인 성장 전략을 추구한 역사상을 보여줬다.

김상민 목포대 교수는 유적에서 출토한 철기를 인근 지역의 철기와 비교해 후기 고조선~초기 고구려의 철기문화를 살폈다. 그는 재가공한 철제품과 버드나무잎 모양의 철제 화살촉이 만발발자 유적에서 출토된 철기의 특징으로 보았다. 이것이 고구려에 계승, 발전하여 독특한 형태의 초기 고구려 철기문화를 형성했음을 밝혔다.

양시은 충북대 교수는 만발발자 유적에서 출토한 토기를 분석해 고조선에서 고구려로 이어지는 문화적 계통 관계를 밝히고자 했다. 이를 위해 환인 오녀산성, 망강루 고분군 등에서 출토된 토기를 비교했다. 그는 혼강과 압록강 중상류 일대에 거주하던 집단이 청동기시대 후기부터 이어진 토기 제작 전통을 일부 계승하면서 동시에 부여 등의 영향을 받아 고구려 토기의 모습을 갖추어 발전시킨 것으로 추정했다.

일곱 명의 집필자가 고조선과 고구려의 계승 관계를 알아보고자 주제를 나누어 꼼꼼히 살펴보았다. 학계에서는 처음으로 시도되는 것으로 기대만큼 연구 결과가 나온 것은 아니다. 그러나 만발발자 유적과 같은 고고학 자료가 더 발견된다면 고조선과 고구려의 계승성을 보다 명확히 밝힐 수 있을 것으로 기대한다.

고조선과 고구려에 대한 일반 대중의 관심이 뜨겁다. 고조선의 멸망과 그 주민의 향방, 적석총이라고 하는 독특한 형태의 고구려 묘제와 그 연원 등 많은 부분들이 과제로 남아 있다. 이 책이 고조선과 고구려에 대한 궁금증을 푸는 데 조금이나마 도움이 되었으면 한다.

필자를 대표해
동북아역사재단 연구위원
박선미 씀

# 차례

4 　　책을 펴내며

## 고조선·고구려사 속의 통화 만발발자 유적
　　　　　　　　　　　　　　　　　　　　　　　박선미

11 　　유적의 발견 경위와 의미
18 　　통화지역의 역사·지리적 환경
22 　　통화지역의 고고학적 배경
25 　　만발발자 유적 속의 고조선과 선(先)고구려 문화
36 　　고조선과 고구려의 접점 찾기
41 　　고조선 주민과 선고구려 주민의 연속

## 통화지역 모피 생산 집단의 흥망으로 본
## 고조선에서 고구려로의 전환 과정
　　　　　　　　　　　　　　　　　　　　　　　강인욱

49 　　만발발자 유적과 고대 통화지역의 문화
51 　　통화지역 묘제의 구성과 변천
66 　　무덤으로 본 만발발자 사회의 특성
74 　　만발발자 집단의 성격
90 　　새로운 연구의 지평을 기대하며

## 만발발자 유적의 무덤과 고구려 형성기 적석총  강현숙

- 97  고구려 적석총의 연원은 어디에
- 98  고구려 형성기의 무덤
- 116 만발발자 유적 무덤의 종횡 관계
- 125 만발발자 유적 무덤과 고구려 형성기 적석총의 관계
- 132 더 많은 고고학 자료를 기대하며

## 토광묘와 집장묘의 계통과 성격  이종수

- 137 토광묘와 집장묘를 둘러싼 논의들
- 139 만발발자 유적에서 발견된 토광묘와 집장묘
- 147 토광묘가 만들어진 시기
- 150 심양 정가와자 유적 토광묘와의 관계
- 154 토광묘를 사용한 사람들은 누구인가
- 156 집장묘는 왜 만들었을까
- 164 탐색의 확장: 선고구려문화의 백제 계승 문제

## 혼강 유역의 세형동검문화와 만발발자 유적  이후석

- 171 혼강 유역 세형동검문화의 주인공은
- 173 혼강 유역의 유적 분포와 만발발자 유적
- 178 청동유물 출토 유구와 주요 유물
- 194 세형동검문화의 특징과 네트워크의 변천
- 212 혼강 유역의 세형동검문화와 고조선-고구려

## 만발발자 유적 철기를 통해 본 초기 고구려 철기문화의 등장 배경

김상민

- 217  후기 고조선과 초기 고구려의 철기문화는 같은 맥락 속에 이어지는가
- 220  만발발자 유적 철기의 출토 양상
- 227  만발발자 유적 철기문화의 시·공간적 변화
- 239  천산산맥 이동 지역 후기 고조선~초기 고구려 철기문화의 전개
- 255  초기 고구려 철기문화의 완성에 대하여

## 만발발자 유적을 통해 본 고구려 토기의 기원과 형성

양시은

- 261  고구려 토기의 기원 문제
- 262  만발발자 유적 출토 고구려 토기
- 274  압록강-환인 일대에서 출토된 토기와의 비교
- 290  고구려 토기의 기원과 형성
- 294  꾸준한 연구의 축적을 기대하며

- 301  찾아보기

# 고조선·고구려사 속의
# 통화 만발발자 유적

## 유적의 발견 경위와 의미

만발발자 유적은 행정구역상 중국 길림성 통화시에 위치한다. 고조선의 물질문화로 알려진 세형동검문화 요소와 방단적석묘 같은 고구려 초기 물질문화 요소가 복합적으로 퇴적되어 있는 대형 유적이다. 1956년 처음 발견된 이후 1990년대까지 왕팔발자(王八脖子)라는 이름으로 알려졌다. 6,400여 제곱미터가 넘는 발굴 면적 내에서 신석기시대 말부터 고구려 시기의 주거지와 무덤이 발견되었다.[1] 이 때문에 우리 학계는 고조선 멸망 후의 문화 변동, 고구려 국가 성립, 고구려 문화의 기원 등과 관련해 주목해왔다.[2]

유적이 발견된 이후 1980년대와 1990년대에 몇 차례에 걸쳐 조사와 발굴이 이루어졌으나 발굴 정황에 대한 정보가 공개되지 않았다. 1999년

**그림 1** ── 만발발자 유적 앞에 세워진 통화시박물관(2019년 촬영)

에 중국 10대 발굴로 선정되었고, 2001년에는 전국중점문물보호단위(全國重點文物保護單位)로 지정되었다. 그럼에도 발굴보고서는 간행되지 않았으며 1988년에 발표된 개략적인 보고가 전부였다.[3] 이 사이에 만발발자 유적과 관련된 개별적인 주제에 대한 중국 학자의 연구물이 간헐적으로 발표되었다.[4] 우리 학계는 중국 측에서 공개하는 발표 자료 외에 유적에서 나온 자료에 접근하기 어려웠다.

이런 와중에 지난 2016년 유적 바로 앞에 통화장백산민속박물관(通化長白山民俗博物館)이 개관하였고, 2017년에 통화시박물관(通化市博物館)이 정식 개관하였다. 2018년에는 만발발자 유적이 위치한 곳에 만발발자유적민속공원(萬發撥子遺址民俗公園)이 조성되었다. 민속박물관은 장백산 일대의 만주족, 조선족, 몽고족 등의 문화와 풍속 관련 전시를 하고 있다. 통화시박물관은 통화지역에서 출토된 선사시대부

터 청대까지의 유물을 전시하고 있다. 전시 유물 가운데에 만발발자 유적과 고구려 유적 등에서 출토된 유물이 있다.[5] 그런데 전시 설명을 보면 기자를 예맥의 시조로 묘사하고 있어 역사 왜곡이 상당하다. 유적공원에는 광장, 민속 풍경 거리, 호수 등이 마련되어 있는데, 만주족 문화 일색으로 구성되어 있다.[6] 위의 상황을 종합해보면, 중국 정부는 유적공원과 박물관 설립을 통해 중국 동북 지역의 소수민족에 대한 이른바 '통일적 다민족국가론'의 선전과 역사 대중화를 본격적으로 구현하고 있는 것으로 판단된다.[7] 만발발자 유적이 압록강 중상류 지역의 대표적인 유적이라고 선전하면서 이 지역에서 주로 활동한 고구려 대신 만주족을 내세우고 있다. '포스트 동북공정'이 사실상 고구려사를 삭제하는 수순에 들어섰음을 시사한다.

안타깝게도 중국 학계에 발표된 글과 언론 보도 외에 우리 학계는 구체적인 정보와 정황을 알 수 없었다. 이 때문에 국내 학계의 관련 연구도 이렇다 할 진전을 보지 못하였다.

　이러한 상황에서 2019년 9월 종합보고서가 길림성문물고고연구소와 통화시문물관리실에 의해 발간되었다. 보고서에 따르면, 발굴 종료 후 2012년 11월부터 2017년 12월까지 동북사범대학 위징(余靜)이 2차로 진행된 발굴 자료를 정리하였다.[8] 이것이 작년에 간행된 종합보고서에 수록되었다. 그러나 발굴 후 20년의 시간이 흐르면서 발굴 당시의 기록 중 일부가 소실되었고 유물 일부도 부패하고 없어졌다. 1985년 2차 정밀조사 및 1987년에 진행된 1차 발굴 조사 내용에 대해서는 영원히 알 수 없게 되었다.

　종합보고서가 출판된 이후 국내에도 보고서의 개략적인 내용과 유적의 중요성이 소개되었다.[9] 동북아역사재단도 만발발자 유적에 대한 종합적인 검토를 진행하고 '통화 만발발자 유적을 통해 본 고조선·고구려 계승 관계'라는 제목으로 2020년 11월에 학술대회를 개최하였다. 발표된 글을 보면 유적은 이미 중국사적 시각에서 해석되었고 보고서의 내용도 중국사 중심으로 구성되었다. 유물을 실견하지 못하는 상황이지만 만발발자 유적에 대한 우리 학계의 종합적인 분석이 필요한 이유이기도 하다.

　유적은 통화시 동남부에 위치한다. 행정구역상으로 금창진(金廠鎭) 동창구(東昌區)의 약진촌(躍進村)과 강남촌(江南村) 경계에 속한다. 해발고도 약 370~466m 높이의 산구릉 능선 하단부 사면에 주거지와 무덤이 분포해 있다. 유적 한가운데로 통화와 집안(集安)을 오가는 옛 도로가 있다. 유적의 동쪽은 백두산 서록에 속하며 산세는 대체로 동북에서 서남으로 뻗어 있다. 압록강(鴨綠江)의 주요 지류 중 하나인 혼강(渾江)이 동북에서 서남으로 굽이져 흐르면서 통화시를 통과하고 있다. 유적은 혼강 우안 약 1.5km 거리에 있다. 유적 남쪽에 현대의 촌락

**그림 2** ── 만발발자 유적 전경(위), 유적 표지석(2007년 촬영)

이 형성되어 있고, 그 앞쪽 250여 미터 거리에서 금창하(金廠河)가 유적의 동남쪽을 지나 혼강으로 유입된다. 유적이 위치한 이 일대의 지형이 목을 빼고 엎드려 있는 거북의 모습을 닮았다 하여 촌민들이 '왕팔발자(王八脖子)'라고 불렀다고 한다. 이 때문에 처음에 왕팔발자 유적으로 알려졌다. 1996년에 중국국가문물국이 고고유적 항목을 비준할 당시 만발발자 유적으로 이름을 고쳤다. 1960년과 1985년에 길림성 소재 유적조사의 일환으로 개괄적인 조사가 이루어졌다. 정식 발굴은 두 차례에 걸쳐 이루어졌다. 길림성문물고고연구소가 1987년에 1차 발굴하였다. 당시의 발굴자료는 공개되지 않았다. 같은 기관에서 1997년 4월~1999년 11월까지 3년간 2차로 발굴을 진행하였다. 발굴 면적만 6,457m²에 달하는 규모이다.

모두 여덟 개의 구역으로 나뉘어 발굴되었다. 서쪽의 나지막한 구릉에 Ⅰ·Ⅱ·Ⅲ·Ⅳ구역이 있고 동쪽의 비교적 높은 구릉 사면에 Ⅴ부터 Ⅷ

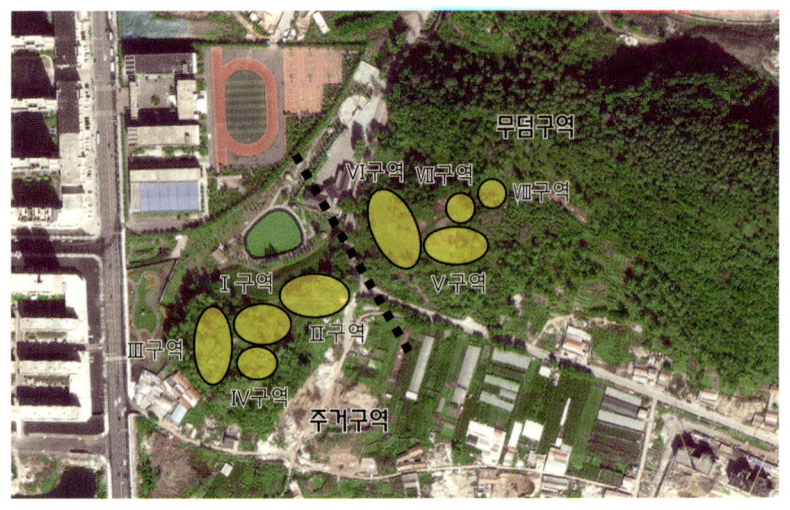

**그림 3** ──── 만발발자 유적의 발굴구역과 위치 현황(이후석 제공)

구역이 있다. 이 가운데 주거지는 주로 Ⅰ·Ⅱ구역에서, 무덤은 Ⅴ·Ⅵ구역에서 발견되었다. 서쪽의 나지막한 구릉에 생활유구가, 동쪽의 비교적 높은 산지에 고분군이 분포하는 형세이다.

생활유구로는 주거지 20기, 수혈(灰坑) 137기, 구상유구(灰溝) 9기, 환호(環山圍溝) 1기가 발견되었다. 환호는 일종의 취락 형태를 알 수 있는 자료로 주목된다. 무덤으로는 토광묘 21기, 석관묘 11기, 석곽석관묘 1기, 대개석묘(혹은 대석개묘) 4기, 대개석적석묘(혹은 대석개적석묘) 2기, 무기단석광적석묘 1기, 방단적석묘 1기가 발견되었다. 고조선 후기에 해당하는 대개석적석묘와 고구려 초기에 해당되는 무기단석광적석묘 및 방단적석묘가 같은 지역에서 발견된 점도 의미가 있다.

출토 유물은 토기, 청동기, 철기, 석기, 골기 등과 각종 금동·은제품 등 6,942점이다. 일부가 통화시박물관과 길림성박물원에 전시되어 있다.

유적에서는 신석기시대부터 명대까지 모두 6개의 문화층[10]이 확인되었다. 보고서의 설명대로 문화층을 열거해보면, 가장 이른 시기부터 신석기시대 문화층, 만상(晚商)~서주(西周)시대 문화층, 춘추전국시대 문화층, 서한~양한(兩漢)시대 문화층, 위진(魏晉)시대 문화층, 명대(明代) 문화층이다. 이 밖에 분기를 알 수 없는 경우와 경작토 등에서 채집된 유물이 있다. 이와 같은 구분에 대해 우리 학계는 1기 신석기시대, 2기 청동기시대 조기(상대 만기~서주 시기), 3기 청동기시대 만기(춘추전국시대), 4기 기원전 2세기~기원 전후(서한~양한 교체기), 5기 기원후 3~5세기(위진시대), 6기 명대로 조정하였다. 그리고 보고서에 제시된 연대 설정에 약간의 조정이 필요하다는 점을 지적하였다.[11]

5기 위진시대로 편년된 문화층은 전형적인 고구려 묘제와 토기 등이 포함된 고구려 문화층에 해당된다.

# 통화지역의 역사·지리적 환경

통화지역은 행정구역상 통화시를 중심으로 동창구·이도강구(二道江溝) 등의 2개 구, 통화현·류하현(柳河縣)·휘남현(輝南縣) 등 3개의 현과 집안시·매하구시(梅河口市) 등 2개의 현급 시로 이루어져 있다. 환인현(桓仁縣, 桓仁滿族自治縣)은 행정구역상 요령성 본계시(本溪市)에 속해 있지만 혼강 하류역에 해당되어 지리적으로는 통화지역에 포함된다.

천산산맥 이동에서 이어지는 높고 낮은 산과 동쪽의 백두산 서록에서 이어지는 산지와 구릉이 광범위하게 분포하여 면적의 3분의 2 이상이 산악지역이다. 압록강의 주요 지류인 혼강이 북동에서 서남향으로 굽이져 흐르면서 통화 시내를 관통하고 통화현을 지나 환인저수지를 거쳐 동남향으로 방향을 꺾어 압록강으로 합류한다. 합니하(哈尼河), 부이강(富爾江) 등 비교적 큰 강과 하천이 혼강으로 합류하고 있다. 심양 등이 인접한 요하 이서와 요하 북부 지역의 하천이 계절에 따른 건천(乾川)인 것과 비교해 연중 수량이 풍부하다.

교통의 측면에서 보면, 길림성 남부에 위치하여 동쪽으로 백산시(白山市), 서쪽으로 본계·무순(撫順)과 접하며, 남쪽으로 압록강을 따라 요동반도의 단동·여순·대련으로 이어진다. 북쪽으로 요원시(遼源市) 및 길림시(吉林市)와도 통하며 더 위로는 장춘과 하얼빈으로 가기 수월한 위치다. 육로와 하천로를 통해 각지를 오가는 관문이자 요도(要道)에 위치하고 있어서 고속도로와 같은 큰 길이 나기 전에도 통화를 중심으로 많은 길이 나 있었다. 이러한 지정학적 조건은 현대까지 이어져 천산산맥 이동과 압록강 사이의 도시 중 교통노선이 가장 발달하

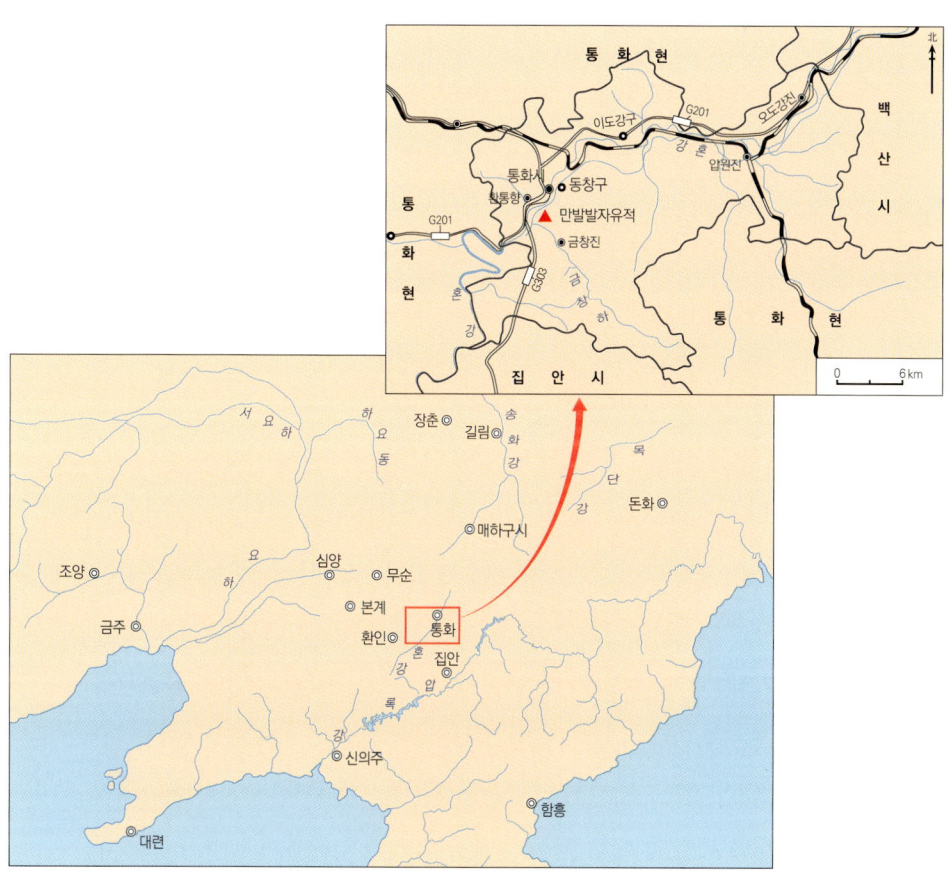

**그림 4** ── 통화지역과 만발발자 유적의 위치

고 밀집해 있다.

문헌에서 통화지역에 대한 기록을 찾아보면, 예맥(혹은 예와 맥)으로 대표되는 고대 종족이 활동했던 곳이자 고조선과 고구려의 관할범위에 속해 있었던 것으로 나타난다. 통화라는 명칭이 문헌에 직접적으로 등장하는 것은 아니지만 『후한서』 동이전 예(濊)조의 기록을 보면 예·옥저·고구려가 모두 옛 조선이라고 되어 있다.[12] 즉 고구려가 들어서

기 전에 이 지역이 고조선의 강역에 포함되어 있었다는 의미다. 통화지역은 고구려 이전 고조선의 관할하에 있었음을 알 수 있다.

기원전 108년에 고조선이 한에 의해 멸망한 후 통화지역의 정황에 대해서는 전쟁 종료 후 한(漢) 정부의 조치를 통해 간접적으로 짐작할 수 있다. 『사기』 조선열전과 『사기』를 주석한 『사기색은』 및 『사기집해』, 『한서』 경무소선원성공신표(景武昭宣元成功臣表) 등을 보면, 고조선을 멸망시킨 후 한은 장군 왕협, 니계상 참 등 고조선과 한의 전쟁에서 한에 협조하거나 투항한 고조선의 지배층을 평주후(平州侯), 홰청후(澅清侯) 등의 제후로 삼았다.[13] 이들이 제후로 봉해진 지역은 제(齊), 발해(渤海), 태산(泰山), 하동(河東) 등의 지역이다. 그런데 이들은 실제로 해당 지역으로 사민(徙民)된 것이 아니라 해당 지역의 식읍이 사여된 것이다.[14] 또한 이들은 한의 군현통치에 대하여 저항하고 고조선의 회복에 가담하기도 하였다.[15] 전쟁 이후 군현 설치가 이루어졌지만 고조선 주민들의 이동이 많지 않았음을 알 수 있다.

통화지역은 현도군(玄菟郡)과도 연관된다. 한 무제는 고조선을 멸망시킨 후 고구려를 현으로 만들어 현도에 속하게 하였다.[16] 현도군은 다른 군현과 달리 1년 정도 늦게 설치됐는데, 처음 설치된 위치에 대해서는 여러 이설(異說)이 있다. 함흥(咸興)을 중심으로 한 동해안 지역으로 보는 견해,[17] 길림성 집안을 중심으로 한 압록강 중류 지역으로 보는 견해,[18] 함흥 일대의 동해안과 압록강 중류 지역 및 이 두 지역을 연결하는 일대로 보는 견해[19]가 있다. 이 가운데 두 번째 견해는 현도군이 압록강을 중심으로 서쪽으로는 현재의 통화지역, 동쪽으로는 북한의 강계와 위원 및 희천 등을 포괄하는 지리적 범위로 보고 있다. 그러나 첫 번째와 두 번째의 견해를 따를 경우 『삼국지』 동옥저조와 『후한서』

고구려조의 기록과 상충되는 점을 들어 최근에는 세 번째, 즉 함흥 일대의 동해안과 압록강 중류 지역 그리고 두 지역을 연결하는 좁고 긴 통로를 관할하였다고 보는 견해가 지지를 받고 있다.[20]

기록에 따르면 현도군은 두 차례에 걸쳐 이치(移置)되었다. 기원전 107년에 처음 설치된 현도군은 이맥(夷貊)의 침략을 받아 기원전 75년에 1차 이전하였다.[21] 이것이 제2 현도군이다. 학계는 이치 이전의 현도군을 제1 현도군으로 불러 구분하고 있다. 1세기 말부터 고구려의 침략이 잦아지면서 2차 이동하게 되는데,[22] 이것이 제3 현도군이다. 대략 106년의 일로 보고 있다. 제3 현도군의 경우 현재의 요령성 무순지역으로 추정되고 있다. 이후 현도군은 수 차례에 걸친 고구려의 공격에 의해 404년 이전에 고구려 영토로 편입되었다.

제1·제2 현도군의 위치는 통화지역을 포괄하고 있다. 제1 현도군의 위치에 대해서는 앞에서 언급한 바와 같다. 제2 현도군의 경우는 『한서』 지리지의 기록[23]을 근거로 현도군의 속현인 고구려(高句麗)·상은태(上殷台)·서개마(西蓋馬) 등 3개 현의 위치를 추정해 압록강 중류 유역과 그 인근으로 비정하고 있다. 특히 고구려현의 위치는 현재의 통구(通溝)평야가 있는 집안으로 보는 것이 일반적이다. 상은태현의 경우는 통화의 적백송고성(赤柏松古城)이나 신빈(新賓) 지역으로 보아 대체로 혼하의 지류인 소자하(蘇子河) 상류 일대로 추정하고 있다. 서개마현은 혼강과 부이강이 만나는 곳 또는 북한의 강계와 위원 등의 지역으로 추정되고 있다. 흥미로운 점은 고구려현이 제2 현도군 시기에도 존재한다는 점이다. 고구려 국가 성립과 관련해 고구려현의 실체에 대한 검토가 필요하다.

여하튼 이와 같이 제1 현도군과 제2 현도군 시절에 통화지역의 일부는 한군현의 관할범위로 들어가 있었던 것으로 이해할 수 있다. 그러나 초기 고구려사가 통화지역, 즉 환인과 집안 일대를 중심으로 전개되었던 만큼 이 지역은 고구려에 중요한 의미를 지닌다. 이 일대에 고구려 책성들이 분포해 있는 점이 이를 잘 보여준다.

## 통화지역의 고고학적 배경

고고학 자료는 비교적 일찍부터 통화지역에 인류가 거주하기 시작했음을 보여준다. 기원전 4만 년에서 기원전 2만 년의 구석기시대 동굴유적에서 출토된 타제석기와 뼈도구 및 불탄 흔적이 발견되었다. 기원전 4000~기원전 3000년으로 편년되는 신석기시대에는 더 많은 유적이 통화시의 혼강 양안에 분포해 있다. 청동기시대에는 유적의 밀집도가 훨씬 강해지다. 통화시 금창진(金敞鎭) 남두둔묘군(南斗屯墓群), 매하구시의 보산촌북(寶山村北) 유적과 보산촌남(寶山村南) 유적, 집안시 두도진(斗道鎭) 장강촌(長崗村)의 장강(長崗) 유적과 태평향(太平鄕) 오도령묘군(五道嶺墓群), 통화현의 우가구(于家溝) 유적 및 서강(西江) 유적 등이 대표적이다. 특히 통화, 신빈, 환인, 집안 등을 잇는 하곡(河谷)과 능선을 따라 청동기시대 후기와 초기 철기시대 및 고구려 초기 적석묘가 분포해 있다. 게다가 초기 철기시대 유적에서는 초기 세형동검과 부여계 철검 등이 출토된 바 있어서 고구려사 외에도 이 지역이 한국 고대사에서 갖는 의미는 크다.

요령성과 길림성 등 중국 동북지역에서 청동기시대의 비파형동검문화가 발전하고 있었을 때 이 지역에서도 같은 유(類)의 동검문화가 발전하였다. 비파형동검문화는 지역에 따라 유구[24]와 유물의 조합상이 다르게 나타나 특정 문화유형으로 발전했는데, 통화지역은 비파형동 검문화로만 보면 핵심지역에서는 벗어나 있었다. 비파형동검문화가 세형동검문화로 전환되는 과도기, 즉 기원전 4세기 후반~기원전 3세 기에는 이른바 상보촌(上堡村)유형에 속해 있었다.[25] 기원전 3세기대를 전후하여 태자하~혼하 상류 및 혼강~압록강 중하류 일대에서 토광묘 나 석관묘와 함께 적석 구조의 석축묘가 유행하고, 상보촌류의 동검으 로 대표되는 청동무기와 점토대토기류가 확산된다. 이것들은 전국시 대 연(燕)에서 생산된 것과 같은 계통의 물품들과 함께 출토되기도 한 다.[26] 대표적으로 본계의 상보촌 유적·유가초(劉家哨) 유적·박보(朴堡) 유적·남분(南芬) 유적, 환인의 대전자(大甸子) 유적·추수동(抽水洞) 유 적·왕의구(王義溝) 유적·풍가보자(馮家堡子) 유적·소황구(小荒溝) 유 적, 무순 연화보 유적 외 다수가 있다. 대부분 산간구릉 지대의 하천변 에 위치한 전망 좋은 구릉의 능선이나 구릉 말단부의 넓은 평탄면에 입지해 있으며, 구릉 능선이나 곡부 주변 교통로로 연결되는 주요 거 점 지역에 분포한다. 상보촌유형의 유적에 대한 검토는 개략적으로 이 루어졌지만,[27] 대개석적석묘와 방단석광적석묘 등이 존재하고, 초기 세형동검, 점토대토기, 전국시대 연 계통의 철기와 한 계통의 철기 등 청동기시대 후기에서 철기시대로 넘어가는 과도기, 즉 역사 편년으로 표현하자면 고조선 후기에서 고구려 성립기에 해당되는 유구와 유물 들이 발견된다는 점에서 좀더 정밀한 고찰과 분석이 필요하다.

특히 만발발자 유적과 매우 근접한 곳에 위치한 왕의구 유적에 대한 최근의 발굴 보도는 통화지역이 과도기의 문화 변동에 중요한 위치를 차지하고 있음을 보여준다. 왕의구 유적은 만발발자 유적과 직선거리로 대략 45km 거리에 있으며 혼강으로 연결되어 있다. 강을 이용하여 이동하면 훨씬 수월하게 두 지역을 오갈 수 있는 위치다. 혼강의 주요 지류인 부이강과 접해 있기도 하다. 2006~2007년까지 2차에 걸친 발굴조사가 있었는데, 당시 반지하식 주거지 25기, 수혈 22기, 구상(溝狀) 유구 3기, 무덤 3기 등이 발견되었다. 고구려 문화의 특징 가운데 하나인 방단적석석실묘와 수직 방향의 손잡이가 달린 항아리(雙竪耳鼓腹罐) 등이 발견되어 혼강 유역에서 고구려라는 정치체가 나타나기 이전의 문화 성격을 알 수 있는 유적으로 주목된 바 있다.[28]

그런데 2018~2019년 두 차례에 걸친 조사가 다시 이루어졌고, 이 과정에서 점토대토기가 출토되었다. 구체적인 발굴 정황에 대해서는 알 수 없으나, 보도된 자료에 따르면 반지하식 주거지 6기, 수혈 6기, 구상유구 4기, 무덤 1기와 함께 각종 토기, 철기, 석기 등이 출토된 것으로 보인다.[29] 2006년부터 조사된 것을 종합해보면 왕의구 유적은 기원전 3세기에서 기원후 1세기에 조성된 유적으로, 한국고대사 편년으로는 고조선과 고구려 초기에 해당된다. 토기를 통해 유적의 성격을 가늠해보면, 높은 굽이 달린 두(豆)형토기가 특징인 이른 시기의 것과 승석문(繩蓆文)토기가 나온 늦은 시기의 것이 있다. 이른 시기의 토기는 요하 중상류 유역의 초기 철기문화인 보산문화(寶山文化)와 연결되고 있고, 늦은 시기의 경우는 요동 지역의 무순 연화보 유적과 통한다. 철기도 연화보 유적 및 환인 추수동 유적과 통하는데, 이 두 유적은 고조선 말기의 사회 변동과 관련된 유적이기도 하다.

이와 같이 통화지역은 처음에는 고조선의 관할 범위에 있었다가 이후 현도군, 고구려, 공손씨 등의 주요 각축장이 되기도 하였다. 따라서 통화지역에서 발견되는 기원전 3세기, 즉 철기시대와 기원 전후 및 기

**그림 5** ── 통화지역 및 인근의 초기 철기시대 주요 유적(이후석, 2017, 31쪽 지도에서 수정)

원 1세기대의 유적은 고조선 후기 주민의 향방, 선(先)고구려 주민과 고구려 건국 세력, 현도군을 통한 대한(對漢) 관계의 동향 등을 살피는 데에 중요한 자료이다.

## 만발발자 유적 속의 고조선과 선(先)고구려 문화

고조선과 선고구려 문화의 관계를 알아보기 위해서는 3기와 4기의 유물을 살펴볼 필요가 있다. 3기와 4기는 초기 철기시대와 기원 전후한 시기의 문화층이다. 이곳에서 고조선의 물질문화로 믿어지는 대개석묘[고인돌]·초기 세형동검·점토대토기 등과 고구려 적석총의 원형으로 추정되는 무기단석광적석묘 등이 발견되었다. 토기도 전형적인 고구려 토기가 형성되는 이전 단계에 해당된다고 한다. 따라서 고조선과 고구려의 계승 관계를 알아보기 위해서는 청동기시대 후기와 기원전 2세기~기원 전후로 편년된 문화층을 살펴보아야 한다. 발굴 현장과 유물을 실견할 수 없는 형편에서 발굴보고서만을 가지고 검토한다는 것은 쉽지 않은 작업이다. 그러나 만발발자 유적을 중심으로 주변의 같은 시기 혹은 비슷한 시기의 유적들과 비교해 살피는 것은 고조선과 고구려의 계승 관계에 관한 실마리를 찾는 작업이 될 수 있다.

3기 문화층에서 주거지, 토광묘, 석관묘, 대개석묘, 수혈, 구상유구와 다량의 유물이 조사되었다.

주거지는 11기이다. 평면은 원형, 말각장방형, 장방형, 변형된 철(凸)자형이며 얕은 수혈식이다. 당시 사람들이 생활했던 거주면은 대부분 불에 구워 단단하게 굳히거나 판판하게 다졌다. 불을 사용하기 위한 화덕 시설도 있다. 출입문은 있는 것과 없는 것이 있는데, 평면이 철자형으로 된 경우는 튀어나온 부분이 문으로 사용된 부분이다. 기둥구멍은 없는 경우가 대부분이고, 있는 경우도 거주면 밖의 벽체 가까이에 있다. F3과 같은 주거지의 경우 말각장방형의 얕은 수혈식으로 방 내부의 북쪽 중앙에 타원형의 화덕이 있는 형태이다. 북쪽 벽면에 3개의 기둥구멍과 남쪽 주거면 바닥에 1개의 기둥구멍이 발견되었으나 출입문은 발견되지 않았다. 물건을 보관한 것으로 보이는 구덩이 시설이 있는 주거지(F16)도 발견되었다(그림 6 ①, ③).

주거지 내부에서는 대부분 토기와 석기 등이 출토되었고, 일부 회갱에서 점을 치는 복골(卜骨)도 나왔다. 돼지와 개 등 동물 모양을 한 토제품과 사람 얼굴을 형상한 토제품도 출토되었다.

무덤은 33기가 조사되었다. 토광묘 21기, 석관묘 8기, 대개석묘 4기이다. 서로 다른 종류의 묘제 혹은 같은 종류의 묘제 사이에도 신전장(伸展葬) 및 두향(頭向) 등 시신을 안치하는 방식이 일정하지 않고 다양하다(그림 7). 부장품은 상대적으로 적은 편이며 묘제 간 차이는 많지 않다.

토광묘(M1~M4, M20, M21, M17~M19, M22, M23, M25~M27, M31, M32, M49, M50, M52, M54)는 장방형의 묘광을 판 후 인골을 안치하고 부장품을 넣고 흙으로 덮은 형태이다. 목관 등과 같은 장구(葬具)는 발견되지 않았다. 장식은 단인장, 2인합장, 3인 이상의 합장묘이며 모자(母子)가 합장된 경우도 있다. 천장(遷葬, 혹은 이장)으로 인해 무덤이 비어 있는 예도 있다. 인골은 앙신직지(仰身直肢), 앙신굴지(仰身屈肢) 등이다. 피장자는 성인 남성과 여성, 아동 등이다. M21의 경우, 말갈장방형의 묘광에 35구의 인골이 안치된 매우 독특한 형태의 토광묘이다. 국내에서는 이를 집장토광묘라고 하는데, 이에 대해서는 이 책의 다른 저자가 자세히 다루었다. 토광묘 부장품은 토기, 석기, 골각기, 청동기 등이 있다. 청동기로는 동경(銅鏡, M27), 동모(銅矛, M54), 동구(銅扣, M54)가 출토되었는데, 동경은 문양이 없고 중앙에 뉴(鈕)가 하나 있는 형태이다. 동모는 유엽형(柳葉形)으로 막대를 끼우는 착구(鑿口) 중간에 구멍이 뚫려 있다.

석관묘(M40, M42, M47, M48, M51, M53, M55, M56)는 장방형의 묘광을 판 후 묘광 안쪽에 크고 작은 괴석을 쌓아 석관을 만들고 석벽의 석괴 사이를 잡석이 섞인 흑회색토로 채워넣고 주검을 안치한 후 잡석이 섞인 흙으로 덮은 형태이다. M51과 같이 기반암을 파서 묘광을 만든 사례도 있다. M55의 경우는 장방형의 묘광을 판 후 묘광 안에 크고 작은 돌을 쌓아 장방형의 석관을 조성하고 묘광 바닥에 판석을 깐 형식이다. 판석 위에 시신을 안치하고 크고 작은 돌과 모래흙으로 덮은 다음 다시 묘광 입구에 수 매의 큰 석괴를 올려놓았다. 모두 단인장이며, 앙신직지, 측신굴지(側身屈肢), 팔을 배 위에 교차시켜 놓고 다리를 펴서 묻은 앙신반굴지 등이 있다. 피장자는 남성과 여성, 아동이다. 부장품이 없는 경우도 있으나 소량의 토기, 석기, 청동기가 나왔다. 청동단추(M48), 청동팔찌(M55, M56), 은고리(銀環, M56), 유리제 이전(琉璃製耳璡, M56) 등이 있다. 보고서에 따르면 유리 이전은 길림성 유수 노하심 유적의 2기 문화층의 무덤에서 출토된 것과 동일한 것으로, 서한 초로 편년되는 것이다. 청동팔찌(M56)는 고구려 초기의 팔찌 형태인 망강루 M4호 무덤에서 출토된 것과 같은 것이다. 망강루 유적은 환인에 있는 고구려 유적이다.

대개석묘(M34, M35, M39, M43)는 땅을 파서 묘광을 만들고 크고 작은 석괴로 묘광의 네 벽을 쌓은 후 묘광 바닥에 자갈돌을 깔고 시신을 안치한 후 큰 덮개돌로 무덤을 덮은 형태이다. 묘광의 평면은 장방형 또는 타원형이다. 인골이 확인된 예로 보면 앙신직지장이며, 화장을 한 경우와 안한 경우가 모두 발견되었다. M34의 경우 개석 동쪽에 장방형의 부관(附棺)이 있다. 이 무덤은 남녀 2인합장의 앙신직지장인데 남성의 두개골 우측에 10세 가량의 아동 두개골이 놓여 있다. 방형의 부관에는 토기·석촉과 함께 불탄 인골이 10~15cm 가량 높이로 쌓여 있다. 방형의 석판 아래 얕은 구덩이에서도 1매의 석제 호미와 두형 관(罐)이 나왔다. M35는 화장묘로 인골 3개체가 확인되었다.

보고서에는 3기의 연대를 3기 이른 단계와 3기 늦은 단계로 구분하고 전자를 춘추시대, 후자를 전국시대로 시기 구분하였다. 춘추시대로 제시된 것은 1구역에서 출토된 완(碗)이나 두와 같은 토기인데 이미 지적된 바[30]와 같이 이른 단계로 시기를 설정하기 위한 자료의 보충이 필요하며, 대부분은 전국시대로 편년되는 것들이다. 일부는 한 초까지 편년된 것이 있다.

4기 문화층의 경우 주거지 3기, 수혈 17기, 무덤 7기 등의 유구과 다량의 유물이 출토되었다.

주거지의 경우 평면이 장방형·원형 형태이다. 기둥구멍이나 출입문 등은 없는 경우와 있는 경우 모두 발견된다. 주거지 바닥의 일부에 불탄 흔적이 있다. 소배(小杯), 완 등의 토기, 토제 및 석제 어망추, 석제 갈판, 석검, 골각기 등의 유물이 출토되었다. F4의 경우 화덕이 북쪽에 있고 그 남쪽에 규칙적으로 배열된 두 줄의 석괴가 있는데 사진과 도면으로 보아 구들의 초기 형태로 추정된다. 보고서에는 연도(煙道)로 서술되어 있다(그림 6 ②). 수혈에서 각종 토기와 석촉 등의 석기, 골각기 등이 출토되었다. 구상유구는 2기가 발견되었다. 안에서 토기와 석기 등이 출토되었다.

무덤은 7기로 석관묘 3기, 석곽석관묘 1기, 대개석적석묘 2기, 무기단방단적석묘 1기이다. 앞 시기에 비해 크기가 커지고 적석 형태의 석묘로 바뀌었다(그림 7).

석관묘(M44, M45, M46)는 장방형의 묘광을 판 뒤 묘광의 네 벽에 잡석을 쌓아 석관을 조성한 형태이다. 3기 모두 뼈를 묻은 후 관 내부에서 불에 태운 경우이다. 주검을 화장한 것이 아니라 육탈을 시킨 뼈를 모아 관에 안치한 후 화장을 한 2차장이다. M44의 경우는 관 내부에서 불에 탄 인골의 오른쪽 다리 부근에서 또 다른 불탄 인골 무더기가 발견되었는데, 인골더미는 화장 후에 매장된 2차장으로 추정되었다. 석관묘의 부장품은 많지 않다. 호(壺)와 관 등의 토기 및 간단한 석기가 부장되었고, 세형동검 조각이 M45에서 출토되었다. 알다시피 세형동검은 고조선 후기에 편년되는 유물이어서 무덤의 피장자와 관련하여 주목되는 부분이다. 본계시 상보촌 석관묘, 환인 대전자 석관묘, 화전 서황산둔 대개석묘 등에서 출토된 검과 유사하며 혼강과 태자하 유역에서 많이 발견되는 검들이다. 3기의 석관묘와 비교해보면 모두 화장이 이루어지고 있는 점, 세형동검 등 늦은 시기의 유물이 부장된 점 등이 다르다.

석곽석관묘(M36)는 장방형의 묘광을 파고 크고 작은 석괴를 쌓아 석곽을 만든 뒤 석곽의 네 벽 안쪽에 석판을 세워 상자 모양의 석관을 조성한 형태이다. 다인다차장으로 관 안에서 인골과 부장품이 나왔다. 6인이 매장되었는데, 3개 층으로 구분되어 있고 층마다 자갈돌을 깔았다. 맨 위층에 화장한 인골 2구가 있다. 호·관 등의 토기와 동명전(銅冥錢) 1매가 출토되었다. 중간층에서도 2구의 인골이 발견되었고 호·관 등의 토기, 석제 구슬 등이 출토되었다. 묘광 안에 화장한 흔적이 있다. 맨 아래층에서도 남녀 인골 2구가 발견되었고 호·관 등의 토기, 구슬·끌 등의 석기, 동전(銅錢) 1매 등이 출토되었다. 동전은 원형으로 문자가 없고 네모난 구멍이 있는 형태다. 석곽 내부 동남쪽 모서리 부분에 판석을 세워 만든 장방형의 석관 안에서 개뼈가 나왔다.

대개석적석묘(M38, M41)는 장방형의 묘광을 파고 네 벽에 돌을 쌓은 후 큰 돌로 덮고 그 주위나 덮개돌 위에 돌을 쌓아 올린 형태의 무덤이다. M38은 장방형의 묘광을 큰 돌로 덮고 그 위를 크고 작은 괴석으로 쌓은 형태이다. 적석의 외형은 방형에 가깝다. 묘광 바닥에 자갈돌을 깔았다. 인골은 이 위에서 나왔다. 호·관 등의 토기가 출토되었다. M41은 장방형의 묘광을 파고 큰 돌로 묘광의 한 벽을 만들고 나머지 세 벽을 괴석으로 쌓아 만든 형태다. 묘광 바닥은 운모혈암제 판석을 깔았고 판석 위에 다시 자갈돌을 쌓았다. 적석은 타원형에 가깝다. 내부에서 소량의 인골이 나왔는데 천장 후 남은 뼈로 추정된다. 토제 방추차, 석촉, 용도 불명의 청동기 조각과 철제 괭이가 나왔다. 보고서는 철제 괭이를 연 계통의 철기로 보고 있다.

무기단석광적석묘(M37)는 지상에 돌을 쌓아 장방형의 묘광을 만든

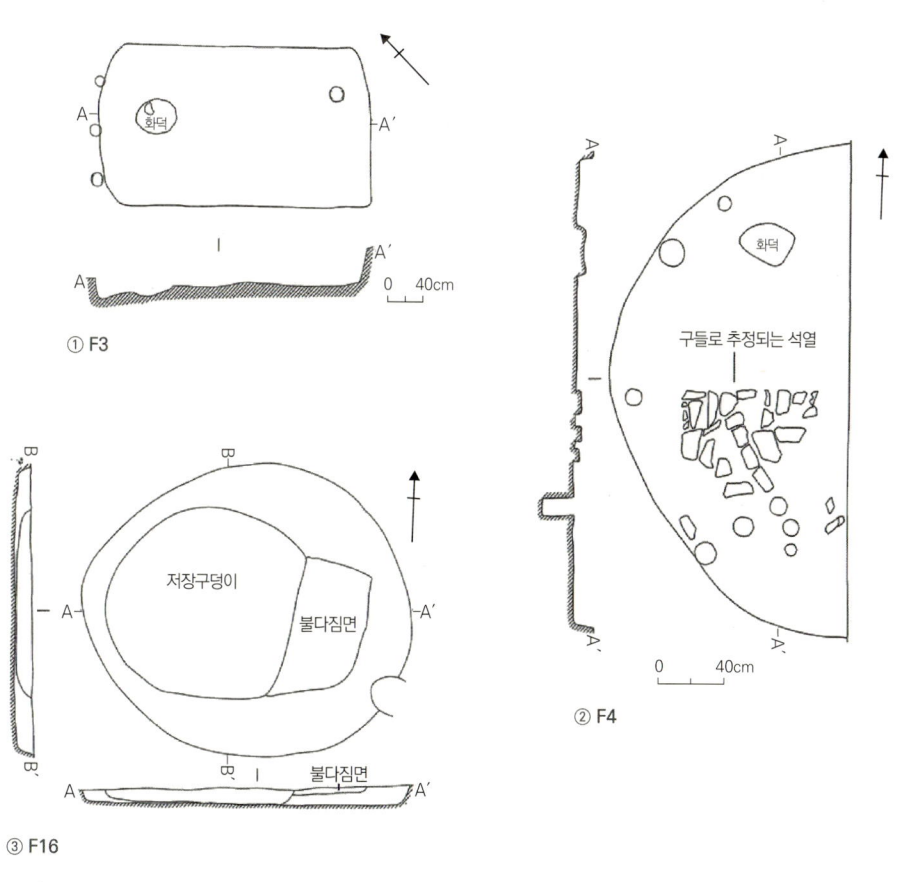

**그림 6** ── 3기·4기 문화층의 주거지

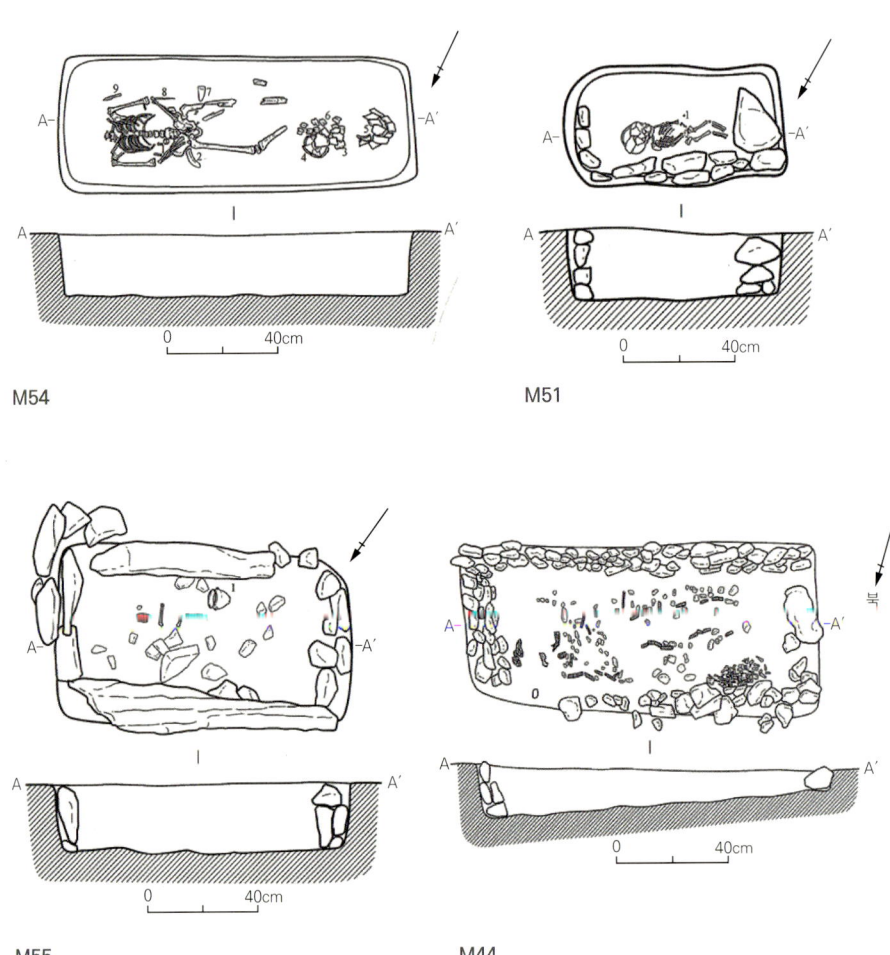

그림 7 ―― 3기·4기 문화층의 무덤

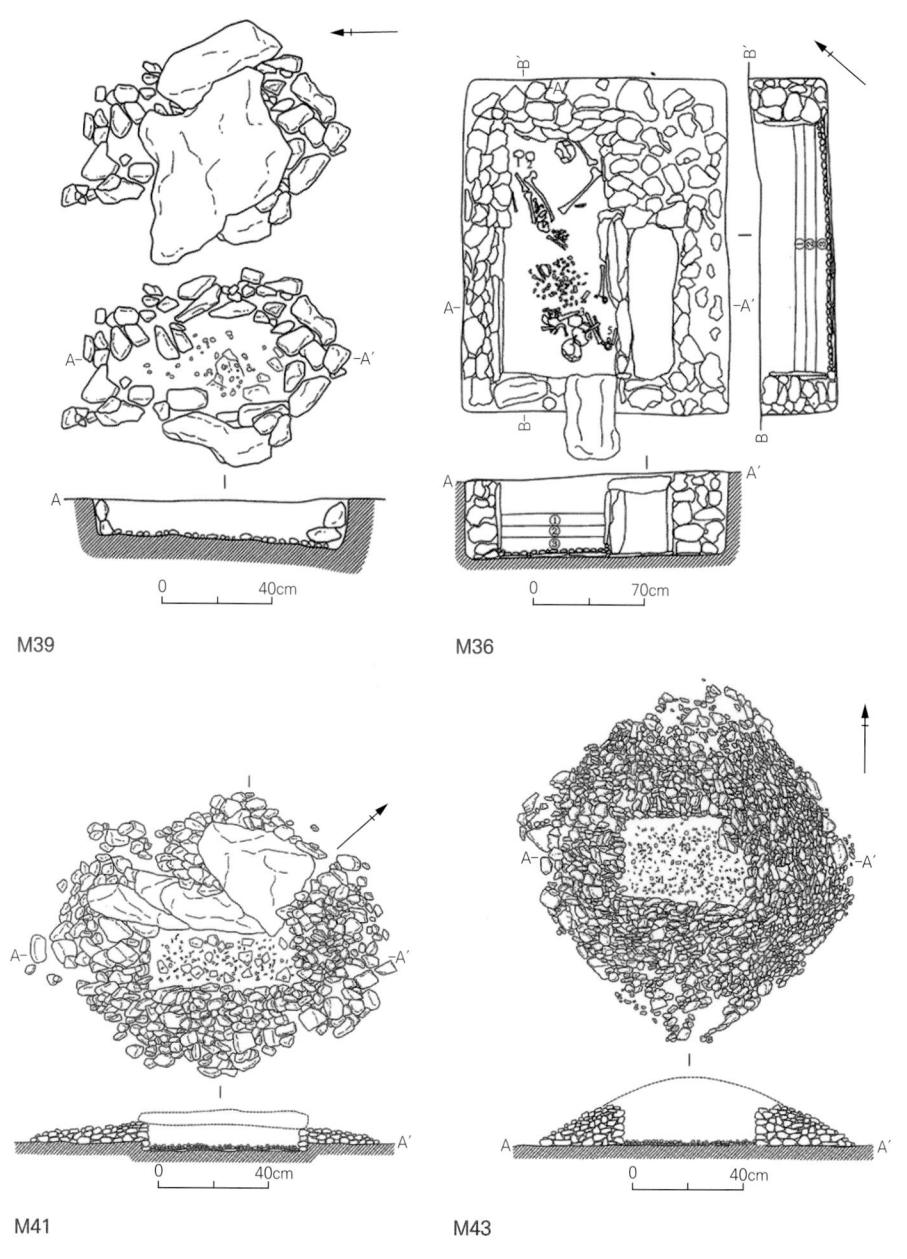

고조선·고구려사 속의 통화 만발발자 유적

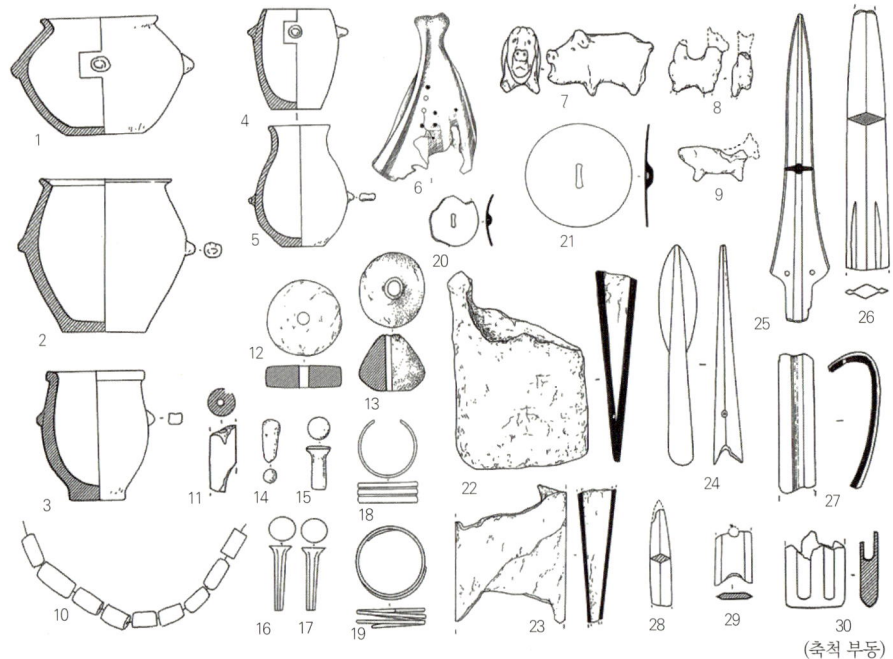

1. M37 사이관  2. M37 쌍이관  3. M55 점토대관  4, 5. M46 사이관  6. T.398 복골  7. F16 돼지 모양 토제품
8. F16 개 모양 토제품  9. H121 물고기 모양 토제품  10. F37 옥장식  11. M56 옥장식  12. M37 토제 방추차
13. M41 토제 방추차  14. 15. M37 토제 이전  16, 17. 유리 이전  18. M55 청동팔찌  19. M56 은제 고리  20. M54
청동단추  21. M27 청동거울  22. F4 철제 곽  23. M41 철제 곽  24. M54 청동모  25. M20 청동단검  26. M45 청
동단검  27. M37 용도 미상 청동기  28. F16 석촉  29. M41 석촉  30. M20 청동검집

**그림 8** —— 3기·4기 문화층 출토 각종 유물

후 묘광 바닥에 잔돌을 평평하게 깔고 부장품과 함께 시신을 안치한 후 크고 작은 돌을 쌓아 봉분을 만든 형태이다. M37의 경우는 석괴를 묘광 바깥쪽에 쌓아 묘역을 만든 후 크고 작은 돌을 높게 쌓아 마치 완만한 구릉 모양의 봉분을 하고 있다. 다인 화장묘이며, 부장품에도 불탄 흔적이 있다. 사이관(四耳罐), 토제 이전 및 구슬, 토제 방추차, 용도 불명의 청동기 조각이 출토되었다.

이상과 같이 기원전 4세기~기원 전후로 편년되는 문화층에서 발견된 유구와 유물은 고조선과 고구려의 연관성을 시사하고 있다. 주거지에는 구들의 초기 형태가 설치되어 있는데, 이는 무순 연화보 유적에서 발견된 것과 연결될 수 있다. 연화보 유적은 고조선 후기 유적으로 거론되는 대표적인 고고학 자료이며, 구들은 고구려 주거 시설로 계승되었다. 고인돌, 세형동검, 점토대토기 등이 출토되어 고조선과 연결되며, 적석묘와 네 개의 손잡이가 달린 토기 등은 고구려와 연결되고 있다. 특히 적석 시설을 한 고인돌, 무기단석광적석묘 등 다양한 묘제와 화장 등의 장례 습속은 고조선과 초기 고구려의 관련성을 시사하고 있다. 이 시기 다음인 5기 문화층은 완전히 고구려 문화 일색이다. 4기 문화층을 기반으로 한 주민이 5기 문화층을 형성했다고 조심스럽게 추측해본다.

　이 밖에 주목되는 점은 다양한 묘제와 유물이 만발발자 주민의 광역적 활동망을 시사하고 있는 것이다. 유리제품과 은환 등은 길림성의 유수 노하심 유적, 요령성의 무순 용두산 고인돌 유적, 환인 광복촌 용두산 고인돌 유적의 출토품과 유사하다. 괭이 등의 철기는 연 및 한 등과 연결되고 있다. 특히

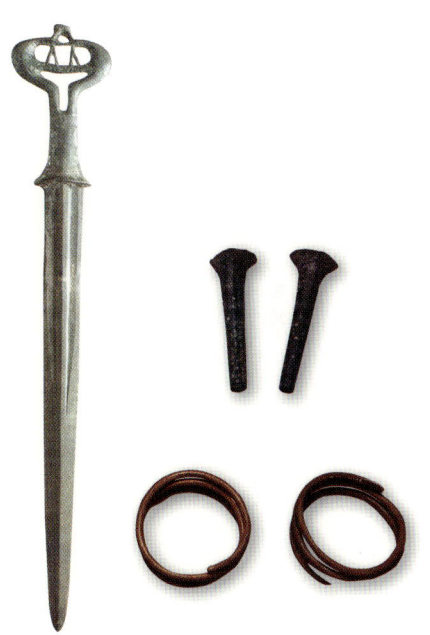

**그림 9** ── 금창촌 출토 쌍조형촉각식검(왼쪽) 만발발자 유적 출토 유리제 귀장식(耳璜)과 은제 고리
(동검사진은 王志敏, 2008, 도판 3에서 인용)

만발발자 유적에서 1km 가량 떨어진 곳에 위치한 기원전 2세기~기원
전후 시기의 무덤에서 쌍조형촉각식검 등이 출토되었다(그림 9).[31] 보고
서에 따르면 동검은 집안(集安)으로 이어지는 도로의 서쪽 금창촌 두
구릉의 북산 사면에서 발견되었다.[32] 만발발자 유적이 전체 발굴된 것
이 아닌 점을 감안하면, 금창촌 출토로 알려진 동검은 만발발자 유적
의 연결선상에서 이해하는 것이 옳다. 같은 시기 다양한 묘제의 존재,
외부에서 들어온 것이 확실해 보이는 교역품의 존재, 쌍조형촉각식검
과 같이 토착문화와 외래문화가 융합된 양상[33] 등은 만발발자 주민의
광역적인 교류 활동을 짐작하게 한다. 좀더 살펴보아야 하겠으나 만발
발자는 특정한 목적, 예를 들면 특정 가치재의 교류를 위해 여러 집단
이 어우러져 생활한 곳이 아닌가 추정해본다.

## 고조선과 고구려의 접점 찾기

『삼국사기』는 고구려가 기원전 37년에 건국된 것으로 기록하고 있지
만, 같은 책의 '사론(史論)'은 "고구려가 진(秦, 기원전 221~기원전 206)·
한(漢, 기원전 202~기원후 220) 이래 중국의 동북 모퉁이에 끼어 있었
다."[34]라고 전한다. 『후한서』 동이열전 고구려조에는 "한이 고조선을
멸망시킨 후 그 지역에 있던 고구려를 현으로 삼고 현도군에 소속시켰
다."라고 되어 있다. 같은 책 예(濊)조에는 예·옥저·고구려가 모두 본
래 조선의 땅이라고 나온다. 고구려가 현도군 설치 이전에 존재했음을
전하는 기록은 『북사』 열전 고구려전[35] 등 다른 사서에서도 발견된다.
이를 정리하면 고구려는 기원전 108년 고조선이 멸망하기 이전에 존

재하였고, 그 영역은 '조선', 즉 고조선 영역의 일부였음을 알 수 있다. -다만 이때의 고구려가 어느 정도의 사회 발전 단계에 있었는지는 알 수 없다.-사료에는 나중에 고구려에 신속되는 옥저도 고조선의 관할 지역에 있었던 것으로 나오는 바, 고조선은 선고구려 세력과 옥저 등을 아우르는 정치체였음을 알 수 있다.[36]

이는 고조선과 고구려가 어떤 형식으로든 관계를 맺고 있었음을 보여준다. 그러나 고조선과 고구려를 직접 연결시켜 서술한 기록은 많지 않다. 얼마 되지 않지만 이 둘을 연결시킨 기록을 정리하면 다음과 같다.

①-1 현도와 낙랑은 무제 때에 설치했다. 모두 조선·예맥·구려 만이들이다.(玄菟樂浪武帝時置 皆朝鮮濊貊句驪蠻夷.『漢書』28, 地理志, 燕地)

-2 무제가 조선을 멸하고 고구려를 현으로 삼았다.(武帝滅朝鮮以高句驪爲縣.『後漢書』85, 東夷列傳, 高句麗)

-3 한 무제 원봉 4년 조선을 멸하고 현도군을 설치해 고구려를 현으로 삼고 여기에 속하게 했다.(漢武帝元封四年 滅朝鮮置玄菟郡以高句驪爲縣以屬之.『梁書』54, 列傳48, 高句驪)

② 예 및 옥저와 구려는 본래 모두 조선의 땅이다.(濊及沃沮句驪本皆朝鮮之地也.『後漢書』85, 東夷列傳, 濊)

③ 의봉 연간(676~678)에 고종은 고장을 개부의동삼사 요동도독에 제수하고 조선왕에 봉하였다.(儀鳳中 高宗授高藏開府儀同三司遼東都督封朝鮮王.『舊唐書』199 上, 列傳149 上)

④ 군의 휘는 남산이니 요동 조선인이다.(君諱男産遼東朝鮮人也.『男産遼墓誌銘』)

⑤ 공의 이름은 자이고, 자(字)는 지첩으로 조선인이다.(公諱慈字智捷朝鮮人也.『高慈墓誌銘』)

⑥ 갑신년에 즉위하여 18년간 다스렸다. 성은 고씨이고 이름은 주몽으로 추몽이라고도 한다. 단군의 아들이다(甲申立理十八年 姓高名朱蒙一作鄒蒙壇君之子.『三國遺事』1, 王曆. 第一 東明王)

기록이 단편적이기는 하지만 고조선과 고구려의 관계를 살펴보자. ①의『한서』와『후한서』및『양서』의 기록은 한 무제가 조선을 멸망시키고 현도군을 설치해 고구려를 현으로 만들어서 현도에 속하게 했음을 전하고 있다. ②의『후한서』기록은 고구려가 예 및 옥저와 함께 본래 모두 조선의 땅이라고 하였다. 이는 고조선 멸망 전에 (사회 발전 단계가 어느 수준이었는지는 명확하지 않지만) 고구려가 존재했음을 보여주는 기록으로 결국 고구려가 고조선의 강역 안에서 기원했음을 의미한다.

『사기』화식열전에도 "무릇 연은 발해와 갈석 사이에 있는 한 도회지이다. (중략) 북으로 오환·부여와 인접해 있고 동으로 예맥·조선·진번의 이로움을 취한다"[37]라 하여 부여도 조선과 함께 열거되고 있어서 고조선, 부여, 고구려가 시기적으로 일정 기간 동안 병존해 있었음을 알 수 있다. 그러나 이때의 부여와 고구려가 고조선과 어떤 관계에 있었는지는 알 수 없다. 다만 고구려의 경우는 한 무제가 조선을 멸망시키고 현으로 삼은 것을 보면 고조선의 강역 안에 있었음을 알 수 있다.

또한 위의 기록들 중 ③ 당이 고구려의 마지막 왕인 보장왕을 '조선왕(朝鮮王)'으로 책봉한 사례, ④ 연개소문의 손자 연남산을 '요동조선인'이라고 한 점, ⑤ 고구려 출신의 고자(高慈, 665~697)를 조선인이라고 한 점 등도 고조선과 고구려의 관계를 엿볼 수 있는 기록이다. 물론 이들 기록에서 가리키는 조선은 국가로서의 고조선이 아니라 고조선 멸망 후 설치된 조선현의 지역화된 용어이지만, 고조선과 고구려 관계의 일부를 시사한다. 그리고 ⑥『삼국유사』왕력편의 동명왕에 대한 기록에서는 주몽을 단군의 아들로 묘사하고 있다. 단군과 주몽을 연결시킨 사례는 후대의 기록에서 등장하는 것으로 인식론적인 측면에서 접근해야 할 문제이나, 고조선과 고구려의 관계를 검토하는 데에 간접적인 자료로 활용할 수 있을 것이다.

고조선과 고구려의 계승에 대한 연구는 문헌사학과 신화학적인 접근을 통해 이루어졌다. 주몽을 단군의 아들로 표현한 위의 ⑥『삼국유사』기록과 『동사절요(東史節要)』[38]·『대동운부군옥(大東韻府群玉)』[39] 등에 부루가 단군의 아들로 기록된 점을 연결시켜 단군·부루·주몽의 계승성을 검토한 연구가 있다. 여기에서는 부루와 주몽이 단군의 아들로 묘사된 것을 더 확장하여 고조선을 계승한 범고구려계와 범부여계를 상정하였다.[40] 신화학적인 접근은 고구려 벽화고분을 토대로 이루어졌다. 집안 소재 각저총 벽화에 그려진 곰과 호랑이, 장천1호분 벽화 중앙의 나무와 그 나무를 향한 여인의 모습을 웅녀와 연결시켜 둘의 계승 관계를 연결시켰다.[41] 좀더 구체적으로는 단군신화 관련 내용이 고구려 초기 수도인 국내성 부근의 벽화고분에서만 발견된 점을 근거로, 주몽과 대립하다가 복속된 송양 집단, 즉 소노부 세력을 단군신화와 의례를 보유한 집단으로 보았다.[42]

이러한 견해에는 많은 비판이 따랐다. 『삼국유사』 기이편에 인용된 『위서(魏書)』를 북위의 역사로 본 점, 『위서』에 기록된 고조선 관련 기록을 고구려인들로부터 듣고 채록한 것으로 본 점, 고구려에 고조선 관련 사실이 일부 전해지고 있었을 가능성이 존재하더라도 이를 곧바로 양자의 계승 관계나 계승의식으로 연결시킨 점이 문제가 되었다.[43] 벽화에 근거한 견해에 대해서도 해석이 자의적이며, 곰과 호랑이는 고구려인의 내세관과 연결시켜 해석해야 한다는 점을 지적한다.[44]

이와 같은 비판은 일면 타당하다. 고구려 당시 고조선을 계승했다고 인식했는가의 문제는 문헌기록 등의 분석을 통한 접근이 가능하지만, 기록이 워낙 적고 내용도 빈약해서 단언하기 쉽지 않다. 계승인식의 존재 가능성이 없는 것은 아니지만 주장의 근거가 취약하다고 할 수 있다. 게다가 한 가지 더 고려해야 할 점은 계승인식의 존재와 계승성에 대한 연구 방법이다. 계승인식과 계승성은 고구려에 관한 여러 자료들, 문헌이나 벽화 등을 통해 추정해볼 수 있다. 그러나 계승성에 대한 접근은 고고학을 통한 접근이 가능하다는 장점도 있다. 당시 주민들이 남긴 물질 자료의 전후 맥락을 통해 살펴볼 수 있을 것이다.

따라서 '고구려인들이 고조선을 계승했다고 스스로 생각했는가?'와 별개로 고고학적 접근은 고조선과 고구려의 계승 관계를 살피는 데에 부족한 자료를 보완해줄 수 있다. 고조선 멸망 이후와 선고구려 시기의 고고학 자료가 많지는 않다. 이 점에서 통화지역의 고고학 자료가 갖는 의미가 크다.

통화지역에는 만발발자 유적과 함께 앞에서 언급한 환인 왕의구 유적 등 기원전 3~기원전 1세기에 해당하는 유적이 다수 분포되어 있다. 만발발자 유적이 있는 지역은 고조선의 핵심 지역에서는 벗어나 있지만, 고구려 초기 유적이 집중되어 있는 환인과 집안에 가깝다. 앞에서 살펴본 바와 같이 만발발자 유적의 제3기와 제4기 문화층의 무덤과 유물은 고조선과 고구려의 문화요소를 모두 보여주고 있다. 무덤의 경우는 고조선의 대개석묘에서 고구려의 방단석광적석묘로 이행해가는 과도기에 해당되는 사례도 발견된다.

또한 최근 연구는 고구려가 토착문화를 토대로 건국했음을 보여준다. 즉 연의 진개에 의해 고조선이 약화되면서 지역 내 유력집단을 중심으로 새로운 정치체가 성립되는데, 이것이 고구려로 불리기 시작했다는 것이다.[45] 고조선의 왕검성에 대한 위치를 비정하면서 고구려 적석총의 등장을 고조선과 연결시킨 견해도 참고된다.[46] 요동반도 남단의 적석묘를 고구려 적석총과 연결시키고 있다는 점에서 재고의 여지가 있으나, 토착문화의 연속선상에서 왕검성을 환인지역에서 찾고 여기서 고구려가 건국되었다고 보고 있다.

## 고조선 주민과 선고구려 주민의 연속

통화지역은 고조선과 고구려의 계승 관계를 살피는 데 좋은 지역이다. 고조선사의 입장에서는 핵심 지역에서 벗어나 있지만, 고구려사의 입장에서는 혼강으로 이어지는 거점 지역에 해당되어 고구려 건국의 바탕이 되었다. 이 때문에 통화지역에 분포한 초기 철기시대 유적이 갖는 의미가 크며 이 점에서 학계는 만발발자 유적을 주목해왔다.

문헌기록은 단편적이기는 하나 고조선과 고구려가 일정 시기 동안 공존해 있었음을 보여주고 있다. 『후한서』 동이열전 고구려조는 한이 고조선을 멸망시킨 후 고조선 지역에 있던 고구려를 현으로 삼고 현도군에 소속시켰다고 기록하고 있다. 같은 책 예(濊)조에는 예·옥저·고구려가 모두 본래 조선의 땅이라고 되어 있다. 이러한 내용은 후대의 사서인 『양서』나 『북사』 등을 통해서도 확인된다. 사료를 통해서 추정해보면 늦어도 기원전 2세기경 고조선과 고구려가 공존했음을 알 수 있다.

　만발발자 유적의 5기 문화층은 고구려 문화 일색으로 고구려 주민이 남긴 물질문화를 잘 보여주고 있다. 5기 문화층 아래의 4기와 3기 문화층의 유물은 고조선과 고구려의 문화요소를 모두 보여주고 있다. 무덤의 경우는 고조선의 대개석묘에서 고구려의 방단석광적석묘로 이행해가는 과도기에 해당되는 사례도 발견된다. 고인돌, 세형동검, 점토대토기 등이 출토되어 고조선과 연결되며, 적석묘와 4개의 손잡이가 달린 토기 등은 고구려와 연결되어 있다. 특히 적석 시설을 한 고인돌, 무기단석광적석묘 등 다양한 묘제와 화장 등의 장례 습속은 고조선과 초기 고구려의 관련성을 시사하고 있다. 5기 문화층이 완전히 고구려 문화 일색으로 바뀐 이유가, 3기와 4기 문화층을 기반으로 한 주민이 5기 문화층을 형성했기 때문이 아닌가 하고 조심스럽게 추측해본다.

　이 밖에 만발발자 유적이 보이는 특징은 다양성이다. 본문에서 살펴본 바와 같이 같은 시기에 조성했을 것으로 보이는 여러 종류의 무덤이 존재한다. 출토 유물의 경우 유리제품과 은환 등은 길림의 유수 노하심 유적, 무순 용두산 고인돌 유적, 환인 광복촌 용두산 고인돌 유적의 출토품과 유사하다. 괭이 등의 철기는 연 및 한 등과 연결되고 있다. 만발발자 유적 인근에서 기원전 2세기~기원 전후 시기의 무덤에서 쌍조형촉각식검 등도 출토되었다. 이와 같이 다양한 묘제의 존재, 외부에서 들어온 것이 확실해 보이는 교역품의 존재, 쌍조형촉각식검과 같이 토착문화와 외래문화가 융합된 양상 등은 만발발자 주민의 광역적인 교류 활동을 짐작하게 한다.

학계의 연구 성과를 고려하면 청동기시대 후기 광역적 교역망은 고조선을 중심으로 형성되었을 것이다. 고조선연맹체든 예맥연맹체든, 고조선을 중심으로 광역에 걸쳐 연결된 이 연맹체는 연, 진, 한과 각축을 벌였고 점차 세력을 잃게 되었다. 이 과정에서 고조선의 외곽에 있던 지역 집단은 정치적 격변기에 독자적 세력을 형성할 수 있었을 것이다. 최종적으로 광역의 교역망이 고구려를 중심으로 재편되었을 것인데, 이 과정에 대해서는 좀더 살펴볼 필요가 있다.

고고학 자료를 통해 선후 계승 관계를 살피는 데에는 많은 자료가 축적되어야 가능하다. 최근의 발굴 성과와 연구 성과를 끊임없이 주목해야 하는 이유이다. 향후 구체적으로 검토할 필요가 있으나, 고조선과 고구려의 접점 찾기는 통화지역의 초기 철기시대 유적에 대한 종합적인 검토로 가능하다고 기대한다.

## 주

1. 명대(明代) 문화층도 발견되었으나, 이 글의 주요 검토 대상이 아니므로 본문에서는 제외하기로 한다.

2. 지병목, 2005, 「고구려 성립기의 고고학적 배경」, 『고구려의 국가 형성』, 동북아역사재단; 김성철, 2009, 「만발발자 유적의 성격에 대하여」, 『조선고고연구』 1, 사회과학출판사; 하문식, 2010, 「혼강유역의 적석형 고인돌 연구」, 『선사와 고대』 32.

3. 昊華·志新, 1988, 「通化萬發撥子遺址復査報告」, 『博物館硏究』 3.

4. 만발발자 유적 관련 주요 논저는 다음과 같다(이외 다수가 있음).
王綿厚, 2001, 「通化市萬發撥子遺址的考古與民族學考察」, 『北方文物』 3; 吉林省文物考古硏究所·通化市文物管理委員會辦公室, 2003, 「吉林通化市萬發撥子遺址二十一號墓的發掘」, 『考古』 8; 湯卓煒·金旭東·楊立新, 2004, 「吉林通化市萬發撥子遺址地學環境考古硏究」, 『邊疆考古硏究』 2; 賈瑩·朱泓·金旭東·趙殿坤, 2006, 「通化萬發撥子墓葬顱骨人種的類型」, 『社會科學戰線』 2; 吉林省文物考古硏究所 編, 2008, 『田野考古集粹』, 文物出版社.

5. 통화 만발발자유적 출토 유물은 길림성박물원에도 일부 전시돼 있다.

6. 通化市群衆藝術館, 2018, 「通化萬發撥子遺址民俗公園開園」, 『參花』 2, 吉林省群衆藝術館.

7. 2016년 당시 중국사회과학원 고고연구소 王巍 소장은 중화인민공화국 제12회 전국인민대표대회 제4차 회의에서 2016년부터 2020년까지 '중화문명전파공정' 5개년 계획의 주요 내용에 대해 발표한 바 있다(중국사회과학원 고고연구소 홈페이지 「關于在"十三五"期間開展"中華文明傳播工程"的建議」 제하의 2016년 3월 11일자 기사 참조).

8. 吉林省文物考古硏究所·通化市文物管理辦公室, 2019, 『通化萬發撥子遺址考古發掘報告』, 科學出版社.

9. 이종수, 2020, 「고구려 문화 기원의 보고-통화 만발발자 유지 고고발굴보고」, 『야외고고학』 37, 한국문화유산협회; 하문식, 2020, 「초기 고구려의 기층문화 연구③: 通化 萬發撥子 유적의 무덤」, 『東洋學』 81.

10 문화층이란 유적에서 유물이 포함된 퇴적층으로 특정 시기의 문화를 나타내는 발굴상의 층위를 의미한다. 고고학에서 과거의 문화를 이해하는데 도움이 된다.

11 이종수, 2020, 「고구려 문화 기원의 보고-통화 만발발자 유지 고고발굴보고」, 『야외고고학』 37, 한국문화유산협회.

12 『後漢書』 85, 東夷列傳 75, 濊. "濊及沃沮句驪本皆朝鮮之地也."

13 『史記』 115, 朝鮮列傳. "封參爲澅淸侯{集解 韋昭曰屬齊. 索隱 參澅淸侯. 韋昭云 縣名, 屬齊. 顧氏澅音獲} 陰爲狄苴侯{集解 韋昭曰 屬渤海 索隱 陰狄苴侯. 晉灼云 屬渤海. 荻音狄, 苴音子餘反.} 唊爲平州侯{集解 韋昭曰 屬梁父 索隱 唊平州侯. 韋昭云 屬梁父} 長[降]爲幾侯{集解 韋昭曰 屬河東 索隱 長幾侯 韋昭云縣名 屬河東.} 最以父死頗有功, 爲溫陽侯.{集解 韋昭曰 屬齊 索隱 最涅陽侯. 韋昭云 屬齊也.}"

14 조법종, 2000, 「위만조선의 대한 전쟁과 降漢諸侯國의 성격」, 『선사와 고대』 14.

15 김한규, 1980, 「衛滿朝鮮關係 中國側史料에 대한 再檢討」, 『論文集』 8, 신라대학교.

16 『後漢書』 85, 東夷列傳, 高句麗. "武帝滅朝鮮 以高句驪爲縣."

17 池內宏, 1940, 「樂浪郡考」, 『滿鮮地理歷史硏究報告』 16 및 1951, 『滿鮮史硏究』 上世1冊, 吉川弘文館.

18 李丙燾, 1976, 「玄菟郡考」, 『韓國古代史硏究』, 博英社.

19 和田淸, 1951, 「玄菟郡考」, 『東方學』 1 및 1955, 『東亞史硏究(滿洲篇)』, 東洋文庫; 田中俊明, 1994, 「高句麗の興起と玄菟郡」, 『朝鮮文化硏究』 1, 東京大學文學部朝鮮文化硏究室.

20 이성제, 2011, 「玄菟郡의 改編과 高句麗-'夷貊所侵'의 의미와 郡縣의 對應을 중심으로」, 『한국고대사연구』 64.

21 『三國志』 30, 東夷列傳, 東沃沮. "後爲夷貊所侵 徙郡句麗西北 今所謂玄菟故府是也."

22 『後漢書』 33, 郡國5 幽州. "玄菟郡 六城 戶一千五百九十四 口四萬三千一百六十三. 高句麗 遼山遼水出. 西蓋馬上殷台高顯故屬遼東 候城故屬遼東 遼陽故屬遼東.{東觀書 安帝即位之年 分三縣來屬.}"

23  『漢書』28下,「地理志」8. "玄菟郡 戶四萬五千六 口二十二萬一千八百四十五. 縣三 高句驪殷台西蓋馬."

24  유구는 유적에서 발견된 시설물을 의미한다. 넓은 의미에서 유물에 해당되나 구들과 같이 유구는 옮길 수 없는 것을, 유물은 석기나 토기 등과 같이 옮길 수 있는 것을 의미한다.

25  이청규, 2005, 「靑銅器를 통해 본 古朝鮮과 주변사회」, 『北方史論叢』 6; 이후석, 2017, 「상보촌유형의 변천과 성격」, 『고고학』 16-2호.

26  이후석, 2015, 『요령식세형동검문화와 고조선의 변천』, 숭실대학교 박사학위논문, 179~208쪽.

27  이후석, 2017, 「상보촌유형의 변천과 성격」, 『고고학』 16-2호.

28  樊聖英, 2009, 「桓仁縣王義溝鐵器時代遺址」, 『中國考古學年鑒2008』.

29  中國新聞網의 2020년 1월 17일 '遼宁王義溝遺址第四次發掘工作結束 確認遺址時代爲西漢時期' 제목의 보도와 《遼寧日報》의 2020년 4월 1일 '西漢時期遼宁地區普遍使用鐵器農耕' 보도 참고.

30  이종수, 2020, 「고구려 문화 기원의 보고-통화 만발발자 유지 고고발굴보고」, 『야외고고학』 37, 한국문화유산협회.

31  박선미 외, 2012, 「동북아시아 쌍조형안테나식검의 성격과 의미」, 『영남고고학보』 63.

32  王志敏, 2008, 「通化市金廠鎭出土戰國時期至秦漢時期靑銅短劍」, 『北方文物』 3.

33  박선미, 2016, 「한반도의 촉각식검을 통해 본 동서 교류」, 『아시아문화연구』 41.

34  『三國史記』 22, 高句麗本紀, 寶藏王下. "史論 高句麗自秦漢之後 介在中國東北隅."

35  『北史』 94, 列傳, 高句麗傳. "朱蒙死子如栗立. 如栗死子莫來立. 漢武帝元封四年 滅朝鮮置玄菟郡 以高句麗爲縣以屬之."

36  박선미, 2018, 「고조선의 정체성 탐색을 위한 초론-중국이라는 타자의 눈에 비친 고조선의 종족적 정체성」, 『동북아역사논총』 62.

37  『史記』 129, 貨殖列傳 69. "夫燕亦勃碣之閒一都會也. … 北隣烏桓夫餘 東綰穢貊朝鮮眞番之利."

38 『東史節要』(安鍾和) 1, 君王紀 扶婁. "扶屢(一作解夫婁) 檀君之子 母非西岬 女夏后氏."

39 『大東韻府群玉』 8, 下 平聲 扶婁. "夫婁 檀君之子 禹會諸侯于塗山 扶婁往朝焉."

40 김성환, 2013, 「고구려 건국신화에서 보이는 고조선 인식의 검토」, 『한국고대사탐구』 13.

41 전호태, 2000, 『고구려 고분벽화 연구』, 사계절; 조법종, 2001, 「고구려 고분벽화에 나타난 단군인식 검토」, 『단군학연구』 12; 조법종, 2005, 「한국고대사회의 고조선·단군인식 연구-고조선·고구려시기 단군인식의 계승성을 중심으로-」, 『선사와고대』 23.

42 조법종, 2001, 「고구려 고분벽화에 나타난 단군인식 검토」, 『단군학연구』 12.

43 박찬흥, 2011, 「고조선·부여·고구려의 역사적 계승관계 연구」, 『사총』 74.

44 송호정, 2007, 「고조선·고구려의 역사귀속성 논란에 대한 하나의 제안-조법종의 『고조선 고구려사 연구』(신서원)를 읽고-」, 『한국고대사연구』 47.

45 장병진, 2015, 「초기 고구려의 주도세력과 현도군」, 『한국고대사연구』 77.

46 김남중, 2001, 「위만조선의 영역과 왕검성」, 『한국고대사연구』 22.

# 통화지역 모피 생산 집단의 흥망으로 본 고조선에서 고구려로의 전환 과정

## 만발발자 유적과 고대 통화지역의 문화

만발발자 유적[1]은 최근에 보고된 비파형동검문화에서 세형동검문화로 이어지는 전환기 시점에 통화 일대의 문화적 변천 및 사회 성격을 규명할 수 있는 획기적인 자료로 기대를 받고 있다. 2000년대 초반부터 중국은 물론 북한이나 한국 학계에서 이 유적에 주목한 연구들이 있었다. 대부분의 학자들이 주목한 것은 유적에 청동기시대(=고조선 시기)에서 고구려에 이르는 문화들이 순차적으로 퇴적되고 토광묘에서 고구려식 적석총으로 변화하는 과정이 확인되었기 때문이다. 초기 고구려 적석총의 등장과 관련하여 최근까지도 요동 지역의 적석총과 고구려의 관련성이 제기된 이래 많은 학자들은 그 가능성에 주목하였다. 즉 강상(崗上)-누상(樓上)-와룡천(臥龍泉) 등으로 이어지는 요동반도

끝의 적석묘는 동북아시아 전체를 놓고 볼 때에 시간적이나 공간적으로 고구려의 적석묘와 가장 가까우며 외형상 그 묘제도 유사하기 때문에 가설의 차원에서 자연스러운 문제 제기이다.[2] 다만 그 구체적인 연결고리가 없었던 차에 만발발자의 발굴 성과가 알려졌다. 이에 많은 연구자들이 고구려 적석총의 기원을 밝힐 수 있다는 점에서 새롭게 주목하게 되었지만,[3] 그 전모가 알려지지는 않은 상황이었다.

이러한 저간의 관심은 최근에 발표된 만발발자 유적에 대한 전면적인 보고서[4]를 리뷰한 최근 한국 학계의 연구[5]로도 잘 알 수 있다.

물론 최근에 간행된 정식보고서는 발굴이 되고 한참 뒤에 다른 고고학자에 의해 작성된 것이라 미흡한 부분이 적지 않으며, 자료가 가지는 한계 또한 노출되었다.[6] 그럼에도 이 유적이 가지는 상징성은 결코 작지 않다. 만발발자 유적은 고구려의 초기 발흥지에서 멀지 않은 통화지역에 있으며, 신석기시대에서 고구려 시기에 이르는 장기간에 걸쳐서 형성된 것이다. 특히 고구려의 중심 지역에서 벗어난 곳에 위치하며, 발굴된 무덤이 반영하는 사회적인 집중도가 그리 크지 않음을 보여주고 있다. 즉 만발발자 유적은 거시적인 고조선과 초기 고구려의 문화 흐름을 보여주는 동시에 그러한 전환기에 만발발자를 중심으로 하는 지역사회의 적응방식을 볼 수 있는 자료로서의 가치가 매우 크다.

만발발자 유적은 길림 통화지역에서 거의 유일하게 다년간(1997~1999년) 체계적으로 조사된 다층위 유적이다. 이 글에서는 초기 고구려의 전환기에 해당하는 보고서 편년 기준 3기 후반부터 4기까지[7]에 해당하는 기원전 4~기원후 1세기에 축조된 다양한 무덤과 출토 유물을 살펴보도록 하겠다. 이 시기는 후기 고조선에서 초기 고구려의 전이 과정을 보여주는 단계이다. 따라서 통화지역의 주민집단이 동북아시아의 문화적 변화라는 흐름에서 어떻게 원거리 네트워크를 형성했고 초기 고구려 집단에 편입되어 형성되어 갔는가도 살펴볼 수 있다. 필자는 기존의 천편일률적인 고구려 기원에 대한 통설 대신에 기원전 4세기 동북아시아의 역동적인 문화 변동이라는 거시적인 맥락과 만발발자라는 지역사회의 변천을 비교·검토하여 후기 고조선에서 초기 고구려로 전환되는 시점의 네트워크 형성과 사회적인 변화에 주목하고자 한다.

## 통화지역 묘제의 구성과 변천

### 주요 묘제

기원전 4~기원후 1세기 단계에서 초세장형 집단토광묘(16.7×2.3m) 즉 집장묘인 21호를 비롯하여 석관묘와 적석총 계열의 무덤이 다수 발굴되었다. 대표적인 예를 들면서 공반 유물과 장법을 중심으로 살펴보자.

### (1) 토광묘

토광묘는 모두 21기가 발견되었다. 무덤의 방식은 모두 동일하게 장방형의 묘광을 파서 시신을 안치했으며, 목곽과 같은 별다른 시설은 확인되지 않았다. 깊이는 단인장의 경우 30cm 내외로 매우 얕은 편이며, 다인장들은 70~80cm이고 봉분은 없다. 장법은 단인, 2인장, 다인장 등이 있으며, 시신의 안치방법은 2차장, 신전장, 굴신장 등 매우 다양하다. 18호 무덤과 같이 하나의 무덤에서 측신장과 앙신장이 같이 나오는 경우도 있다. 대체로 무덤 간에 중복이 없으며 다인장이라는 변수를 제외하면 각 무덤의 규모는 거의 대동소이하다. 각 무덤의 대표적인 예는 다음과 같다.

1) 단인장인 1호(그림 1)[8]는 단인신전앙와장으로 묘광의 깊이는 25cm, 너비는 60cm 정도이다. 무덤의 오른쪽에 자라등딱지, 토기편, 골침, 석부 등이 발견되었다. 또 다른 신전장으로 99TW54호묘는 만발발자의 특징 중 하나인, 머리가 제거된 채 신전장을 한 무두신전장이다. 그 크기는 206×76cm, 깊이는 45cm이다. 남성이며 토기 3점, 어망추 7점, 석기 2점과 함께 청동단추 1점, 청동모 1점이 발견되었다.

2) 2인장인 2호(그림 2)는 200×130cm 크기에 깊이 30~35cm로 매우 얕다. 토기 1점, 어망추 1점, 석촉 15점과 타제 석기, 갈돌, 어망추 등이 출토되었다. 또 다른 2인장인 4호묘는 시신을 굴신해서 매장하였다. 크기는 180×120cm이며 깊이는 85cm이다. 35세가량의 여성과 아동의 인골이 발견되어서 모자합장묘로 추정된다. 주요 유물로는 토기 2점, 석기 6점(석도, 석부), 돼지 견갑골 등이 있다. 단인장과 마찬가지로 무두신전장도 확인된다. 18호묘의 경우 180×90×105cm의 규모로, 모두 두개골이 없으며 사지골만이 발견되었다. 토기 4점에 석기 16점이 발견되었다.

3) 집단토광묘(혹은 집장묘)로는 20호와 21호(그림 3, 4)가 있다. 20호는 4인장이다. 광의 크기는 560×245cm에 깊이 70cm이다. 유물로는 토기 12점, 석기 10점, 골제 도병 1점, 서황산둔식의 청동검 1점 등이 발견되었다.

M21호는 무덤 상반부 기준으로 16.7×2.5m 크기의 긴 토광을 판 형태이다. 모두 35구의 인골이 확인되었다. 이들은 각각 신전장 또는 굴신장으로 개별적으로 안치되었으며, 장구는 발견되지 않았다. 묘광의

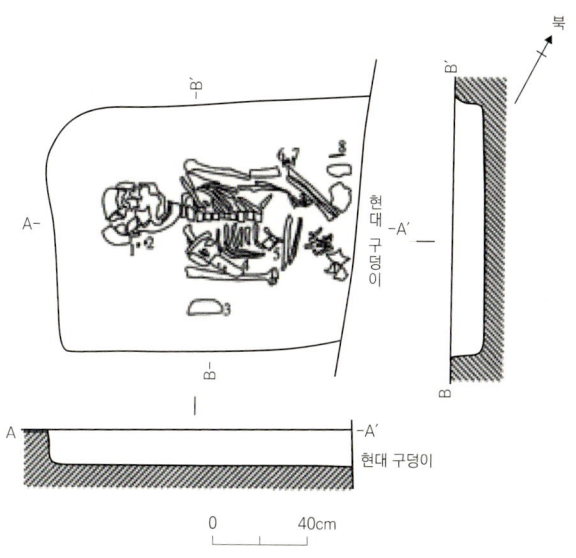

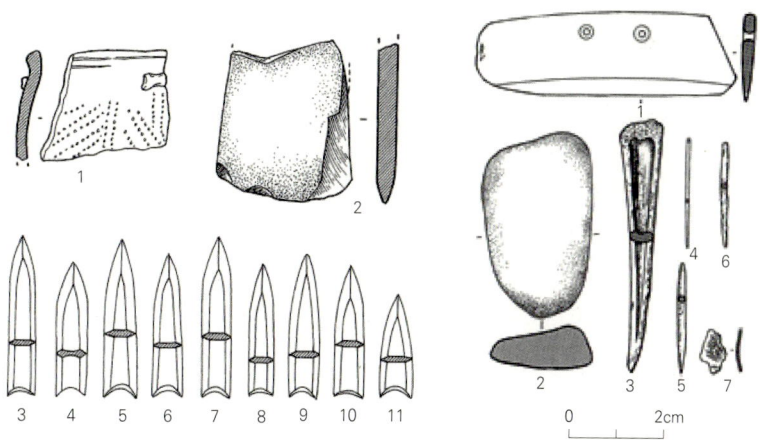

**그림 1** —— 토광묘 계열 단인장 1호묘와 출토 유물

통화지역 모피 생산 집단의 흥망으로 본 고조선에서 고구려로의 전환 과정

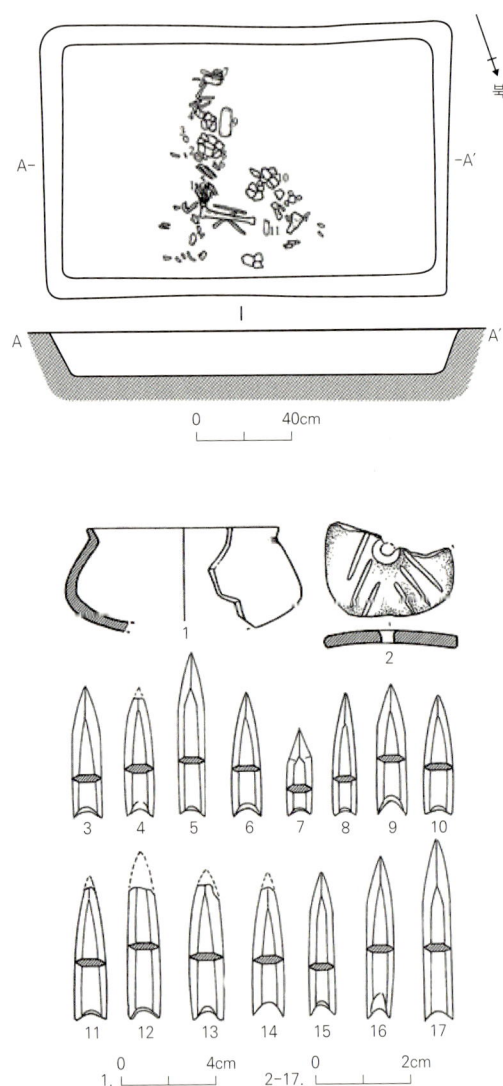

**그림 2** ── 토광묘 계열 2인장 2호묘와 출토 유물

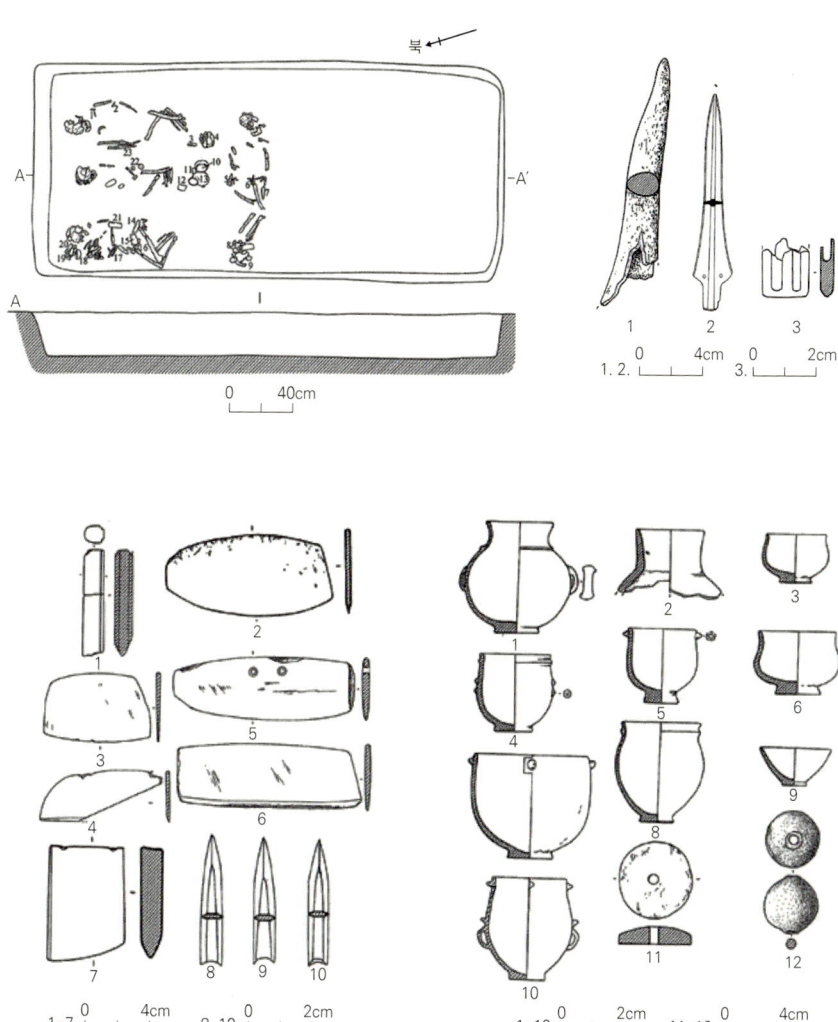

그림 3 ── 토광묘 계열 4인장 20호묘와 출토 유물

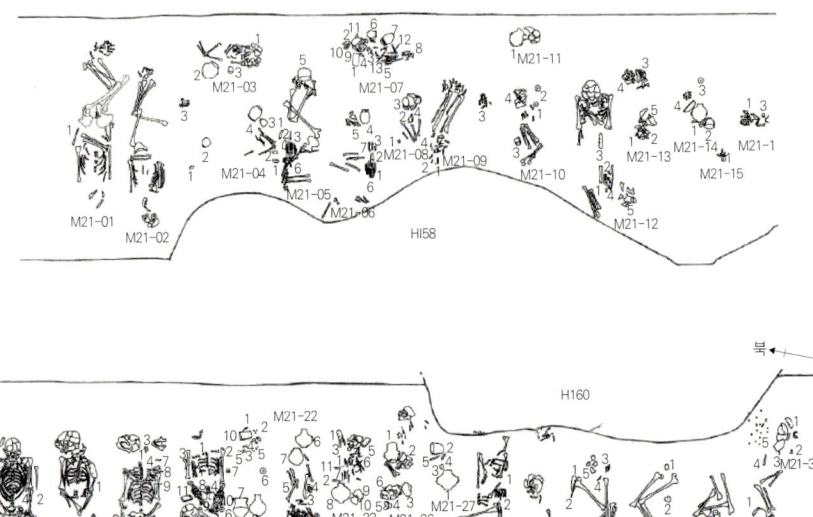

**그림 4** ──── 토광묘 계열 21호묘

북쪽에서 남쪽으로 순차적으로 매장되었으며, 각 시신 간의 부장품 분포 차이는 크지 않은 편이다. 모두 25점으로 토기 12점, 석착 1점, 석도 5점, 석부 1점, 화살촉 3점, 청동기 2점 등이다. 다만 19호와 20호의 여성 인골에서 녹송석 장식 1점, 옥관 2점, 마노 1점 등이 발견되었고, 청동고리를 부장한 예도 있다. 하지만 대부분의 무덤은 성별에 따라 남자는 석도, 여자는 방추차 등 평소에 쓰는 생활 도구와 토기 1점 내외를 묻은 것에 불과하다. 연령 역시 1세 미만의 유아부터 60세의 노년까지 다양한 점 등으로 보아, 이 무덤은 특정 계급이나 집단의 무덤이 아니라 단기간에 일반인들을 차례로 묻은 것으로 볼 수 있다.

(2) 석관묘

석관묘는 모두 12기가 확인되었다. 단인장이 주류를 이루며 2인장은 1기(추정)뿐이다.

40호묘의 경우 크기 282×154cm이며 깊이 40cm이다. 1인의 신전장이며 부장유물은 돌구슬 1점이다. 이 밖에도 대부분의 석관묘는 토기 1점, 석기 1~2점으로 유물이 매우 빈약하다. 부장품이 비교적 풍부한 무덤인 56호묘(그림 5)는 크기 236×114cm, 깊이 76cm이다. 부장품은 청동팔찌 6점, 청동환 2점, 유리 이전(耳璜) 2점 등으로, 당시 사회 유력인의 무덤으로 추정된다. 석관묘 중에 아동묘 60호가 있는데, 길이 84×54cm에 불과하며 옥구슬 1점만 출토되었다.

(3) 석곽석관묘

석곽석관묘로는 36호묘(그림 6)가 있는데, 매우 특이한 형태이다. 다른 석관묘와 달리 석곽이 따로 설치되었는데, 그 규모가 304×232×74cm로 매우 넓은 편이다. 시신은 모두 3층에 걸쳐서 층마다 2인씩 총 6인을 묻었다. 최하층은 앙와신전장으로 2인을 묻었으며, 그 위의 2층은 모두 화장을 했다. 출토 유물로는 토기 호 3점과 관 4점, 석착 1점, 동전 1점, 돌장식 1점, 구슬 2점 등이 있다. 이러한 묘제의 변화는 결국 석관묘라고 하는 장법에서 기인한다. 12점 중에서 화장의 흔적은 4점에서 발견되었다. 만발발자의 무덤에서는 먼저 인골을 묻었다가 한데 모아서 다인장으로 바꾸는 풍습이 유지되고, 석곽에서는 화장을 도입한 것으로 보인다.

### (4) 대개석묘

모두 4기가 조사되었다. 그중 2기에서는 유물이 발견되지 않았으며, 나머지 2기도 토기 1점, 석기 1~2점으로 빈약한 편이다. 34호묘(그림 7)는 2인이 신전장으로 안치되었다. 개석은 325×180cm에 두께는 35~40cm이다. 묘광은 200×80cm에 깊이 20cm이다. 남자의 두개골 윗편에서 10세 내외의 유아 두개골도 함께 발견되었다. 유물로는 토기 2점, 석촉 3점, 타제 석부(괭이) 2점이 발견되었다. 35호는, 개석이 225×195cm에 두께 35~40cm이다. 주변에 적석이나 별다른 매장 시설은 발견되지 않았다. 인골에는 화장을 한 흔적이 있다. 유물은 토기 1점, 석촉 3점, 방추차 1점 등이 있다.

한편 대개석묘 중에서 규모도 크고 늦은 시기에 해당하는 41호(그림 8)는 묘광의 크기가 300×130×40cm이며 위에 개석이 덮여 있다. 출토 유물로는 방추차 2점, 청동기 1점과 함께 만발발자 유적에서 출토된 유일한 철기인 주조철부 1점이 있다.

이상과 같이 만발발자 유적의 무덤은 매우 다양하다. 반면에 유물은 매우 빈약하며 각 묘제 간의 유물 차이가 뚜렷하지 않다. 토기의 기형으로는 단지(관), 그릇(완), 주발(발) 등으로 나뉘는데, 4인이 묻힌 20호를 제외하면 1인당 평균 1~2점 정도이며 토기 자체가 없는 경우도 많다. 석기는 실제 노동 도구가 그대로 묻히는 경향이 있다. 타제 석기류(석핵)와 괭이류, 석촉, 석착, 석부 등이 있다. 다만 전체 석기 구성에서 특히 석도와 갈돌류가 매우 많다. 석도의 경우 수확구로 볼 수도 있지

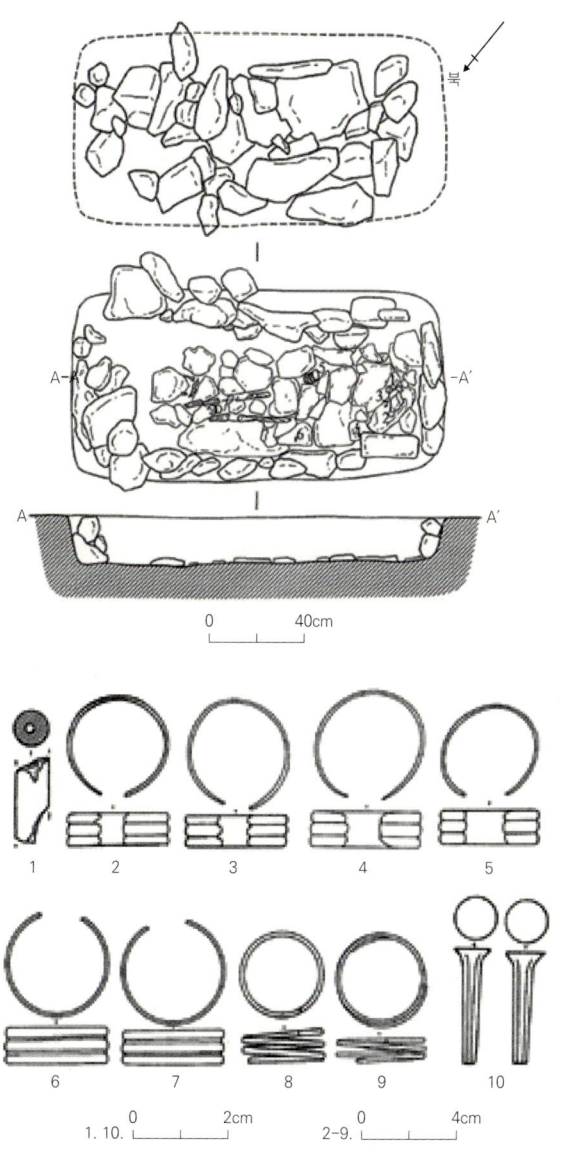

그림 5 ── 석관묘 56호묘와 출토 유물

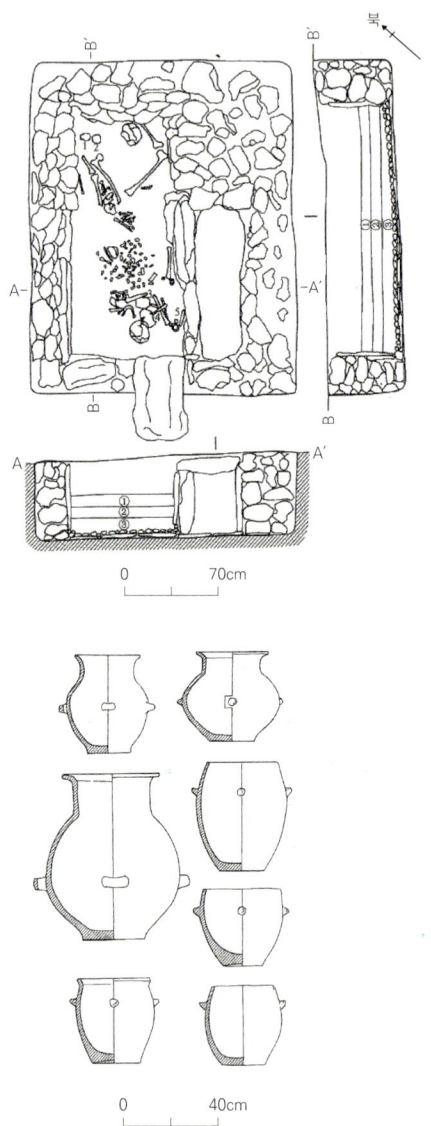

**그림 6** ── 석곽석관묘 36호묘와 출토 유물

## 34호 (2단계)

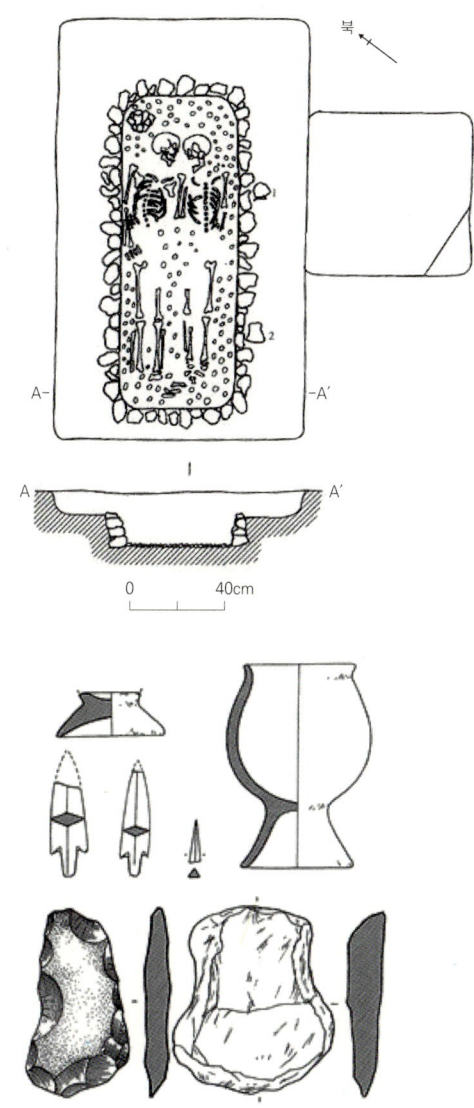

**그림 7** ──── 대개석묘① 34호묘와 출토 유물

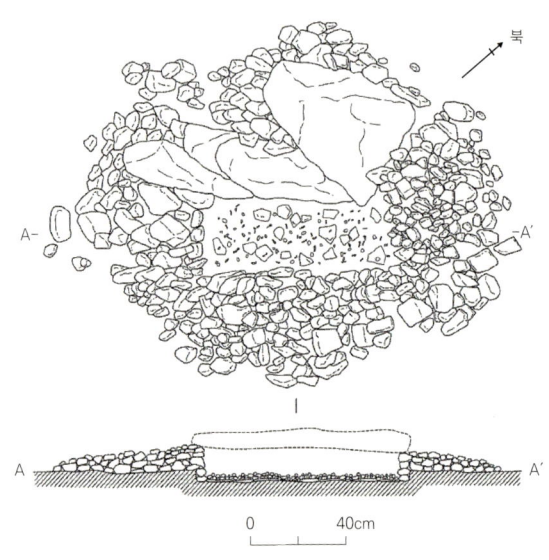

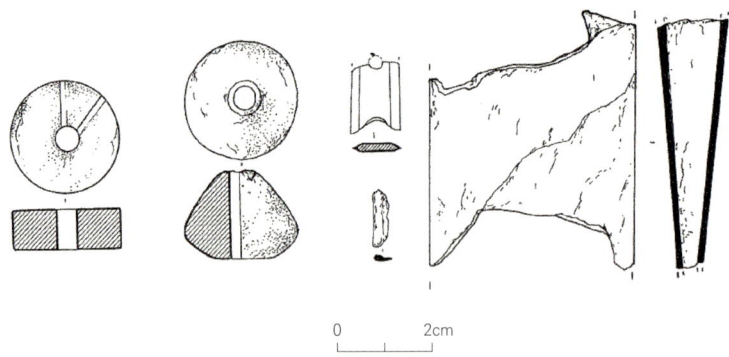

**그림 8** ──── 대개석묘② 41호묘와 출토 유물

만, 이 지역에서 농사와 관련된 증거는 거의 없다. 대신에 사냥(석촉)과 관련된 유물이 많다는 점과 연결시켜 본다면, 석도가 가죽을 가공하는 데에 쓰였을 가능성이 크다. 이는 이후 살펴보겠지만 모피 가공과 관련될 것으로 생각한다. 그 밖에 어망추(어로)와 방추차(직조) 관련 유물도 많다.

청동기로는 동검 2점, 동모 1점, 동경 2점 등이 있으며, 그 밖에 단추, 팔찌 등 장신구류가 발견되었다. 장신구 관련으로는 옥구슬, 토제 및 유리 이전, 돼지 송곳니 장식 등이 있는데, 대부분 1~2점으로 그 수량이 적다.

### 무덤의 분기와 연대

만발발자 보고서[9]에도 적혀 있는 것처럼 보고서에는 결실된 유물도 있고 보고서의 기술과 도면에 미흡한 부분도 있다. 그런 탓에 보고자는 문화층 분류와 유물에 대한 형식 분류, 연대에 대한 근거를 대부분 구체적으로 제시하지 않은 채 선언적으로 각 시기를 표시한 무덤 일람표를 제시하였다. 실제로 무덤 간의 중복 관계가 없으며 유물상도 빈약하기 때문에 무덤 간의 서열을 제시할 수 있는 구체적인 편년[10] 근거를 찾기 어려운 것이 사실이다. 다만 보고자가 거의 유일하게 제시한 편년적 근거는 Ⅵ구역의 무덤들에서 확인된 층위적 관계이다. 보고자에 따르면, Ⅵ구역에서 비교적 문화층의 퇴적이 두텁고 층위를 달리하여 토광묘들이 축조되었음이 확인되었다. 즉 집단토광묘(혹은 집장묘)인 20호와 21호가 층위를 달리하여 이른 시기인 5층에서 발견되었고, 나머지 토광묘들은 그보다 늦은 4층에서 발견되었다. 보고자는 이를 근거로 각 무덤에서 발견된 공반(公班) 토기도 이 분류에 근거하여 A조와

B조로 세분했으며, 나머지 유물들도 비슷한 편년 체계를 적용하였다. 다만 A조와 B조 사이에 뚜렷하게 연대를 세분할 정도로 시기 차이가 크지는 않기 때문에 유물 자체의 형식적 변천이 분명하게 보이지 않는다.

이와 같이 만발발자 유적 자체가 주는 한계로 보고자의 편년을 재분석할 수 있는 여지는 거의 없다. 또한 이 글의 주 목적은 무덤의 세부적인 편년이 아니라 거시적인 관점에서 문화의 흐름을 살펴보고 주민들의 생계경제를 알아보는 것이다. 따라서 여기에서는 보고자가 제시한 무덤의 분류와 분기를 기본으로 그 문화의 흐름을 살펴보자.

보고자의 편년 체계를 따르면 기원전 4~기원후 1세기는 크게 여섯 시기로 세분이 가능하다. 구체적으로 살펴보면 1단계(기원전 4세기 말~기원전 3세기, 전국시대 말기의 전반), 2단계(기원전 3세기 후반, 전국시대 말기의 후반), 3단계(기원전 3세기 말~기원전 2세기, 전국시대~서한 초), 4단계(기원전 2세기 중후반, 서한 초중기), 5단계(기원전 1세기~기원후 1세기, 서한 말 동한 초), 6단계(3~5세기, 위진시대) 등으로 나뉜다(표 2). 이에 이 글에서는 기본적으로 보고자의 시간 흐름을 따르되 세부적인 단계별 문화상은 필자의 의견을 더하여 구성해보겠다.

### 1단계(기원전 4세기 말~기원전 3세기)

Ⅵ구역에서 A조에 해당하는 집단토광묘(혹은 집장묘)인 21호와 4인장인 20호, 그리고 다른 무덤과 위치를 달리하여 서편 유적인 Ⅱ구역에 위치한 1~4호를 포함한다. 토기의 경우 돌기가 붙은 관과 호 위주로 매장되어 있어 단기간에 조성된 것으로 보인다. 그 밖에 2단계의 유물과 두드러지는 차이는 보이지 않는다.

2단계(기원전 3세기 후반)

수혈토광묘(15기), 석관묘(3기), 대개석묘(4기) 등이 있다. 수혈토광묘가 압도적으로 많으며 유물의 양도 많다. 토광묘는 Ⅵ구역에서 B조가 해당된다. 그 외에도 석관묘(6기)와 대개석묘(4기)도 함께 포함되어 있어 본격적으로 묘제의 다양성이 나타난다. 39, 43호묘의 경우와 같이 유물이 아예 없는 경우나, 그 유물의 수가 매우 적어서 실제로 토광묘 집단과 같은 2단계인지를 분명히 획정하기 어려운 경우도 있다. 하지만 석촉, 타제 괭이, 돼지 송곳니 장식과 같은 명백히 이른 시기의 특징이 보이는 유적(대개석묘 34, 35호묘, 석관묘 42호묘)도 있기 때문에, 이른 시기(즉 2단계)부터 석관묘와 대개석묘가 토광묘 집단과 그 위치를 달리하여 존재했음이 분명하다고 생각한다.

3단계(기원전 3세기 말~기원전 2세기 전반)

이 시기는 과도기적인 양상으로, 보고자는 이 시기부터 수혈토광묘가 완전히 사라진다고 하였다. 하지만 이 단계에서 토광묘를 대신하는 석관묘의 수가 그리 많지 않으며 그 무덤의 축조 지역도 다르다. 따라서 Ⅱ와 Ⅵ구역에서 집중적으로 축조된 토광묘도 이 시기에 계속 만들어졌을 가능성을 배제할 수 없다. 현재까지 확인된 2단계의 무덤으로는 석관묘 3기(53, 55, 56호)가 있는데, 묘제에는 아직 3단계 이후에 등장하는 화장의 풍습이 등장하지 않았다. 대신에 토광묘에서 주로 보이는 장법인 다인직지장을 사용했으며, 유물은 소량이지만 대부분 장신구(옥구슬, 은귀걸이, 팔찌) 등이다. 묘제와 장신구 위주의 유물상으로 변화하면서도 무덤의 형태와 장법은 이전 1단계를 유지하는 과도기적 상황이다.

### 4~5단계(기원전 2세기 중후반)

수혈토광묘는 사라지고 석관묘, 석곽묘, 대개석묘가 등장한다. 이 시기부터 무덤의 규모가 커지고 화장이 등장한다. 석관묘는 다인장을 위한 석곽묘(46호)로 대형화되고, 대개석묘의 경우 화장을 하고 팔찌, 청동기 등 유물도 함께 부장된다. 이종수[11]는 이 석곽묘 46호를 길림 관마산 유적과의 유사성을 강조하여 대개석묘의 일부로 보았다. 실제로 위에서 본 석관묘들과 달리 화장이 일반화되어 1단계의 천장 풍습을 발전시켜서 화장으로 다인장을 처리하였다. 화장의 방식은 크게 두 가지로 나뉜다. 36호의 경우 먼저 매장을 한 후 다시 화장을 해서 누층적으로 시신을 쌓는 다인장을 하였다. 41호의 경우 화장을 하여 인골을 한쪽으로 치운 흔적이 있다.

 4, 5단계는 각각 무기단식적석묘(37호)와 기단식적석묘(29호)가 발견되므로 본격적인 고구려의 묘제로 진입한 이후 단계에 해당된다. 따라서 이 글의 분석에서는 제외된다.

## 무덤으로 본 만발발자 사회의 특성

### 시기별 무덤의 축조 상황

만발발자 유적에서 보이는 후기 고조선부터 초기 고구려까지 시기의 가장 큰 특징은 무덤 간의 중복없이 다양한 묘제가 수백 년간 지속되어왔다는 데에 있다. 이 전환기 시점에 만발발자의 무덤 구역은 점진적으로 서쪽에서 동쪽으로 이동하며 묘제의 양식도 토광묘에서 석관묘와 대개석묘로 바뀐다. 만발발자에서 다양한 묘제가 시기적으로 어떻게 입지를 달리하며 변천하였는가를 파악하기 위하여 각 구역별로 분류하여 표를 정리하면 〈표 1〉, 〈표 2〉와 같다. 토광묘는 일부 서부 산등성이에도 축조되었지만, 대부분 동쪽 산의 서편에 밀집되어서 분포한다. 보고서에는 각 구역을 표시한 평면도가 없다. 그러나 서술된 기록을 근거로 볼 때, 대체로 서편의 II구와 VI구에서 먼저 축조되었다가 점차 그 입지 조건이 바뀌어 석관묘와 대개석묘 단계가 되면서 주변을 조망하는 입지 조건인 동편 산의 정상을 중심으로 축조됨을 알 수 있다.

II구역은 가장 이른 단계로 1단계에 해당하는 무덤 4기가 발굴되었다. 그리고 무덤의 입지는 동편의 VI구역으로 옮겨지는데, 먼저 20, 21호의 집단토광묘를 만들고 이후 토광묘와 석관묘를 같이 축조하였다.

V, VIII구역에서는 석관묘와 대개석묘를 축조하였다. 대개석묘는 다른 석관묘와 차별적인 지위를 보이지는 않는다. 예컨대 40호는 유물이 없고, 44호에 옥구슬 1점만 부장되었다. 또 다른 대개석묘 38, 39, 43호는 모두 유물이 없다. 반면에 석곽석관묘인 36호는 3층에 걸쳐서 6구의 인골이 안치되고 유물도 토기, 석착, 동전, 구슬 등 비교적 풍부한 편이다. V, VIII구역의 유적 분포와 유물 상황을 종합하면, 토광묘를 축조하던 집단이 2단계 시기에 석관묘와 대개석묘 축조 집단으로 바뀌어 무덤 구역에서도 변화가 나타남을 알 수 있다.

VII구역에서는 대개석묘(2단계)와 무기단식적석묘(5단계)가 함께 축조되었다. 이 지역은 유적의 동쪽 산 정상에 위치한다. 34호와 35호묘는 차별적인 입지에 세워진 대개석묘이며 유물의 수도 많은 편이라는 점에서 당시 사회에서 차별적인 지위를 영위했을 것으로 추정할 수 있다. 그리고 같은 구역에서 그보다 한참 시기가 떨어지는 5단계의 초기

**표 1** 만발발자 무덤의 발굴 구역 및 단계(서쪽에서 동쪽 정상 방향에 따라 구성)

| 구역 | 위치 | 무덤 호수 | 양식 | 단계 |
|---|---|---|---|---|
| II구 | 서부 산등성이 | 1, 2, 3, 4(1단계) | 토광묘 | 1단계 |
| VI구 | 동부 산의 서편 | 20, 21(1단계) | 집단토광묘 | 1단계 |
| | | 17, 18, 19, 22, 23, 25, 26, 27, 28, 31, 32, 49, 50, 52, 54(2단계) | 토광묘 | 2단계 |
| | | 51, 53, 55(3단계) | 석관묘 | 3단계 |
| V구 | 동부 | 42, 47, 48(2단계) 55, 56(3단계) 44, 45, 46(4단계) | 석관묘 | 2, 3, 4단계 |
| | | 36(4단계) | 석곽석관묘 | |
| | | 41(4단계) | 대개석적석묘 | |
| VII구 | 동부 산 정상 | 34, 35(2단계) | 대개석묘 | 2단계 |
| | | 37(5단계) | 무기단적석묘 | 5단계 |
| VIII구 | 동부 산 정상 | 40(3단계), 44(4단계) | 석관묘 | 2, 3, 4단계 |
| | | 39, 43(2단계) 38(4단계) | 대개석묘 | |

**표 2** 구역별·단계별 무덤 축조 상황

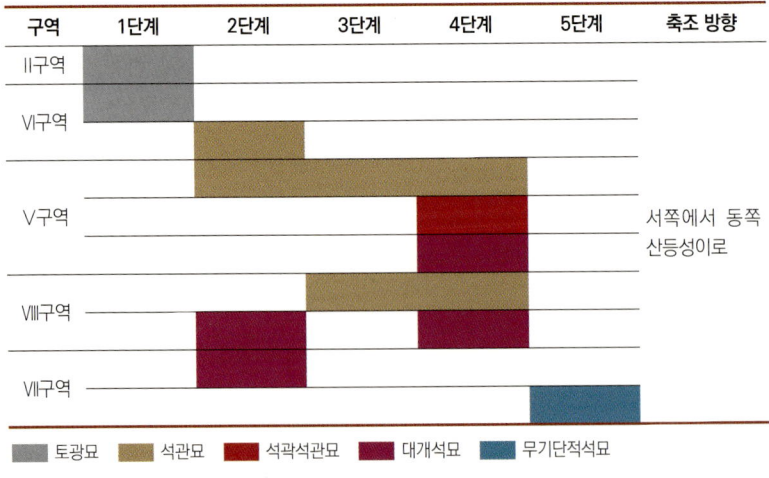

고구려의 무기단식 적석묘가 축조되었다. 즉 토광묘 축조가 끝나고 석관묘와 대개석묘가 축조되는 시점부터 Ⅶ구역은 만발발자 사회의 최고 위층을 위한 무덤 구역으로 마련되었음을 추정할 수 있다.

이와 같은 묘제의 축조를 세분해보면 '토광묘→집단토광묘→대개석묘/석관묘→초기 고구려 적석묘(총)'의 네 시기를 거친다. 이러한 변천에서 주목할 부분은, 집단토광묘 출현 이후 등장한 석관묘가 얇은 석판을 넣는 것이 아니라 토광묘의 벽을 보강하는 성격에 가까운 석곽묘 또는 위석묘에 가깝다는 점이다. 즉 석관묘는 새로운 묘제의 유입이 아니라 대개석묘 집단의 유입에 따라 묘제에 변화가 온 것이라고 할 수 있다. 이러한 변화는 3단계에 등장한 대개석묘로 대표되는 새로운 집단의 등장과 관계가 있다. 이 대개석묘의 등장과 함께 사회 분화가 심화되어 독자적인 구역(동부 산의 정상, Ⅶ, Ⅷ구역)에서 별도로 무덤을 축조하였다. 그리고 이러한 사회적 변화는 초기 고구려의 적석묘(37호묘)로 이어졌다. 즉 고조선 후기의 토광묘는 곧바로 초기 고구려로 이어지지 않고 대개석묘 계통의 문화를 거쳐서 이어진다.

## 시신 안치 장법

시신 안치 방법은 앙신장, 굴신장, 무두(無頭)신전장, 2차장 등이다. 심지어 두향도 일정하지 않다. 그럼에도 각 묘제는 일정한 구역을 차지하며 서로 중복 없이 축조되었다. 이러한 묘역 조성은 만발발자에서 다양한 묘제의 여러 계통 사람들이 하나의 공동체를 이루며 이 묘지를 공유했던 증거라고 할 수 있다. 이 중 특히 만발발자 유적에서 두드러지는 매장 풍습의 특징인 ①집단토광묘, ②머리 부분을 제거한 무덤인 무두장(無頭葬), ③잦은 천장, ④화장 등을 중심으로 검토하고자 한다.

첫 번째로 집단토광묘의 성격을 살펴보면, M21호는 무덤 상반부 기준으로 16.7×2.5m로 긴 토광에 일렬로 35구의 인골이 확인되었다. 하지만 다른 지역의 집단매장과 달리 이 무덤은 전쟁과 같은 이유로 살해된 흔적이 없이 하나의 친족 집단이 일시에 매장된 양상이다. 이들은 후술하겠지만, 만발발자의 주민들이 모피 가공을 주로 했다는 점에서 그와 관련된 질병의 결과일 가능성이 크다.

두 번째로 만발발자에는 시신의 머리가 없는 무두장이 많이 보인다. 상나라 무덤의 순장을 연상하며 전쟁의 흔적으로 상정할 가능성[12]도 제기된 바 있다. 하지만 만발발자의 경우는 무기의 비율이 빈약하고 기타 유물에서도 전쟁의 증거가 거의 없기 때문에 당시 사회에서 갈등 상황을 찾아볼 수 없다. 폭력의 유일한 단서가 될 수 있는 무두장의 경우도 신석기시대 초기부터 장례 풍습의 하나로 보인다. 예컨대 터키의 차탈회위크(çatalhöyük)에서는 샤먼과 같은 역할을 했던 성인 여성을 일단 매장하고 육탈이 되면 다시 발굴하여 두개골만 집으로 가져간 흔적이 있다.[13] 친족들의 공동묘에서 머리를 제거한 고분들은 시베리아 일대에서 신석기시대 이래로 널리 보이는 풍습이다(그림 9의 4). 반면에 전쟁의 명백한 흔적으로 보이는 상나라 무덤의 경우 사지가 묶인 채 무질서하게 순장갱에 던져진 모습(그림 9의 3)으로 그 차이가 뚜렷하다. 단순하게 머리가 없다는 이유만으로 전쟁의 증거로 판단할 수 없으며 매장 상황과 부장 유물의 비교 등을 통한 종합적인 판단이 필요하다.

만발발자 무덤에서 다양하게 등장하는 이장의 흔적을 함께 고려해 보면 여러 가지 방법으로 시신을 2차적으로 처리한 흔적으로 추정해 볼 수 있다. 예컨대 여성의 묘인 49호묘(그림 9의 1, 2)의 경우, 보고서에 제시된 사진을 보면 그 매장 습속에 대한 정보를 확인할 수 있다. 이 무덤의 경우 목이 없음에도 불구하고 가지런히 모은 두 손의 손가락뼈가 제대로 붙어 있고, 몸에 붙어 있는 옥장식도 오른쪽 가슴편에 제대로 붙어 있다. 또한 묘광의 크기를 보면 실제 머리 부분의 공간도 제대로 확보되어 있어 실제 무덤에 안장하였을 때에는 온전히 시신을 묻었던 것을 알 수 있다. 아울러 보고서에 제시된 사진을 보면 시신의 좌측 갈비뼈들이 한쪽으로 밀려 있고 등뼈가 뒤틀려 있다. 이는 이미 묻혀 있는 시신 위에 압력을 가하여 머리 부분을 제거한 과정의 흔적일 가능성이 크다. 이와 같이 각 무덤은 서로 다양한 가족(또는 씨족) 단위로 무덤을 축조하고 관리했으며, 상당히 평등한 상태에서 전쟁 대신 다양한 생계경제에 종사했음을 알 수 있다.

세 번째로 천장(=이장)이라는 풍습이다. 천장은 먼저 인골을 묻어서 육탈이 된 후에 그 인골들을 한쪽으로 치우거나 다른 무덤 등으로 옮기는 2차장의 한 형태이다. 그 과정에서 일부 인골을 남기고 유물들을 한쪽으로 밀어서 옮겨놓기도 한다. 예컨대 22호묘의 경우 195×75cm에 깊이가 90cm에 이르므로 1인용으로는 큰 편이다. 하지만 손가락뼈 몇 점만 발견되었고, 공반 유물인 토기 2점과 석기 4점은 무덤의 북동쪽 모서리에서 발견되었다. 아마 무덤에 추가로 매장을 하려고 정리해 놓고 다시 사용하지 않은 듯하다. 주목할 부분은 천장은 토광묘에서 이루어지며, 화장은 석관묘와 대개석묘 같은 석묘에서만 주로 행해진다는 점이다. 즉 천장은 토광묘로 대표되는 기존의 집단을 대표하며, 화장은 대개석묘로 대표되는 이후 문화의 유입과 관련되어 있다. 계통이 다른 두 집단의 매장 습속을 대표하는 것이라고 볼 수 있다.

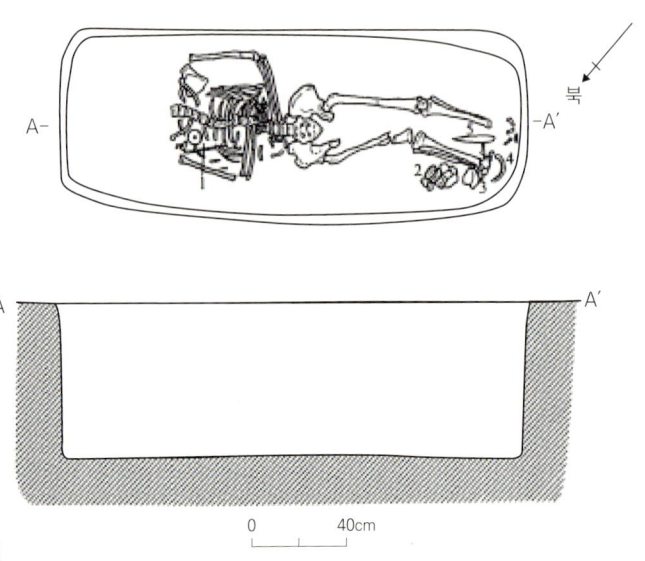

**1, 2.** 무두장인 49호묘 **3.** 은허 후가장(侯家庄) 1001호 대묘(大墓)의 절두 순장묘 **4.** 기원전 20세기경 서부 시베리아 오딘초보(odintsovo)문화의 머리가 잘린 채 매장된 친족의 집단매장묘

그림 9 ──── 친족공동묘의 여러 형태

72  고조선과 고구려의 만남

### 무덤의 부장품

만발발자에는 다양한 묘제가 공존하지만, 상대적으로 각 장법 간의 유물 차이는 거의 없다. 묘제 이외에 집단 간의 차이를 가장 극명하게 나타내는 토기의 경우 묘제를 불문하고 대체로 이중구연 심발형토기관과 호(壺)의 조합으로 매장되었다. 또한 남녀 성별 사이의 유물 차이는 있지만, 전반적으로 각 무덤의 유물은 빈약한 편이며 계층화 양상이 뚜렷하지 않다. 다만 청동무기를 부장한 무덤들은 예외적인 것으로 볼 수도 있다. 수혈토광묘인 54호 무덤에는 청동모 1점과 토기 3점을 부장했으며, 4인을 매장한 20호묘에는 토기와 함께 청동검 1점을 부장했다. 석관묘인 56호묘(236×114×76cm)는 깊이가 76cm이다. 부장품으로 청동팔찌 6점, 청동환 2점, 유리 이전 2점 등이 발견되었다. 유리와 청동기 같은 유물은 상대적으로 사회 계급 또는 부의 격차를 반영한다고 볼 여지가 분명히 있다. 그럼에도 그러한 차이가 뚜렷했을 가능성은 크지 않다. 실제로 이러한 특별한 유물들이 부장된 무덤들은 크기가 2m 내외이며 깊이 76cm로 다소 큰 편이다. 하지만 다인장의 경우가 많으며 묘제의 입지 조건이나 축조 위치에서 다른 무덤들과 차별성이 전혀 없다. 따라서 청동기 1~2점만으로 사회복합도가 강하다고 보기는 어렵다.

　오히려 신분의 차이를 상징하는 유물보다는 실제 생업경제에 사용하던 도구가 주요한 부장 유물로 선택되었음에 주목하는 것이 만발발자 사회의 특징을 설명하는 데에 더 유효하다. 이 시기는, 청동기뿐만 아니라 철기가 널리 사용된 시기임에도 각 피장자의 신분을 상징할 수 있는 무기나 장신구가 많지 않으며, 다양한 개인이 사용하는 노동 도구의 부장이 일반적이다. 무덤의 출토 유물을 보면 석핵과 긁개류의 타제 석기가 여전히 사용되며, 농사와 관련된 도구는 거의 없고 대신 다양한 어망추(어로), 석촉(사냥), 석핵(가죽의 가공) 등이 발견된다. 이것을 빈약한 무기의 부장과 연결해볼 때 당시 만발발자의 주민들은 전쟁과 같은 집단 간의 갈등보다는 사냥, 어로, 가죽 가공 그리고 농사 등 다양한 생계경제에 종사하는 사람들로 구성되어 공존하였음을 의미한다.

당시 사회복합도의 변화로는 2단계 이후가 되면서 무기 대신 은제품, 유리제품, 옥구슬 등의 장신구류가 증가하는 양상으로 보일 뿐이다. 그리고 3, 4단계에 묘제의 규격화, 대규모화, 화장(=번소) 풍습이 널리 적용되는 등 장제의 통합 등이 이루어지면서 부장품에도 변화가 보인다. 노동 도구 대신에 유리로 만든 이전, 청동팔찌, 단검과 같은 개인의 신분을 나타내는 유물을 부장하는 경우가 많아진다.

이상과 같은 만발발자 무덤의 부장품은 '만발발자 사회가 후기 고조선 시기(1단계)에 신분의 차이가 크지 않은 토광묘 집단 위주였으며 다양한 생계경제가 공존'했음을 보여준다. 이후 고구려 단계로 진입하면서 우월한 입지 조건의 무덤이 등장하며 새로운 체계로의 통합이 진행되고 동시에 개인 장신구를 중심으로 하는 유물의 부장이 강화되는 식으로 변화한다.

## 만발발자 집단의 성격

### 만발발자 유적의 생계경제와 모피 무역

만발발자 유적에서 후기 고조선의 묘제가 변천되는 과정은 당시 급변하는 사회의 변동을 의미하며, 다양한 집단의 발흥과 재편을 의미한다. 즉 기원전 4~기원전 3세기의 문화 변동은 전 유라시아적이었으며, 동시에 그러한 변화는 통화 일대의 지역사회에도 영향을 미쳤다. 통화지역에서 압록강 중상류 일대의 지역적인 변동 상황을 간취하는 대표적인 키워드는 바로 원거리 간의 네트워크가 필수인 모피 교역임이 주장된 바 있다.[14] 만발발자에서는 실제로 동물 뼈의 출토 상황이 자세하게 보고되어서 그 자세한 내막을 살펴볼 수 있다. 만발발자에서 모두 4만 1,179점의 동물 뼈가 출토되었고, 그중 6,088점을 분석하였다. 신석기시대 이래로 다양한 동물 뼈가 나왔지만, 특히 3기와 4기에 동물 뼈의 출토가 두드러진다. 즉 기원전 4~기원전 3세기를 기점으로 만발발자에서 본격적으로 다양한 동물 자원을 이용했다는 것을 알 수 있다. 이번에 보고된 만발발자의 동물 뼈를 보면 포유류 동물 27종이 확인되었다(표 3). 이 유적 내에서 출토된 동물 뼈의 분석 결과 만발발자의 사람들은 돼지를 중심으로 가축을 키웠으며, 사슴도 목축을 했을 것으로 보인다. 그 밖에 혼강과 금창하 유역에서 수렵과 목축 및 모피 사냥 등을 했음이 실증적으로 확인되었다. 그 밖에 산과 강에서 다양한 동물들을 사냥했음을 알 수 있다.

주요한 사냥동물 및 가축은 돼지, 노루, 붉은사슴 등이었다. 이들 동물 뼈는 그 수량이 압도적으로 많을 뿐더러 특정한 부위, 즉 굉골(肱骨), 고골(股骨), 견갑골(肩甲骨), 지골(趾骨), 완골(腕骨) 등만 집중적으로 발견되는 것으로 보아 주변에서 별도의 고기나 동물의 가공을 1차로 하고, 만발발자 유적으로 특정 부위만을 집중적으로 가져왔음을 알 수 있다.

동물 뼈에서 특히 주목되는 것은 다양한 모피동물의 존재이다. 보고된 동물 뼈 중에는 호랑이(*Panthera tigris*), 너구리속(*Nyctereutes* sp.), 붉

**표 3** 만발발자 유적의 동물 뼈 통계

| 종류 | 표본수 | 최소<br>개체수 | 종류 | 표본수 | 최소<br>개체수 |
|---|---|---|---|---|---|
| 고슴도치속 Erinaceus sp. | 1 | 1 | 경골어 Osteicthyes | 13 | 7 |
| 산토끼속 Lepus sp. | 14 | 8 | 말 Equus caballus | 3 | 1 |
| 개속 Canis familiaris | 22 | 7 | 돼지 Sus scrofa | 2,101 | 85 |
| 늑대속 Carnis lupus | 1 | 1 | 집돼지 S. scrofa domestica | 1,324 | 47 |
| 너구리속 Nyctereutes sp. | 13 | 7 | 사향노루 Moscheles moschiferus | 20 | 5 |
| 붉은여우 Vulpes vulpes | 4 | 2 | 작은노루 Muntiacus sp. | 1 | 1 |
| 승냥이속 Cuon sp. | 2 | 1 | 말사슴 (red deer) Cervus elaphlls | 1,204 | 56 |
| 곰속 Ursidae | 10 | 4 | 꽃사슴 Cervus nippon | 19 | 6 |
| 담비 Martes martes | 3 | 2 | 노루 Capreolus capreolus | 1,215 | 64 |
| 족제비 Mustela sibirica | 17 | 7 | 물소 Bubalus sp. | 1 | 1 |
| 오소리 Meles meles | 69 | 33 | 소 Bos sp. | 8 | 3 |
| 수달 Lutra lutra | 2 | 1 | 야생닭(적색야계) Gallus gallus | 4 | 3 |
| 시라소니 Lynx lynx | 1 | 1 | 자라속 Amyda sp. | 10 | 3 |
| 호랑이 Panthera tigris | 6 | 5 | 총계 | 6,088 | 362 |

※ 붉은색은 모피동물

은여우(*Vulpes* vulpes), 승냥이속(*Cuon* sp.), 곰속(*Ursidae*), 담비(*Martes martes*), 족제비(*Mustela sibirica*), 오소리(*Meles meles*), 수달(*Lutra lutra*), 시라소니(*Lynx lynx*) 등 매우 다양한 모피동물의 뼈가 있다. 이 모피동물 뼈의 수량은 그리 많지 않지만 결코 간과할 수 없다. 모피동물은 매우 사납고 사람들이 사는 곳에서 멀리 산다. 또한 모피동물은 대부분 사냥을 하면 현장에서 그 가죽을 벗겨 오기 때문에 모피동물 뼈가 유적지에서 발견되는 경우는 매우 적다. 이 정도의 모피동물 뼈가 나왔다는 것은 당시 만발발자의 주민들이 매우 적극적으로 모피동물의 사냥 또는 가공에 종사했음을 보여준다.

특히 주목되는 모피동물 뼈는 오소리와 호랑이다. 오소리 뼈는 33개체분(최소 개체수 기준)이 발견되어 모피류 동물 중에서 가장 수량이 많다. 오소리나 족제비는 개과이기 때문에 가죽 이외에 고기로도 효용이 있다는 점에서 모피 이외의 식량 자원으로 삼았을 가능성이 있다. 하지만 오소리는 농작물에 큰 피해를 주며 족제비 역시 성질이 포악하다. 만발발자 일대의 풍부한 어족 자원 및 사냥동물과 가축들을 감안하면 오소리와 족제비를 주요한 식량원으로 삼는 것은 결코 효율적이지 않다. 따라서 오소리와 족제비 뼈의 출토 양이 매우 많은 것은 당시 모피를 채취하기 위하여 해당 동물을 길렀을 가능성이 더 크다. 보통 모피의 경우 최상의 질을 얻기 위하여 일정 기간을 기다렸다가 도살하기도 한다. 밍크의 경우 최상의 모피가 나오는 시간은 약 3일이라고 한다.[15] 즉 당시 만발발자의 주민들은 양질의 모피를 얻기 위하여 일정 기간 오소리와 족제비를 키우고 가공했을 가능성이 크다. 한편 호랑이의 경우 사냥이 매우 어려움에도 만발발자에서 5개체분(최소 개체수)이 발견되었다. 이는 『관자』의 기록 문피(文皮)를 비롯하여 고대 사회에서 얼룩무늬인 호랑이과 모피를 귀하게 여겼음을 실증하는 구체적인 자료로 매우 주목된다.

이러한 모피동물 뼈와 관련하여 만발발자에서 출토된 다양한 석기들도 함께 고려할 수 있다. 위에서 본 바와 같이 무덤의 주요한 부장품으로 석기들이 상당히 많은데, 농사의 증거는 거의 없이 지나치게 다양한 형태의 석도가 발견되는 것이 주목된다. 27호 토광묘의 경우 갈

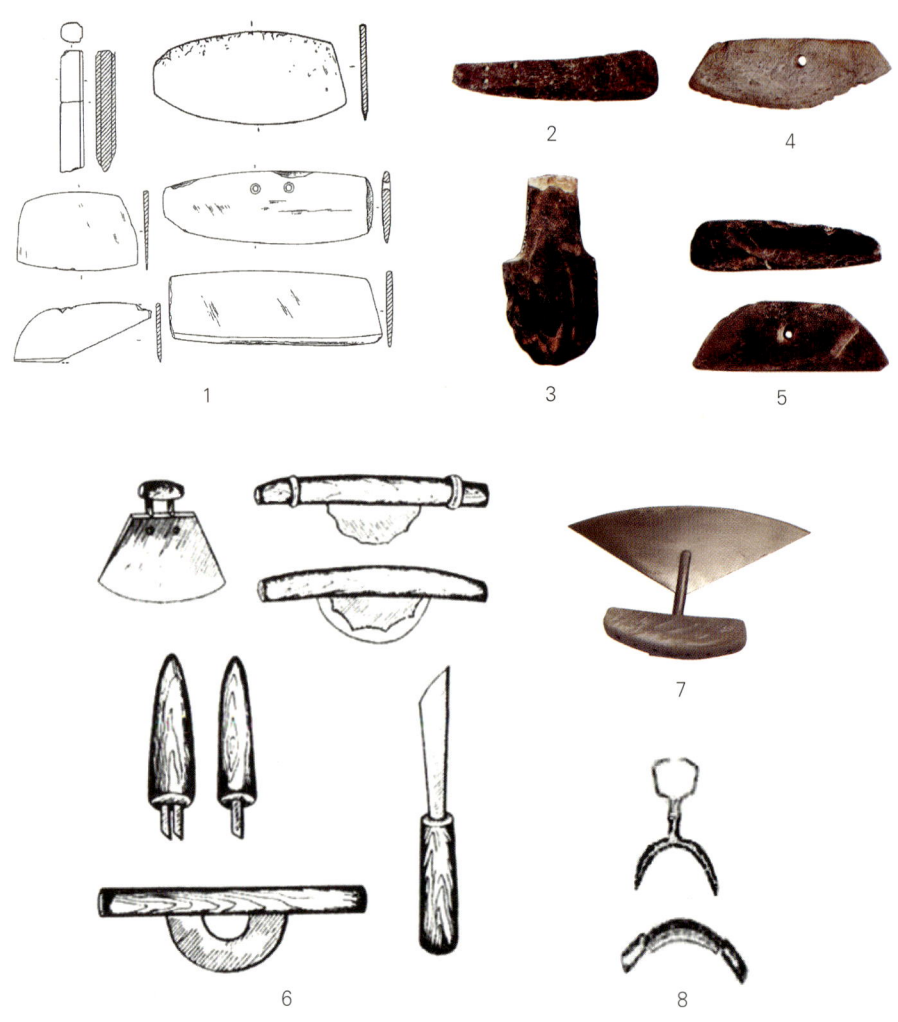

**1~5.** 만발발자 출토 각종 석도 **6.** 시베리아 민족지의 모피 가공 도구(http://artyx.ru/books/item/f00/s00/z0000039/st014.shtml) **7.** 알래스카의 울루(위키피디아 참조) **8.** 조선시대의 가죽 가공 도구(안보연 외, 2008)

그림 10 ──── 만발발자 유적 출토의 석도와 모피 가공 도구 비교

돌과 석핵이 함께 출토되었으며, 21호 집단토광묘 안에도 전형적인 반월형석도에서 삼각형의 조각칼 모양까지 일정한 정형성을 찾기 어려울 정도로 다양한 석도가 부장되었다. 이 다양한 석도들은 전체적으로 우리 고고학의 관점에서처럼 단순하게 농경 도구로 간주할 수만은 없다. 또한 다양한 수량의 석도에 비해서 만발발자에서는 일부 갈돌을 제외하면 농사와 관련이 있는 유물들이 거의 출토되지 않았음도 주목된다. 실제로 이 지역의 지형 또한 농경에 적합하지 않은 산악 지형이라는 점과, 기원전 3~기원전 2세기 단계에 압록강 중상류 일대는 세죽리-연화보유형의 확대로 이미 철제 농기구가 많이 보급된 상태라는 점도 감안해야 할 것이다.

　이 다양한 석도들은 민족지 증거로 볼 때 모피 가공의 도구로 해석될 여지가 크다. 이처럼 날이 한쪽으로만 발달한 반월형 칼은 시베리아와 알래스카 등에서 가죽을 가공하는 대표적인 칼로 사용된다. 예컨대 알래스카의 이뉴이트인들은 이러한 반달 모양의 칼을 지금도 사용하는데, 그 명칭은 울루(ulu)이다. 이는 가죽뿐 아니라 만능의 칼로 휴대하면서 애용하는 칼이다(그림 10). 이와 같이 만발발자의 주요한 생계경제는 모피를 중심으로 하는 사냥경제였으며, 이는 만발발자 사회가 다양한 묘제가 공존하면서 사회복합도가 높지 않았다는 점과도 연관시켜 생각해볼 수 있다. 즉 이들은 통화지역이라고 하는 산악이 발달한 지형에서 농업 대신에 이 지역의 특성에 따라 독특한 생산경제를 이루며 살았던 집단이었다고 결론지을 수 있다.

### 만발발자의 교역 네트워크

모피동물이 서식하는 지역은 아주 고립되고 험한 한대(寒帶)의 산악

지역이지만, 그 주요한 소비지는 문명이 고도로 발달한 온대의 국가이다. 따라서 세계사적으로 모피 교역은 온대의 문명 지역과 한대의 모피 산지 사이에 다양한 경로를 거쳐서 이루어지는 원거리 교역에 의거한다. 고조선을 중심으로 하는 구체적인 모피 교역의 모델은 이미 필자에 의해 제시된 바 있다.[16]

필자의 모델에 근거하여 만발발자 유적을 보면 그 위치가 비교적 명확하게 규명된다. 만발발자는 명도전이 집중적으로 출토되는 중개지 지역의 북쪽에 위치하며, 백두산 일대의 모피 산지에 근접한다. 또한 모피 교역의 중개지에 해당하는 위원 용연동이나 환인 추수동 같은 지역은 모피 가공 도구만 집중적으로 발견된다. 만발발자의 무덤 위계가 그리 뚜렷하지 않다는 점과 연관시켜 보면 만발발자 사회는 모피동물을 사냥하고 취합하는 역할을 했음을 알 수 있다. 모피 교역 모델에 따라서 만발발자 사회를 본다면 이들은 원피를 취합하고 가공하는 '모피 가공 집단(fur gathering zone)'에 해당하며, 명도전과 철제 농기구가 발견된 위원 용연동 같은 집단은 '모피 소매상(middleman)'에 가깝다.

한편 만발발자를 중심으로 신빈에서 통화에 이르는 지역에 기존에 알려진 적백송 고성지[17]와 함께 다양한 거점 요새와 봉수대가 발견되었다.[18] 최근 요령성과 길림성 일대에서 연-진한시대의 거점과 성지가 계속 발견되고 있는 바,[19] 고조선과 함께 거점 위주로 확산된 전국시대~한대 중원 세력의 확장도 상정할 수 있다. 아울러 연해주 니콜라예프카 출토의 칠원일근(기원전 361~기원전 328년 주조) 화폐 및 오수전과 반량전 출토 사례 및 장백 팔도구의 인상여과 등 연해주와 두만강 중원계 유물의 유입도 다수 보고되고 있다. 즉 고조선이 모피 무역을

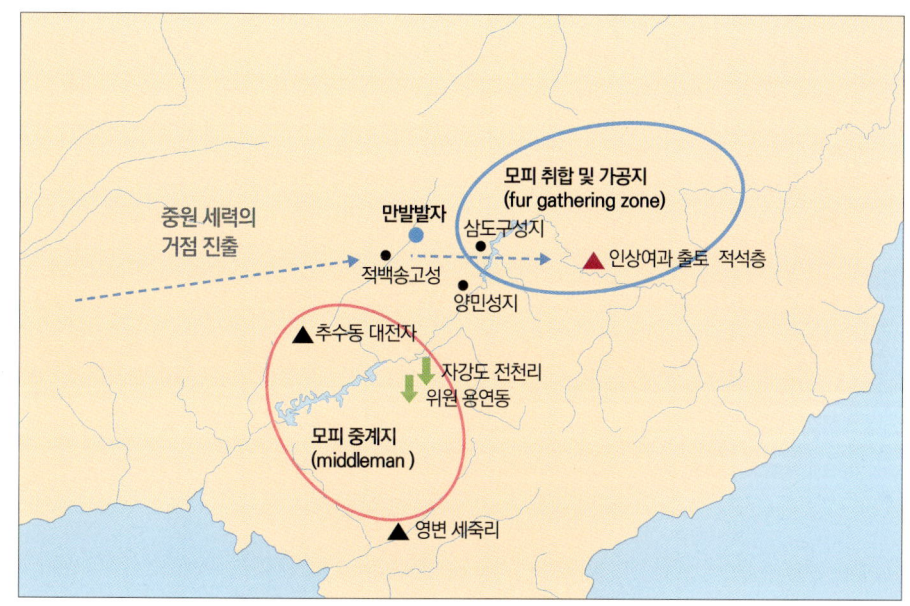

그림 11 ──── 기원전 4~기원전 1세기 무역 네트워크의 확산과 만발발자

독점한 것이 아니라, 압록강 중상류에서 장백산맥에 이르는 여러 집단의 사람들이 고조선은 물론 중국의 여러 세력 등과 다양한 경로로 모피 교역을 행한 것으로 생각된다. 만발발자 사회는 서로 다른 다양한 배경에서 모여든 사람들이 하나의 사회를 유지하며 모피를 중심으로 하는 교역 네트워크에 종사했던 것으로 보인다(그림 11).

이처럼 만발발자는 지리적 이점과 산물의 다양성으로 인하여 후기 고조선 이전부터 교역의 네트워크로 역할을 했던 것으로 보인다. 그 근거로는 춘추시대의 층위에서 발견된 골제 재갈멈치를 그 예로 들 수 있다(그림 12). 보고자 편년에 따르면 이 재갈멈치는 춘추시대인 '만발발자 3기 초반'(보고자 편년안)으로 편년되는 I구역 6층에서 발견되었는데, 하가점상층문화 대랍한구 851호묘 출토품과 매우 유사하다. 기

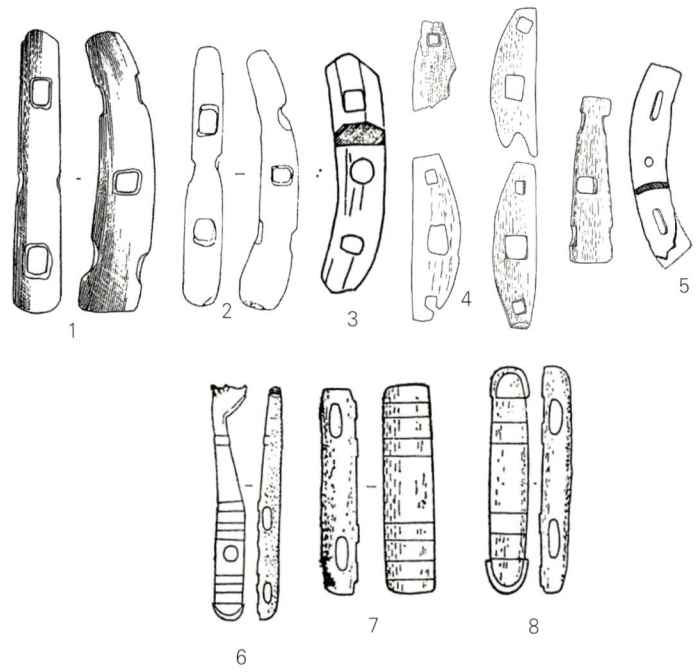

1. 만발발자  2. 건평 대랍한구851  3, 4. 조양 십이대영자  5. 심양 정가와자
6, 7, 8. 영하 팽현 우가장 NW2

**그림 12** ── 만발발자 유적과 여러 지역의 재갈멈치 비교

원전 1000년기에 동아시아에서 골제 재갈은, 대체로 감숙회랑 일대의 양랑문화, 하가점상층문화, 십이대영자문화에 이르는 중국 북방 장성 지대에서 요서 지역에 이르는 범위에서 널리 발견된다. 만발발자 출토의 유물은 지금까지 알려진 요동~한반도에서 가장 이른 시기에 출토된 말재갈이다. 실제로 만발발자 유적에서 말 뼈 1개체가 나오는 등 가장 확실한 기마문화가 확인되었다는 데에 큰 의의가 있다. 다만 재갈이 1점에 불과하기 때문에 환인 일대의 비파형동검문화 단계에서 기마문화를 적극적으로 도입하였을 가능성으로 보기는 아직 이르다. 따라서

**표 4** 만발발자와 동북아시아의 시기별 네트워크 변천도

| 단계 | 동북아시아 네트워크 | 만발발자 | 만발발자 편년 |
|---|---|---|---|
| I기<br>(고조선 전기,<br>기원전 8~<br>기원전 4세기) | 하가점상층문화와의 내륙 네트워크/<br>요동반도-산동반도의 해상 네트워크 | 요서 지역과 소규모 교역 네트워크(골제 재갈멈치, 본계 지역의 다뉴경 등)<br>해상 교역 증거는 없음 | 제3층 전기 |
| II기<br>(고조선 후기,<br>기원전 4~<br>기원전 3세기) | 고조선의 영역화에 따른 내륙 네트워크 가동<br>전국~한대 중원 세력 진출(적백송 고성 등)<br>압록강 상류의 고구려 적석총 세력 발흥 | 토광묘 및 집단토광묘의 등장 | 제3층 후기<br>(1~2단계) |
| III기<br>(초기 고구려,<br>기원전 2~<br>기원전 1세기) | 압록강 중상류의 고구려 네트워크로 재편<br>신분의 차이를 보여주는 적석총 등장 | 토광묘 소멸, 대개석묘 발흥,<br>이후 적석총으로 통합 | 제4층<br>(3~4단계) |

잠정적으로 다른 지역(아마 요서 지역)과의 교역과 운송 과정에서 말의 사용이 제한적으로 도입된 증거로 보고자 한다. 이러한 교류상은 본계 양가에서 출토된 이른 시기의 다뉴경 출토와도 연결된다. 하지만 본계 지역은 상보촌 유형으로 대표되는 고위급의 세형동검문화로 이어지는 반면에, 만발발자에서는 적극적인 복합사회의 형성이 보이지 않는다. 즉 만발발자는 기원전 1000년기 전반의 비파형동검 단계부터 모피를 생산하고 취합하는 자신들만의 지역적 특성에 기반을 둔 네트워크를 구축했다고 볼 수 있다.

### 만발발자 집단의 종말: 전염병의 확산과 집단토광묘

그런데 만발발자 집단에는, 제시된 증거로 볼 때 죽음과 관련하여 강력한 무력 사용의 흔적이 없으며 적대 세력의 훼손과 같은 행위나 후손의 무덤 관리가 없다. 따라서 여러 개체의 인골이 한 토광 안에 매장된 상황은 전염병과 같은 흔적일 가능성이 크다. 실제로 설치류의 동

물과 접촉하고 그들의 모피를 가공하는 집단들 사이에서 페스트와 관련된 질병은 시대를 관통하여 자주 등장하였다. 설치류와 관련한 전염병의 발병은 초원 일대에서 널리 발병할 수 있다. 하지만 이들이 전염병으로 확산되는 곳은 그러한 설치류를 가공하고 다른 지역으로 공급하는 내몽골 동남부와 흑룡강성 일대에서 주로 확산된다. 필자는 최근 홍산문화 일파가 남긴 통료 망하의 하민 유적에서 발굴된 주거지의 집단매장 흔적이 페스트 창궐의 결과일 가능성에 주목하였다.[20] 그러한 예는 최근 1910~1911년에 만주리의 모피 가공 집단에서 시작하여 동정철도를 따라 사방으로 확산된 만주페스트가 창궐해서 공식적으로 6만여 명이 사망한 바도 있다.[21]

집단 전염병이 발병했던 간접적인 증거로는 집단토광묘 21호를 들 수 있다. 이 무덤은 거의 일자로 가지런하게 발굴되었고, 그 안에 순차적으로 사람들이 개별적으로 묻혀 있었다. 만약 이들을 오랜 기간을 두고 순차적으로 묻었다고 가정한다면, 먼저 묻은 봉토를 다시 파는 과정에서 먼저 묻은 인골이 약간 파손되거나 위치가 이동하는 것이 당연하며, 덮은 흙을 다시 파는 과정에서 봉토 및 묘광 바닥 레벨의 변화가 있어야 한다. 하지만 묘광에서의 차이가 없어서 이 인골들은 한번에 묻힌 것이다. 또한 묻힌 인골들에도 다른 곳에 가매장한 것을 옮긴 2차장의 흔적이 없다. 즉 한번 묻은 후에 추가적으로 이 무덤을 관리하거나 매장하지 않았다. 이와 같은 상황을 종합하면, 이 집단토광묘는 토광묘 집단이 자신들의 전통을 유지하되 한번에 묘광을 만들어서 집단으로 시신을 처리한 결과라고 볼 수 있다.

아울러 21호 집단토광묘의 축조 후 이 구역에서 무덤의 축조가 중단되고 묘역으로서의 기능을 상실했던 상황은 유구의 중첩 상황으로도 간취된다. 토광묘가 축조된 이후 그 위에 다른 유구가 중복된 경우는 21호가 유일하다. 21호 토광묘 위에 H158, H159, H160 등 3개의 수혈이 21호를 파괴하여 축조되었다. 이 수혈이 축조된 연대는 그 수혈 내부에서 출토된 유물로 추정할 수 있는데, 보고자는 21호와 같은 시기에 속하는 3기 후반(필자 분류의 1단계에 해당)으로 보았다. 즉 21호 집단묘 축조 이후 얼마 지나지 않아 그 위에 구덩이가 축조되었다는 것은, 만발발자를 구성하는 주민 집단의 성격이 바뀌어서 무덤 구역으로 별도의 관리를 하지 않았을 가능성을 암시한다. 이러한 상황을 종합하면 Ⅱ구역에 토광묘를 만들던 집단이 전염병과 같은 요인으로 한꺼번에 단기간에 죽거나, 토광묘라는 묘제의 특성을 유지한 채 일시에 한 씨족과 같은 만발발자의 친족 집단이 단기간에 죽은 것으로 결론지을 수 있다.

이와 같이 21호 집단토광묘의 등장은 만발발자 집단의 큰 전환기가 되는 시점에 이뤄진다. 그리고 그러한 변화는 전염병과 같은 친족의 몰살 등 인구 급감의 상황과 연결된다. 이 토광묘 집단의 위기는 반대로 대개석묘와 석관묘로 대표되는 새로운 집단의 유입을 촉발하고 새로운 무덤 구역의 설정과 연동되었다고 볼 수 있다.

### 글로컬리즘의 맥락에서 본 만발발자 유적

고구려 적석총의 기원과 관련하여, 별다른 물질문화의 유사성이 없이 요동 지역 적석묘 집단과의 관계를 상정하고 고조선과 고구려의 기원을 상정하는 주장들이 있었다. 이 요동기원설은 학자에 따라 구체적인 설의 전개는 다소 다르지만, 공통적으로 선험적으로 규정한 고조선과 고구려의 계통적 유사성과 적석묘, 화장 풍습 등 보편적으로 널리 보이는 무덤의 특징에 근거할 뿐 구체적인 유물의 유사성은 언급하지 않는다. 만발발자의 발굴 결과는 고조선의 쇠퇴와 고구려의 등장 과정을 규명하는 자료로 주목받았으며, 고구려 적석총의 기원을 밝힐 것으로 기대되었다. 하지만 만발발자에서 고구려 계통의 돌무덤은 고조선 후기의 토광묘를 대체하지 않으며, 그 사이에 대개석묘 계통의 세력이 개입된 것이 밝혀졌다. 또한 압록강 중상류 지역에서는 만발발자 적석묘보다 이른 시기인 간구자와 팔도구 호로투촌 같은 기원전 3~기원전 2세기대의 적석묘들이 이미 확인된 바 있다. 즉 현재로서는 압록강 중상류 지역에서 발달한 적석묘가 주변 지역으로 확산되어 다른 지역의 문화와 접촉하며 초기 고구려 적석총으로 발달했을 가능성이 크다.

  요동 지역 기원설의 문제는 확연하게 차이가 나는 요동 지역과 통화 일대의 자연지리적 환경으로도 설명할 수 있다. 요동반도 끝에서 번성한 적석묘 세력은 매우 배타적이며 독특한 생계경제로서, 대문구문화 후기 단계부터 세형동검 단계인 기원전 3~기원전 2세기대까지 존속해왔다. 물론 그 사이에 산 정상에서 강가 하안 대지까지 입지 조건이 다양하게 변화했지만, 기본적으로 적석을 하여 집단묘를 만드는 전통은 강고하게 유지되었다. 필자가 아는 한 동북아시아는 물론 유라시아 일대에서 이렇게 신석기시대에서 철기시대에 이르기까지 일관되고 끊임없이 하나의 묘제를 유지한 예는 찾아볼 수 없다. 심지어 비파형동검의 석관묘가 요중 지역에서 남하했을 때나 일부 석관묘가 개별적으로 축조되었을 시점(쌍타자 유적)에도 강상 및 누상과 같은 적석묘를 주요한 묘제로 유지하였을 정도이다. 이러한 적석묘의 전통은 비파형동검 시기를 거쳐서 후대까지 이어졌다. 이와 같이 시대를 초월하여 일관된 묘제를 유지하는 상황은, 요동반도의 대련지구가 가지고 있는 지리적 특성에 기반한 산동 지역과의 해상 교역 및 바닷가를 중심으로 하는 배타적 경제권을 근거로 설명할 수 있다. 즉 내륙 지역과 절연된 대신에 해상을 통한 다양한 교역을 기반으로 주변 문화의 영향을 크게 받지 않은 채 자신들의 묘제를 유지할 수 있었다고 설명할 수 있다.

물론 요동기원설을 주장하는 경우, 요동반도 지구에서 적석묘가 사라지는 시점인 기원전 3세기를 전후하여 초기 고구려 계통의 적석묘가 등장한다는 점을 주요 근거로 든다. 기원전 4세기 말~기원전 3세기는 요동반도뿐 아니라 동북 지역 전역에 커다란 문화적인 변동이 일어나고, 다양한 묘제가 변화하던 시점이다. 따라서 거리와 환경적인 차이를 감안하지 않은 채 단순한 묘제의 유사성만으로 기원을 주장하기에는 부족하다. 고구려 적석총의 요동기원설이 증명되려면, 이러한 해상 교역권으로 수천 년간 이어오던 자신들의 생활방식을 버리고 이질적인 지리환경으로 이주하여 적석묘를 만들며 고구려의 주요한 세력이 될 수 있는지에 대한 설명이 필요하다. 아울러 두 지역 간의 시간과 공간을 메워주는 유적 또는 유사한 유물들로 설명이 보강되어야 한다. 지난 수십 년간 이 가설을 증명하기 위한 많은 노력을 기울였음에도 요동반도 적석묘와 고구려 초기 적석총 사이의 관계를 보여주는 유물을 실제로 제시한 사례는 거의 없다.

현재까지의 증거로만 본다면, 고구려계 적석총으로 가장 연대가 확실한 예는 압록강 중상류 지역에 있다. 장백현 팔도구 호로투촌의 파괴된 적석총에서 발견된 전국시대 조나라 재상 인상여의 꺽창은 적석총의 절대연대와 관련하여 좋은 예가 된다. 호로투촌 출토의 인상여 꺽창에는 '조 혜문왕 20년(趙惠文王二十年)'이라는 명문이 새겨져 있는데, 이는 곧 기원전 279년의 민지회맹 사건을 기념하여 제작된 것이다.[22]

또한 연해주 니콜라예프카 유적에서 조형검파두동검과 함께 전국시대 위나라의 원전 칠원일근도 출토되었다. 니콜라예프카에서 출토된 칠원일근은 중원 이외의 지역에서 최초로 발견된 사례이다. 칠원일근과 같이 극히 제한적인 지역에서 한정된 기간에서 주조된 동전이 연해주에서 출토되었음은 전세(傳世) 기간이 길지 않았음을 의미한다. 이와 같이 압록강 중상류, 나아가 연해주 일대로 확산되는 중원 지역과의 교역 네트워크는 요령성 서부와 길림성 동부 지역 깊숙이 진출하는 중원의 여러 거점 유적들과도 연결된다. 최근까지의 조사를 보면 전국시대 말기에 축조된 중원 세력의 거점과 봉수들이 통화지역 일대까지 확인되었다.

이러한 일련의 상황을 살펴보면, 적어도 기원전 4세기 후반기부터 기원전 3세기에 이르는 시기에 압록강 중상류 지역, 나아가 우수리강 일대의 토착 세력들이 중국과 교역 네트워크를 수립하고 위신재를 주고받을 정도로 성장했음이 분명하다. 이미 중국과 모피 무역을 중심으로 하는 고조선의 내륙 네트워크를 수립하였다는 관점에서 볼 수 있다. 고조선이 기원전 4세기경을 중심으로 내륙 네트워크를 가동한 상황[23]도 이러한 정황과 연관되어 있다.

그런데 정작 만발발자에서 기원전 4~기원전 3세기대의 적석총 계열은 없다. 그 대신에 이 시기에 통화 일대에 대개석묘가 광범위하게 분포함이 확인되었다.[24] 즉 만발발자 유적이 보여주는 무덤의 변천은, 압록강 중상류 일대의 적석총 집단이 통화지역으로 진출하여 대개석묘 집단과 공존하다가 점차 그 세력을 동화시켰다고 보는 것이 자연스럽다. 고조선 후기 단계에 통화 일대에서는 고조선계 토광묘 세력, 중원 세력, 대개석묘 집단 들이 각자의 교역 네트워크를 활용하였고, 최종적으로는 기원전 2~기원전 1세기대로 넘어가면서 압록강 중상류에서 발흥한 초기 고구려와 관련이 있는 적석총 집단으로 통합되었다(표 4). 이 모든 과정이 통화지역은 물론 압록강 중상류 일대로 확산된, 모피로 대표되는 산간 교역 네트워크의 확장과 관련되어 있다.

만발발자 유적의 약보고가 처음 발표되었을 때 국내 학계에서 크게 주목받은 것은 고조선과 고구려의 계승 관계를 증명하는 '미싱링크'를 채울 것으로 기대되었기 때문이다. 하지만 만발발자의 지역사회는 계급의 분화가 크지 않은 채 여러 집단이 공존하였으며, 농업 대신에 모피 가공과 같은 부가가치가 높은 다양한 생계경제에 종사하는 집단이 주축된 사회였다. 이들은 기원전 4세기를 기점으로 변화하는 만주와 중국 북방 일대의 변동, 그리고 고조선-고구려의 전환기라는 거시적인 역사의 변동을 보여주는 동시에, 모피 무역으로 대표되는 이 지역의 교역 네트워크와 이를 뒷받침하는 물품의 조달이라는 미시적인 차원에서 만발발자 지역의 특성을 잘 보여준다. 만발발자의 의의는 최근 역사학계와 문화학계에서 주로 논의되고 있는 글로컬리즘(glocalism)의 예로도 작용할 수 있다. 물론 글로컬리즘은 주로 문학, 역사, 문화인류학 등에서 도입되고 있으며, 그 시대도 주로 근현대에 집중된다.[25] 하지만 만발발자가 가지는 의미 역시 글로컬리즘의 맥락에서 충분히 접근이 가능하다. 만발발자라는 유적의 변화상은 거시적으로 거대한 정치 집단의 헤게모니와 연동하는 동시에 각 지리환경에 적응한 유적들의 다양한 생계경제와 교역 네트워크를 반영하기 때문이다. 이는 글로컬리즘이 지향하는 보편적인 역사의 흐름과 지역성의 동시적 고찰이라는 점과 일맥상통한다. 그동안 학계에서는 시기적으로 고조선~고구려에 걸치는 유적을 곧바로 고조선과 고구려의 국가적 연관성으로 연결시키거나, 단편적인 묘제의 유사성으로 요동반도와 고조선의 연관성을 무리하게 추론하려는 시도가 강했다. 당연한 이야기이지만, 특정한 유적이 고조선, 고구려와 같은 거대한 국가와 시대의 변화를 오롯이 반영할 수는 없을 것이다. 만발발자 유적은 먼저 각 유적이 가지고 있는 지역적인 특성을 파악하고 그것을 그들과 연계된 광역의 네트워크를 통해 거시적인 변동으로 해석해야 함을 극명하게 보여준다는 데에 또 다른 의의가 있다.

## 새로운 연구의 지평을 기대하며

기원전 4~기원전 2세기의 문화적 변동은 매우 폭넓은 유라시아적 변화였다. 중원 제후국은 북방에 장성을 본격적으로 건설하는 등 영역화를 시작하였다. 이에 맞서서 중국의 북방에서는 중앙아시아에서 유입된 사카계문화와 흉노의 발흥이 본격화되었고, 연나라의 동쪽에는 고조선이 발흥하여 영역화된 세력을 키웠다. 이러한 변화는 거시적인 동시에 매우 지역적이기도 해서 각 지역마다 새로운 문화의 도입과 네트워크로 재편되었다. 이 시기에 후기 고조선이 발흥하였고, 이후 해체되면서 그들의 네트워크는 현도군과 고구려의 주도로 바뀌었다. 만발발자 유적은 이러한 고조선 후기의 변화에서 고구려의 발흥이라는 격동의 시대를 통시적으로 보여주며 통화지역 지역문화의 변화를 극명하게 보여주는 글로컬리즘적인 역사로서 의의를 띤다.

 무덤 자료를 통해 살펴본 이 변동의 시기 만발발자 유적의 특징을 보면 다음과 같다. 기원전 4세기경에 만발발자 집단은 토광묘를 축조하고 있었다(Ⅱ구역). 2단계가 되면서 모피무역으로 야기된 전염병으로 추정되는 큰 변화를 맞이하여 이들 집단 내부의 인구가 급감하는 결과로 이어졌다(20·21호의 집단토광묘). 이 시점을 기점으로 무덤의 축조 입지는 유적의 서편에서 동편으로 옮겨지고, 토광묘 집단 이외에 대개석묘로 대표되는 새로운 집단이 유입되었다. 이들은 자연스럽게 동화되고 입지를 달리하여 구릉의 정상에 대개석묘와 적석묘를 축조하는 등 사회가 새롭게 전환되어 통합되어 갔다. 이러한 새로운 변화와 묘제의 통합을 거시적으로 바라볼 때, 그 이전까지 요서 지역과도 연결되었던 만발발자의 네트워크가 해체되고, 대개석묘 집단의 유입을 거쳐서 그 동쪽의 고구려로 대표되는 압록강 중상류 지역 집단의 네트워크로 편입되었다고 할 수 있다.

고조선 후기 단계에 혼하에서 압록강 중상류에 이르는 지역에서는 전국시대 말기 제후국들의 거점 구축, 선(先)부여의 등장(서황산둔 유적), 초기 고구려의 적석총 축조 등의 변화가 일어났다. 이러한 변화는 철기의 도입과 세형동검의 사용 등 물질문화의 변화만을 의미하는 것이 아니다. 새로운 지역 간 네트워크와 주민의 이동, 교역 관계의 성립 등 사회 전반적인 변화를 뜻한다. 그런 점에서 통화 만발발자는 통화와 환인 일대에 초기 고구려 세력이 형성되는 과정의 변화를 보여주는 매우 중요한 유적이다.

통화 일대는 명도전이 출토되는 압록강 중~하류 지역에서 떨어져 있으며, 산악이 매우 발달한 지역으로 농업보다는 어로와 사냥의 비율이 매우 높았다. 이 지역은 고조선이 발흥하던 시점에 모피의 1차 취합 및 가공을 하던 곳으로 기능하였다. 만발발자는 비파형동검 전기 단계에서 시작하여 토광묘 위주의 후기 고조선에서 대개석묘와 적석총으로 대표되는 초기 고구려로 이르는 과정이라는 동아시아의 거시적인 문화 변동을 보여주는 동시에, 통화지역이라는 독특한 조건에 적응하며 살았던 지역 집단의 모습을 잘 보여준다. 개별 유적의 형성 과정과 흐름을 먼저 파악하고 그러한 지역적 적응 방식을 거시적인 역사의 흐름에서 파악할 수 있다는 점에서, 최근 역사학계와 문화학계에서 대두되고 있는 글로컬리즘적인 접근과 맞닿는다.

이제까지 만발발자 유적을, 가설적인 수준에서 진전이 없었던 초기 고구려 적석총의 기원 문제와 고조선-고구려의 계승성 문제에 초점을 맞추어 살펴보았다. 하지만 만발발자 유적에서 보듯이 묘제의 기원 및 계통과 같은 문제를 1~2개의 유적으로 해결할 수 없음은 자명하다. 그 대신에 각 지역의 지리환경에 맞게 주민 집단이 적응하고 다양한 지역과 교역하고 사회를 통합해가는 과정에 대한 이해가 선결되어야 한다. 그러한 점에서 모피 무역과 압록강 수계를 통한 네트워크의 형성에 대한 이해는 이 과정에 대한 심도 있는 접근을 가능하게 하는 열쇠가 된다. 나아가 고조선과 부여, 고구려 등으로 이어지는 예맥문화권의 변화 과정을 이해하는 데에도 도움이 될 것이다.

## 주

1   昊華·志新, 1988, 「通化萬發撥子遺址復查報告」, 『博物館研究』 3; 王綿厚, 2001, 「通化市萬發撥子遺址的考古與民族學考察」, 『北方文物』 3; 吉林省文物考古研究所·通化市文物管理委員會辦公室, 2003, 「吉林通化市萬發撥子遺址二十一號墓的發掘」, 『考古』 8; 吉林省文物考古研究所 編, 2008, 『田野考古集綷』, 文物出版社.

2   박경철, 1997, 「B.C. 1000年紀 後半 積石塚築造集團의 政治的 存在樣式」, 『한국사연구』 98호; 박경철, 2010, 「압록강 중·상류유역 적석총축조집단의 존재양태」, 『선사와 고대』 32호.

3   王綿厚, 2001, 「通化市萬發撥子遺址的考古與民族學考察」, 『北方文物』 3; 오강원, 2004, 「만발발자를 통해 본 통화지역 선원사문화의 전개와 초기 고구려 문화의 형성과정」, 『북방사논총』 1집; 김성철, 2009, 「만발발자 유적의 성격에 대하여」, 『조선고고연구』 1호, 사회과학출판사.

4   吉林省文物考古研究所·通化市文物管理辦公室, 2019, 『通化萬發撥子遺址考古發掘報告』, 科學出版社.

5   이종수, 2020, 「고구려 문화 기원의 보고-통화 만발발자유지 고고발굴보고」, 『야외고고학』 37호, 한국문화유산협회; 하문식, 2020, 「초기 고구려의 기층문화 연구③: 通化 萬發撥子 유적의 무덤」, 『東洋學』 81.

6   만발발자의 유물과 도면은 발굴 이후 장기간 길림성문물고고연구소에 보관되었으며, 최종 보고서는 余靜(현 東北師範大 교수)의 주도로 완성되었다.

7   3기는 주거유적 중심의 3기 전반기와 무덤 위주의 3기 후반기로 세분된다. 하지만 3기의 전반과 후반은 유적의 성격이 주거지에서 무덤으로 바뀌며 그 연대도 기원전 8~5세기와 기원전 4~3세기대로 차이가 크다. 따라서 3기를 전반과 후반으로 나누는 것은 고고학적 편년 체계로 본다면 매우 부자연스럽다. 아마도 이렇게 이질적인 시기를 3기의 전반과 후반으로 배치시킨 것은 중국 왕조체계에 익숙한 보고자들이 '춘추~전국시대'를 염두에 두고 설정한 것이라고 생각한다. 전체 고고학 상황을 본다면 3기 말과 4기를 묶어서 하나의 문화단계로 보는 것이 적당하다. 다만 혼란을 방지하기 위하여 이 글에서

8 이 무덤의 일련 번호에는 1999년도에 통화 만발발자에서 발굴했다는 뜻의 약호인 97TW가 병기되었지만, 편의상 이를 생략한다. 그 외에 이 글에서 제시하는 무덤의 번호는 모두 보고서에 따른다.

9 吉林省文物考古硏究所·通化市文物管理辦公室, 2019, 『通化萬發撥子遺址考古發掘報告』, 科學出版社. 이 글에서 만발발자에 대한 정보와 유구 분석은 따로 참고문헌을 표기하지 않는 경우 2019년에 출판된 정식보고서를 기준으로 한다. 불필요한 중복을 피하기 위하여 이 보고서를 따로 참고문헌으로 표시하지 않는다.

10 유물·유적 등 고고학 자료를 시간적 선후로 배열하고 연대를 부여하는 것을 말한다.

11 이종수, 2020, 「고구려 문화 기원의 보고-통화 만발발자유지 고고발굴보고」, 『야외고고학』 37호, 한국문화유산협회.

12 하문식, 2020, 「초기 고구려의 기층문화 연구③: 通化 萬發撥子 유적의 무덤」, 『東洋學』 81.

13 하랄트 하르만, 강인욱 해제, 2021, 『문명은 왜 사라지는가』, 돌베개.

14 강인욱, 2011, 「古朝鮮의 毛皮貿易과 明刀錢」, 『한국고대사연구』 64호.

15 강인욱, 2011, 「古朝鮮의 毛皮貿易과 明刀錢」, 『한국고대사연구』 64호.

16 강인욱, 2011, 「古朝鮮의 毛皮貿易과 明刀錢」, 『한국고대사연구』 64호.

17 王義學. 2008. 「赤柏松古城考古發現及其相關問題硏究」, 吉林大學 碩士學位論文.

18 李樹林·李姸, 2012, 「通化渾江流域燕秦漢遼東長城障塞調査」, 『東北史地』 2, 9~15쪽.

19 遼寧省文物局 編著, 2017, 『遼寧省燕秦漢長城資源調査報告』, 文物出版社.

20 강인욱, 2021, 「전염병을 이겨낸 신석기시대의 사람」, 『테라 인코그니타』, 창비, 48~65쪽.

21 Shen, Y., 2019, "Pneumonic Plagues, Environmental Changes, and the International Fur Trade: The Retreat of Tarbagan Marmots from Northwest Manchuria, 1900s-30s", *Frontiers of History in China*, 14(3), pp. 291~322.

22  강인욱. 2018, 「기원전 4~3세기 초기 옥저문화권의 성장과 대외교류」, 『한국상고사학보』 99, 71~100쪽.

23  강인욱. 2018, 「초기 고조선 네트워크의 형성과 비파형동검문화」, 『한국고고학보』 106, 46~75쪽. 이 시기에 이처럼 내륙 네트워크가 발흥한 것은 연나라의 영향력이 강해진 것과도 관련이 있다. 이에 반하여 제(齊)나라로 대표되는 산동반도를 거점으로 하는 해상 네트워크는 붕괴되었을 가능성이 크다. 실제로 모피의 산지로 무종(無終)이 등장하며 연과 진나라의 거점이 요북 지역을 따라서 형성되는 등(二龍湖 유적 등), 이러한 네트워크의 변화가 문헌과 고고학 유적으로 간취된다.

24  李新全, 2009, 「遼東地區積石墓的演變」, 『東北史地』 2009-1.

25  프랑스의 경우, 글로컬리즘은 1950년대까지 민족학 또는 민족이라는 이름으로 세계통합주의와 지역중심주의가 정부의 체제 선전에 이용된 것에 대한 반발로 시작되었다. 민유기, 2011, 「프랑스의 민속학 전통과 현대 민족학의 특성」, 『역사민속학』 35집, 75~106쪽.

# 만발발자 유적의 무덤과 고구려 형성기 적석총

## 고구려 적석총의 연원은 어디에

만발발자 유적이 자리한 통화 일대는 고구려 졸본성이나 국내성에서 북쪽으로 또는 동쪽으로 연결되는 교통로상의 주요 경유지이다. 통화를 관통하는 혼강은 요령성 환인을 거쳐 압록강으로 들어가고, 혼강 유역의 통화 하룡두 유적을 포함한 강연 일대는 비류천으로 비정되기도 하는[1] 등 주몽의 남하와 관련하여 주목을 받았던 곳이다.

압록강 중하류역과 지류역을 중심으로 분포하는 적석총이 중국 동북의 여타 지역과 구별되는 고구려 고유의 묘제라고 하는 점에는 이견은 없다. 그러나 아직도 적석총이 언제, 어떤 과정을 거쳐 고구려 주민의 정체성을 표현하는 무덤으로 형성되었는지에 대해서는 구체적으로 설명하지 못하고 있다. 고구려 적석총의 연원에 대한 여러 견해가 제시되었지만, 여전히 시간과 공간상의 공백은 해결되지 않고 있다. 이는 중국 전국(戰國)시대에서 진·한 교체기의 혼강이나 압록강 중하류역의 물질문화가 매우 복잡한 데 비해 조사로 알려진 고고자료는 충분하지 못하여 시공상 물질문화의 경계를 특정할 수 없기 때문이다.

통화 만발발자 유적이 고구려 출자와 관련하여 주목을 받는 이유는, 통화 일대가 부여에서 출발하여 주몽이 도착하였다고 하는 졸본천으로 내려오는 길목일 뿐 아니라, 만발발자 유적에서 고구려 형성을 즈음한 시기에 조성된 여러 형식의 무덤이 조사되었기 때문이기도 하다.[2] 특히 만발발자 유적에서 조사된 여러 형식의 무덤 가운데 대개석묘에 이어 대개석적석묘와 무단석광적석묘,[3] 그리고 방단적석묘가 시간의 선후 관계를 보이고 있고, 대개석적석묘는 환인, 혼강 유역 고구려 적석총의 연원이 되는 무덤 형식이라는 견해가 제기된 바[4]도 있다.

이처럼 만발발자 유적에서 고구려 형성을 전후한 시기에 조성된 다양한 형식의 무덤 중에는 고구려 초기 적석총과 장법이나 부장품에서 특징을 공유하는 무덤이 있다. 따라서 고구려 형성을 즈음한 시기에 조성된 만발발자 유적의 무덤을 통하여 고구려 형성기 적석총에 대해서 생각해보고자 한다.

## 고구려 형성기의 무덤

### 고구려 형성기의 만발발자 유적

『삼국사기』는 고구려가 기원전 37년에 부여에서 남하한 주몽에 의해 건국된 것으로 전하고 있다. 그러나 고구려 국가 형성의 고고학적 지표가 되는 적석총은 그보다 앞선 기원전 2세기경에 압록강 중하류역과 지류역을 중심으로 축조되었음을 보여준다. 압록강 중하류역과 지류역의 적석총은 앞서 이미 적석총을 중심으로 한 집단이 형성되었음을 시사하며, 이 집단이 고구려 형성의 주체가 되었을 것이다. 따라서 원고구려민의 묘제로서 적석총에 초점을 두고 볼 때 고구려 형성은 늦어도 기원전 2세기경부터 시작되었다고 할 수 있다.

한편 만발발자 유적에서는 신석기시대부터 중국 명(明)에 이르기까지 오랜 시간에 걸친 인간의 점유가 확인되었고, 발굴조사보고서에서는 이를 총 여섯 시기의 문화층으로 나누고 있다.

여섯 시기의 문화층 가운데 고구려 형성기와 시간적으로 중복되는 것은 3기의 후기와 4기이다. 3기는 한반도의 청동기시대부터 원삼국시기에 걸치는 긴 기간으로 보고서에서는 이를 전·후 두 시기로 세분하였는데, 3기의 후기는 중국 전국시대 후기에서부터 한나라 초기로 기원전 4~기원전 3세기에서 기원전 1세기경에 해당된다. 4기는 전한(前漢, 西漢) 초, 중기에서 후한(後漢, 東漢) 초로 기원전 1세기경부터 기원후 1세기대까지이다.

만발발자 유적에서 무덤은 주로 유적의 동구에서 확인되었고, 동구는 다시 4개의 구역으로 세분되었다. 만발발자 유적에서 보고된 3기에 해당되는 무덤은 수혈토광묘 A조와 B조, 석관묘 A조와 B조, 대개석묘이며, 4기에 해당되는 무덤은 석관묘 C조와 석곽석관묘, 대개석적석묘, 무단석광적석묘이다.[5]

동구에 분포하는 여러 형식의 무덤은 구조적으로 서로 연결되기도 하고 장법에서 특징을 공유하기도 한다. 그러나 동일 문화층으로 본 무덤 중에도 시간의 선후 관계가 확인된다. 3기 문화층으로 비정된 무

표 1 Ⅵ구역 무덤의 층서 관계

|  | 수혈토광묘 | | 석관묘 | |
|---|---|---|---|---|
|  | A조 | B조 | A조 | B조 |
| 1층 |  | Ⅵ-32, 52 |  | Ⅵ-53 |
| 2층 |  |  |  |  |
| 3층 |  |  |  |  |
| 4층 |  | Ⅵ-17, 18, 19, 22, 23, 25, 26, 27, 28, 31, 49, 50, 52, 54 | Ⅵ-51 |  |
| 5층 | Ⅵ-20, 21 |  |  |  |
| 6층 |  |  |  |  |
| 7층 |  |  |  |  |

덤의 노출된 층위 상황을 보면 동일 형식의 무덤 내에서 선후 관계를 보이며, 선후 관계는 서로 다른 무덤 형식에서도 확인된다(표 1).

총 7개의 층이 확인된 Ⅵ구역의 경우 수혈토광묘 A조와 B조는 층위상의 선후 관계를 보여준다. A조 수혈토광묘 Ⅵ-20호와 21호 두 기는 청동기 후기층으로 비정된 5층 아래에서 노출되었고, B조 수혈토광묘는 Ⅵ-32호와 52호를 제외하면 모두 4층 아래에서 노출되어 A조와 B조 수혈토광묘의 선후 관계가 층서로 확인되었다. 석관묘도 마찬가지이다. 바닥 시설이 없는 A조 석관묘 Ⅵ-51호는 4층 아래에서, 바닥 시설이 있는 B조 석관묘 Ⅵ-53호는 현대 경작층인 1층 아래에서 노출되어 A조와 B조 석관묘 사이의 선후 관계도 인정할 수 있다. 동시에 석관묘 A조와 수혈토광묘 B조가 시간적으로 병행 관계에 있음도 확인된다.

층서와는 달리 3기로 비정된 B조 석관묘 V-56호 무덤에서는 유리제 이전(耳瑱)과 은환이 착장된 상태로 출토되어 B조 석관묘와 구별된다. 이전은 중국 한나라 장옥을 대표하는 기물로, 재질을 달리하지만 이전은 4기로 비정된 Ⅶ-37호 무단석광적석묘에서도 출토되었다. 따라서 3기로 비정된 B조 석관묘 중 일부는 4기까지 지속되었을 가능성도 있으므로, 무덤 개개의 연대는 재고의 여지가 있다.

위와 같이 고구려 형성기는 만발발자 유적 3기에서부터 4기에 걸친다고 할 수 있다. 다만 3기로 보고된 무덤의 부장품이 적고 형태 변이도 크지 않아서, 개개 무덤 간의 선후 관계나 시간 위치를 구체적으로 설명하기 곤란하다. 따라서 만발발자 유적에서 고구려 형성기의 무덤은 만발발자 유적 3기 후기나 4기의 무덤을 대상으로 삼고자 한다.

### 만발발자 유적 3·4기 무덤

#### 수혈토광묘

수혈토광묘는 지하에 묘광을 파고, 주검과 부장품을 안치한 후 묘광에 흙을 채워 매장을 마감한 무덤이다. 목관이나 목곽이 확인되지 않아서 엄밀히 말하자면 토광직장묘(土壙直葬墓)에 해당된다고 할 수 있다. 4기에서는 확인되지 않고 3기에서만 확인된다. Ⅱ구역에서 4기(Ⅱ-1~4호)와 Ⅵ구역에서 17기(Ⅵ-17~23, 25~28, 31, 32, 49, 50, 52, 54호) 등 21기가 확인되었다[6](그림 1).

묘광은 장방형 평면이며, 평균 길이는 대략 174cm이고 너비는 합장을 하지 않은 경우 평균 64cm 정도이다. 묘광의 깊이는 획일적이지 않다. 주검은 앙신직지, 앙신굴지, 측신굴지 등의 자세를 하고 있으며, 앙신굴지 > 굴지 > 측신굴지 순으로 선호되었다. 앙신자세의 경우 두 손을 복부에 모은 채로 확인되는데, 주검의 자세는 집단무덤인 Ⅵ-21호에서 여러 자세가 확인되어 주검의 자세와 주민 집단 간의 상관성은 인정되지 않는다. 장법은 단장, 합장과 주검을 이동한 천장(遷葬) 등이

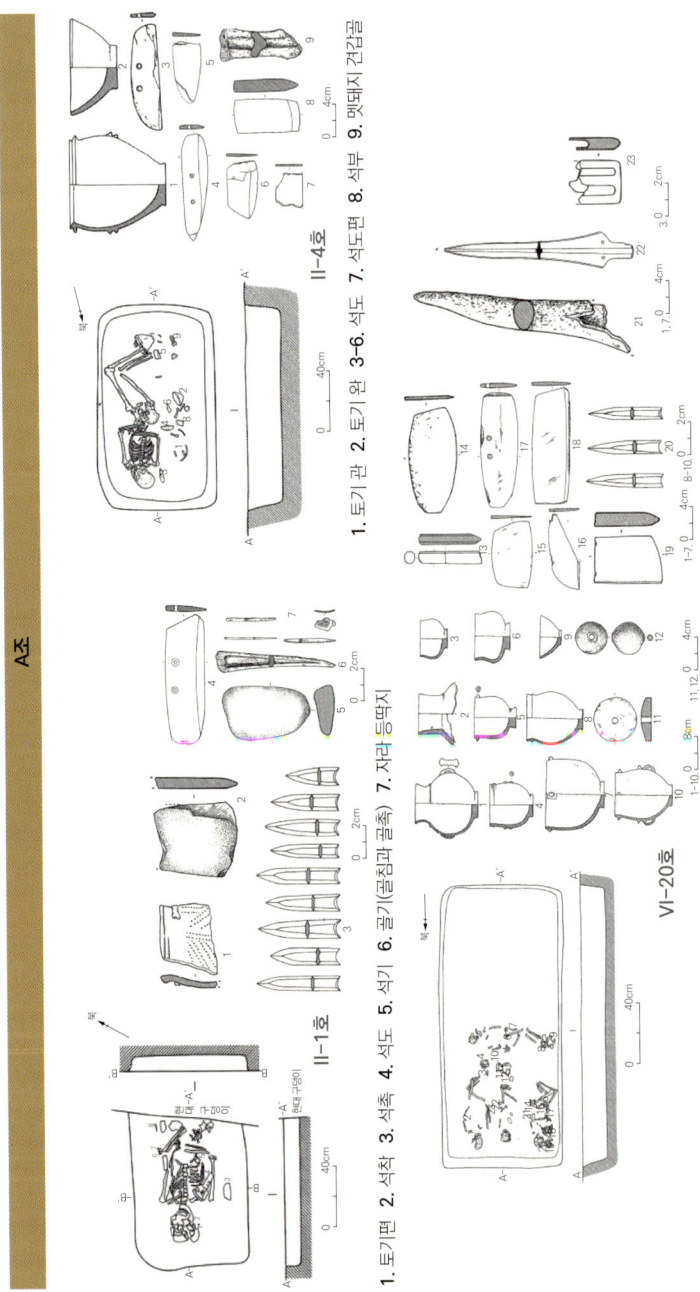

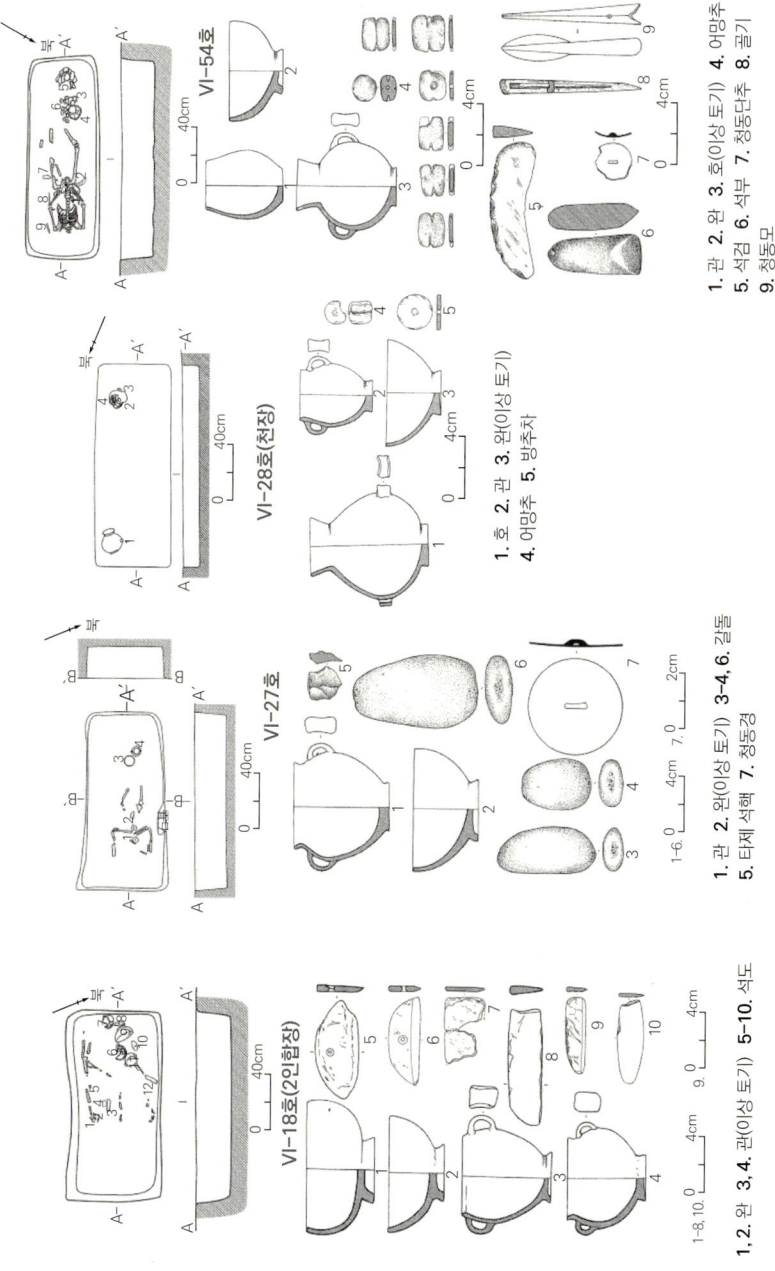

그림1 ──── 수혈토광묘 A조와 B조(강현숙, 2021)

만발발자 유적의 무덤과 고구려 형성기 적석총

보고되었다. 단장이 8기(38.1%)로 가장 많지만 합장(6기, 28.6%)이나 천장(7기, 33.3%)에 비해 압도적인 우위를 점하지는 않으며, 이는 수혈토광묘가 확인된 모든 구역에서 공통된 현상이다.

보고서에서는 층위와 토기 형식에 따라서 수혈토광묘를 A조, B조로 나누어, A조와 B조는 선후 관계가 있다고 보았다. A조 수혈토광묘는 Ⅱ구역에서 4기와 Ⅵ구역에서 2기(Ⅵ-20, 21호)를 포함한 6기이고, B조 수혈토광묘는 Ⅵ구역에서 15기가 확인되었다(Ⅵ-17, 18, 19, 22, 23, 25, 26, 27, 28, 31, 32, 49, 50, 52, 54호). A조와 B조 수혈토광묘는 구조 차이는 없다. 다인합장은 B조에서는 2인이 합장된 두 기(Ⅵ-18, 26호) 외에는 확인되지 않으며, 천장은 B조에 비해 A조에서 많은 비중을 점하는 등 일부 차이가 있지만, 장법은 대체로 유사하다.

부장품은 석기와 토기가 중심이 된다. 토기는 발치 아래에서 1~3점의 토기가 출토된다. Ⅵ-21호 수혈토광묘의 경우 합장된 35인 중 9기의 주검에서(25.7%) 토기 부장이 보이지 않지만 나머지 26기의 주검에서는 도호, 도관, 도완이나 도발, 도배 등이 부장되었다. 기종 구성은 B조 수혈토광묘와 마찬가지이다. A조 수혈토광묘의 토기는 대상(帶狀)이나 환상(環狀) 수교이호(竪橋耳壺, 보고서에서는 관)와 구연부 아래 2중 돌대가 있는 발, 그리고 굽이 있는 완으로, 토기는 B조 수혈토광묘에서 출토된 토기의 기형과 약간의 차이가 있다. B조 수혈토광묘 출토 토기 호의 수교이 속성은 A조 수혈토광묘에서도 보이지만, 횡교이(橫橋耳)는 A조 수혈토광묘에서 보이지 않는 속성이다. 특히 Ⅵ-28호 무덤의 대상 횡교이는 요동 지역의 현문호(弦紋壺)와 기형적으로 유사한 것으로, A조 수혈토광묘에서는 보이지 않는 기종이다.

석촉은 왼쪽이나 오른쪽 어깨나 팔 부근에 부장되며, Ⅱ-1호 수혈토광묘에서는 왼쪽다리 아래쪽으로 석촉과 골촉이 다발로 주머니에 담겨 부장되기도 하였다. A조 수혈토광묘에서는 무경식 석촉이 확인되며, B조 수혈토광묘에서는 무경식과 유경식 석촉이 출토되었다. 무경식에서 유경식 석촉으로의 변화를 고려해 볼 때 A조 수혈토광묘가 B조 수혈토광묘보다 앞선다고 할 수 있고, 이는 층위뿐 아니라 토기를 통해서도 어느 정도 확인된다.

청동기는 A조 수혈토광묘 Ⅵ-20호 무덤에서는 재가공되어 동과로 사용되었을 것으로 추정되는 동검 1점[7]과 함께 검초(劍鞘)로 보고된 청동편이 출토되었다. Ⅵ-21호 무덤에 매장된 19호와 20호 인골에서 청동환, 22호 인골에서는 청동수식이 출토되었다. B조 수혈토광묘인 Ⅵ-27호에서는 무늬가 없는 동경 1점이, Ⅵ-54호에서는 동모와 동제 단추가 출토되었다.

### 석관묘

석관묘는 목관묘에 대응되는 것으로 나무 대신 돌로 만든 상자형의 관을 의미하지만, 만발발자 유적의 석관묘는 중국 요동 지역이나 길림 서단산문화에서 확인되는 밀폐된 상자형 석관묘는 아니다. 지하에 장방형 묘광을 파고, 묘광의 벽을 따라 돌아가면서 크기가 다른 돌을 기대어 쌓은 후 주검과 부장품을 안치한 후 흙을 덮어 매장을 마감한 것으로 묘광 주위를 돌아가면서 돌을 둘러 위석묘 또는 위석토광묘라는 표현이 더 적합하다. 그러나 여기서는 만발발자 유적에서 보고한 명칭대로 석관묘라는 명칭을 잠정적으로 사용하고자 한다.

석관묘는 Ⅷ구역에서 40호와 44호, Ⅴ구역의 42, 45, 46, 47, 48, 55, 56호, 그리고 Ⅵ구역의 51, 53호 등 열한 기가 확인되었다. 3-후기로 비정된 석관묘는 여덟 기이고, 4기로 비정된 것은 세 기의 무덤이다. 석관은 평균 길이 192cm, 평균 너비 73.5cm로 장폭비 2.6의 장방형이며, 4기 석관묘는 평균 길이 210.7cm, 너비 88.67cm이고, 묘광의 깊이는 소아 무덤인 소형묘 Ⅵ-51호 무덤을 제외하고는 대개 30~56cm 사이로 평균 깊이 36.4cm이다.

석관은 바닥 시설과 장법에 따라서 세 가지로 나뉜다(그림 2). A형 석관은 바닥에 돌을 깔지 않은 것(V-42, 47, 48호, Ⅵ-53호)으로 벽석을 제외하고는 구조적으로 수혈토광묘와 차이가 없다. B형은 바닥에 돌을 깐 석관으로 바닥에 운모혈암 판석을 깔고 그 위에 주검을 안치하였다. V-56호에서는 유리제 이전과 은이환이 착장된 상태로 출토되어서 B형 석관묘의 부장품과는 다르다. C형은 바닥에 돌을 깔고 화장이 행해진 석관으로 Ⅵ-44호 무덤은 주검의 오른쪽 발 아래 부근에서 불에 탄 뼈들이 모여 있어 이를 통해 화장했을 것으로 보고 있다.

장법은 단인장이며, 주검은 앙신직지 또는 앙신반굴지 자세이다. 수혈토광묘에서 보이는 측신굴지나 굴지 자세는 보이지 않고 다인합장이나 천장도 보이지 않는다.

부장품은 석기와 토기가 주가 된다. 석기는 주로 석촉과 석도이며 주로 생활 도구이다. 석촉은 유경식이며, 석도는 직인(直刃)의 장방형, 장주형 등 여러 형태이고, 날은 한쪽에서 세운 것과 양쪽에서 갈아 세운 합인(蛤刃)도 있다. 이 외에 골기는 모두 생활 도구이다. 토기는 관과 호, 발이나 완의 조합이 보이며 주로 1~2점이 부장되지만, 토기가 부장된 무덤은 그다지 많지 않다. 그중 A형인 V-42호 석관에서 출토된 호는 요동 지방의 현문호와 형태적으로 유사하며, B형 석관인 V-55호에서 출토된 토기는 점토대토기이다. 청동기는 C형 석관인 V-45호에

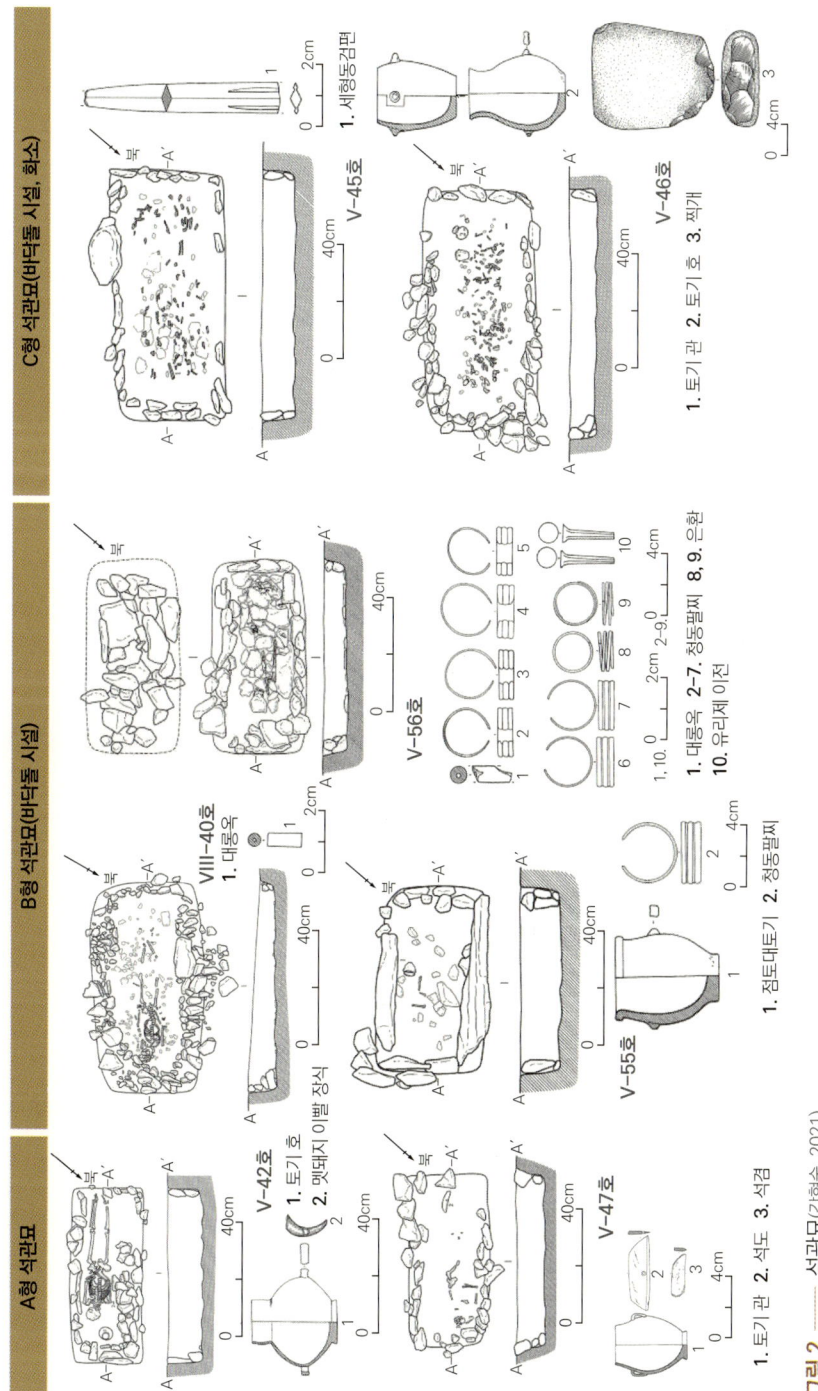

그림 2 ──── 석관묘 (강현숙, 2021)

만발발자 유적의 무덤과 고구려 형성기 적석총

서 세형동검으로 추정되는 검신편이 출토되었다.

따라서 바닥 시설과 장법에 따라 분류된 석관묘 A, B, C형은 부장된 유물로 비추어 볼 때 시간적 선후 관계가 있을 것이다. A형이 청동기시대에 해당하며 B형과 C형은 초기 철기시대에 해당되어, 그 연대가 기원전 4세기 이전으로 올라가지는 않을 것이다.

**대개석묘**

대개석묘는 석붕, 적석묘와 함께 중국 요동 지역의 청동기시대를 대표하는 무덤 형식의 하나로 지상에 드러난 커다란 개석에 의해 석개묘 또는 대석개묘로도 불린다. 구조에 초점을 두자면, 지하 석관을 가진 개석식 지석묘에 해당되며, 지석이 없다는 점에서 남방식 지석묘와 구별된다. 축조 방법은 지하에 구덩이를 파고, 크기가 서로 다른 돌로 네 벽을 만들어 주검을 안치하며, 지상의 개석은 석관의 덮개돌 역할과 함께 무덤의 표식이 된다. 만발발자 유적의 대개석묘는 매장부 구조와 축조에 따라서 세 가지 유형으로 세분된다(그림 3).

A형 대개석묘는 격벽이 있는 이른바 서단산형 석관을 매장부로 한 것으로, Ⅶ-35호와 Ⅷ-43호 2기가 보고되었다. 지하의 석관은 돌로 네 벽을 잘 쌓은 밀폐된 상자형이 아니라는 점에서 만발발자 유적의 석관묘와 같지만, 차이는 석관 내부 중간에 돌을 세워 만든 격벽이 매장과 부장 공간을 분리하였다는 점이다. 격벽으로 매장부 공간을 분리한 것은 길림 지역 청동기시대 서단산문화 석관묘의 특징적인 구조이다.

B형 대개석묘의 경우 지하 매장부는 석관묘 B형과 같으며, 대개석 주위에 돌을 둘러서 묘역식 대개석묘라고 할 수 있다. B형 대개석묘의

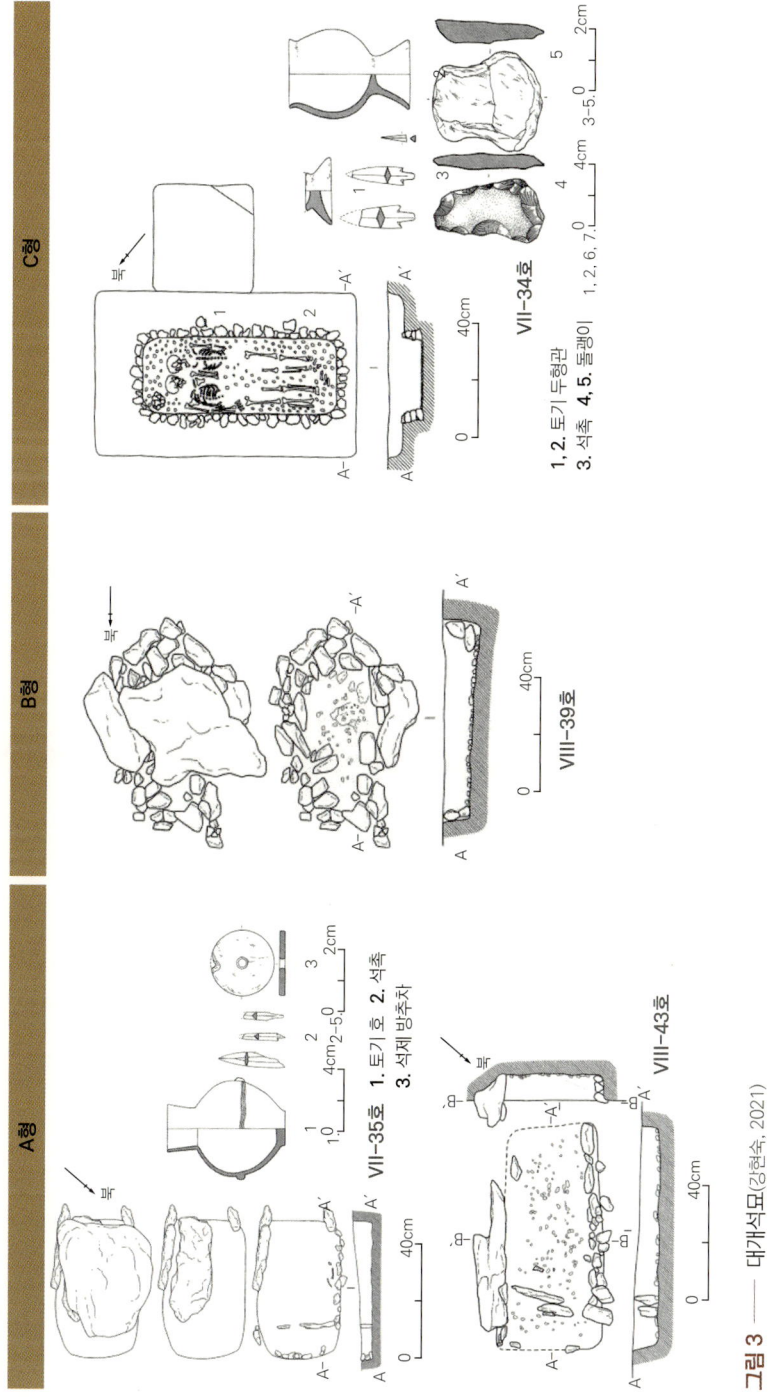

그림 3 ── 대개석석묘(강현숙, 2021)

지상에 드러난 형상은 북한의 침촌리형 지석묘와 유사하다. B형 대개석묘는 Ⅷ-39호 한 기가 보고되었으며, 석관 내에서 인골과 부장품이 확인되지 않아 보고서에서는 천장한 무덤으로 추정한다.

C형 대개석묘는 2단 굴광을 한 후 하단에 석관을 만든 2단 굴광 대개석묘로, Ⅶ-34호 무덤이 이에 해당된다. 2단 굴광을 한 석관과 석관의 장벽 한쪽에 별도로 마련된 곁칸(邊箱)에서는 토기와 석제 괭이(石鎬) 각 1점이 부장되었다. 남·녀와 함께 한쪽에 어린아이가 합장된 가족묘적 성격을 띤다고 보고 있다. 여기서 출토된 고배는 유수 노하심 중층의 115호 무덤에서 출토된 것과 비슷한 형태이므로, A, B형 대개석묘보다는 시기가 늦을 것으로 추정된다.

### 석곽석관묘

석곽석관묘는 4기에서 V-36호 무덤 한 기만이 보고되었다. 무덤은 지하에 장방형 구덩이를 판 후 크기를 달리하는 크고 작은 자연석을 이용하여 묘광 내에 석곽을 만들고, 석곽의 내벽에 붙여서 운모편암 판상석을 세워 상자 모양의 석관을 만든 것으로, 매장부는 관, 곽의 2중 구조이다. 석곽의 개석은 없다. 묘광은 길이 304cm, 너비 232cm, 깊이 70~74cm이고, 석관 옆으로 장방형의 곁칸이 부가되어 석곽은 전체 길이 240cm, 너비 160cm, 석관은 길이 220cm, 너비 154cm로, 석관묘에 비해 너비가 넓어진 방형에 가까운 장방형이다(그림 4).

다인합장무덤으로, 석관 내 바닥에서부터 위로 가면서 두 사람씩 세 차례에 걸쳐 중층적으로 총 6인이 매장되었다. 맨 아래층은 운모혈암 판석을 깔고 그 위에 작은 냇돌을 한 겹 깔고 주검 2인을 안치하고, 그 위에 다시 냇돌을 한 겹 깔고 2인을 안치하고, 같은 방식으로 다시 냇

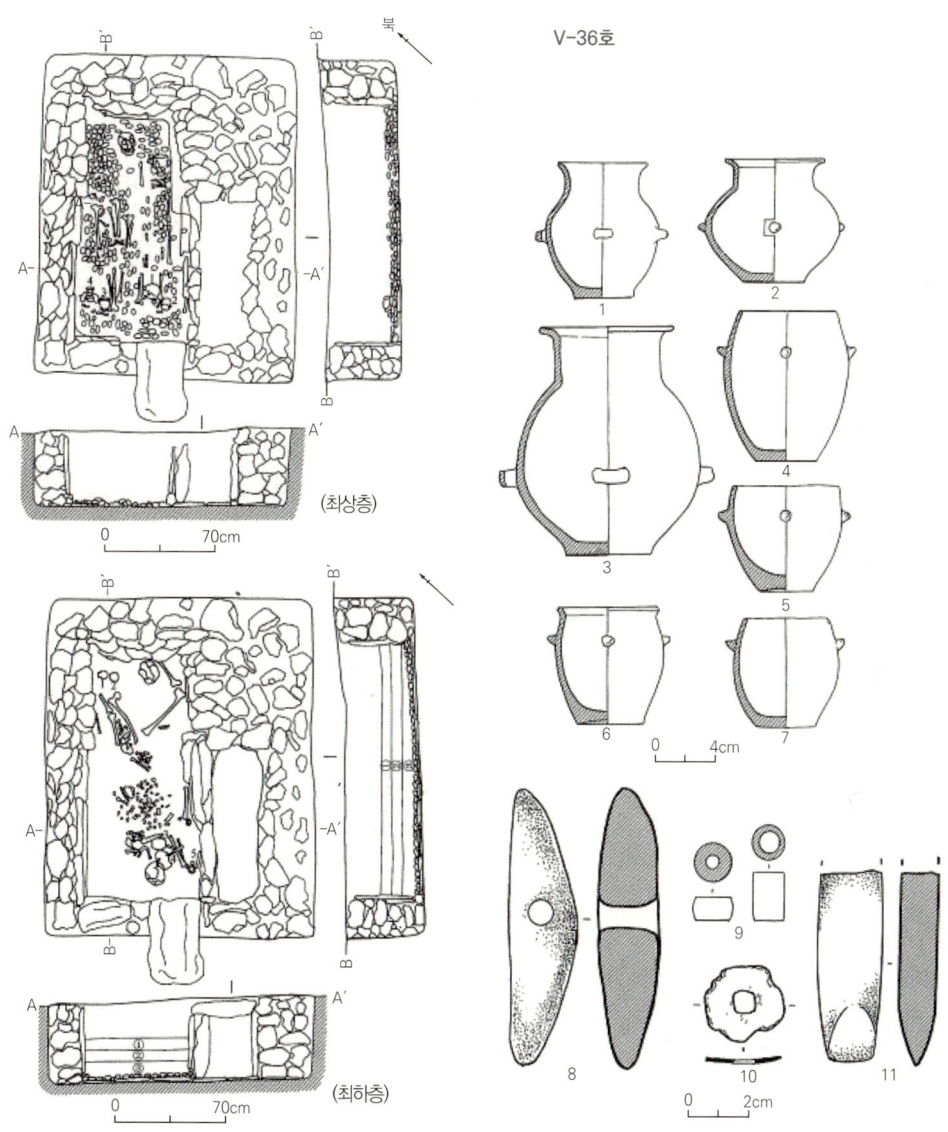

1-3. 토기 호  4-7. 토기 관  8. 유공석기  9. 석주  10. 동전  11. 석착

**그림 4** ──── 석곽석관묘(강현숙, 2021)

돌을 한 겹 깐 후 주검을 안치하였다. 주검을 안치할 때마다 화장을 하여 불에 탄 정도에 차이가 있다. 주검을 모두 안치한 후 맨 마지막으로 운모혈암 판석을 묘광까지 7겹 덮었고, 그 위에 다시 커다란 석재를 덮었다고 하지만 도면에서 그러한 과정은 확인되지 않는다. 그리고 다시 그 위에 흙을 25cm 정도 두께로 덮어 봉토를 형성하였다. 따라서 구조에 초점을 두자면 석곽석관묘는 곁칸이 있는 석곽봉토묘라고 할 수 있다.

곁칸은 장방형 상자로, 석곽의 남벽 중간에서 서단벽 쪽으로 치우쳐 있다. 곁칸은 길이 75cm, 너비 50cm, 두께 20cm의 화강암 판석으로 만들었고, 덮개돌은 길이 140cm, 너비 45cm, 두께 15cm의 운모혈암 판석이다. 곁칸에는 개 한 마리가 부장되어 있어 곁칸은 곧 개의 순생(殉牲) 공간이라고 할 수 있다. 개의 순생은 A조 수혈토광묘에서 확인되었고, 35인이 합장된 Ⅵ-21호 수혈토광묘의 26번째 인골 옆에서도 개의 두개골이 출토되었다.

부장품은 주로 토기와 석기로, 토기의 주요 기종은 호와 관이다. 토기에서 불에 탄 흔적이 확인되지 않은 것으로 미루어, 주검을 안치한 후 불을 지펴 어느 정도 불길이 잦아진 후에 토기를 매납하고 흙을 덮은 것으로 추정된다. 출토된 토기는 대상의 횡교이를 가진 사이장경호와 동체 상부에 맹이(돌기)가 있는 심발(관)로, 기종 구성과 기형은 Ⅳ기로 비정된 대개석적석묘에 부장된 토기와 유사하다. 최상층에서 알 수 없는 동전 1점이 출토되었다. 토기로 미루어 무덤의 연대는 전국시대 만기 이후로 비정한다.

대개석적석묘

대개석적석묘는 서로 다른 구역에서 각 1기씩(Ⅷ-38호와 Ⅴ-41호) 2기가 보고되었다. 이 두 기의 무덤은 화장 장속을 공유하지만 무덤 축조 과정과 구조는 서로 다르다(그림 5).

A형은 묘역식 대개석적석묘라고 할 수 있다. Ⅴ-41호 무덤 한 기로, 이 무덤은 조사하기 전에 적석무지 사이에 백운암질의 대개석이 깨진

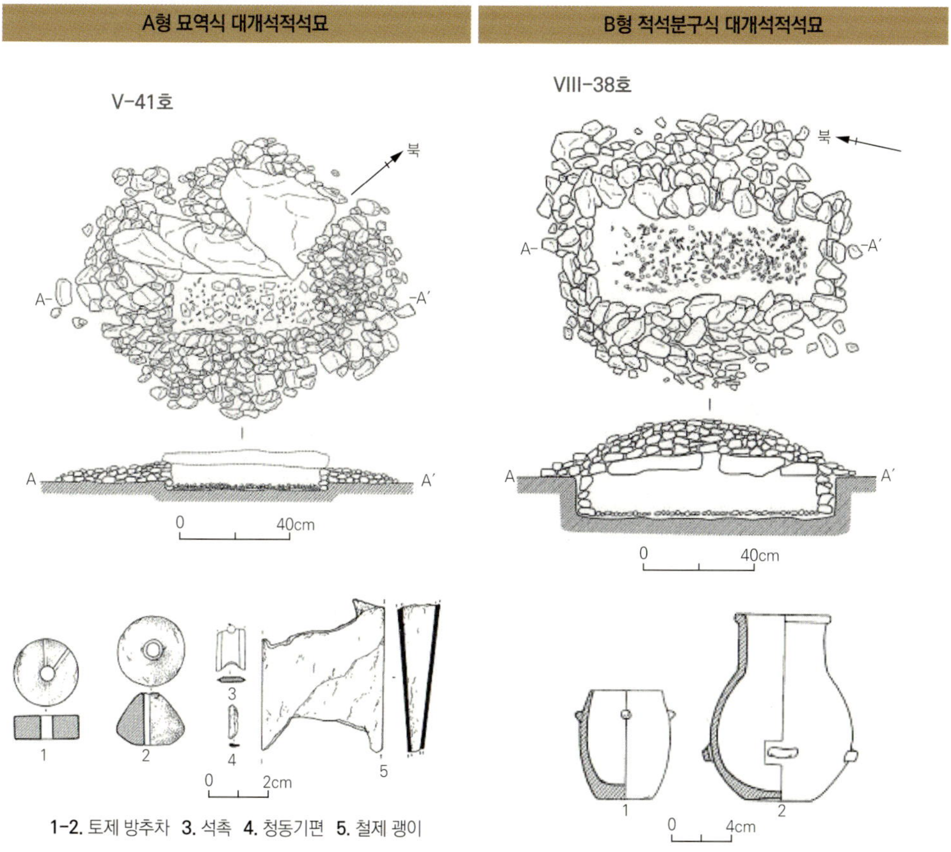

| A형 묘역식 대개석적석묘 | B형 적석분구식 대개석적석묘 |
|---|---|
| V-41호 | VIII-38호 |
| 1-2. 토제 방추차 3. 석촉 4. 청동기편 5. 철제 괭이 | 1. 토기관 2. 토기호 |

그림 5 ──── 대개석적석묘(강현숙, 2021)

채 확인되었다고 하는 점으로 미루어 적석무지가 대개석을 덮지 않은 것으로 보이며, 이는 보고된 도면에서도 확인된다. 따라서 묘광 주위에 돌을 쌓아 묘역을 형성한 후 커다란 덮개돌을 얹은 묘역식 대개석묘라고 할 수 있으며, 이러한 구조는 침촌리형 지석묘와도 유사하다. 대개석은 길이 340cm, 너비 130cm, 두께 40~50cm로 후중하고, 대개석 아래에 드러난 묘광은 길이 310cm, 너비 130cm, 깊이 40cm이다. 매장부는 석관으로, 석관은 장방형으로 구덩이를 판 후 묘광 벽의 한쪽에 대형 석재를 세우고 나머지 3벽은 크기가 다른 돌로 쌓은 다음 석관 바닥에 운모혈암 판석을 깔고 그 위에 두께 10cm 정도로 냇돌을 더 깐 지하식 석관이다. 석관 바닥에 돌을 깐 것은 B형과 C형 석관묘와 같다. 주검을 안치한 후 깨진 돌과 흑회색 고운 모래가 섞인 흙으로 묘광을 채웠다. 묘광 주위에 소량의 불에 탄 인골편이 있어서 보고자는 천장의 잔존물로 추정하지만 천장 여부는 확실하지 않다. 묘광 내 부장품은 없지만, 묘광 밖의 돌무지에서 토기와 석촉, 청동편과 철곽(鐵钁, 괭이)이 출토되었다고 하나 토기의 기형은 알 수 없다.

B형은 대개석 위에 돌을 쌓은 적석분구식 대개석묘로, Ⅷ-38호 무덤 한 기이다. 지하에 석관을 만들고 덮개돌(대개석)을 덮고 그 위에 다시 돌을 쌓아 적석분구를 만든 적석분구식 대개석적석묘이다. 묘광은 길이 210cm, 너비 80cm이고, 덮개돌은 깨져 3매로 갈라졌는데, 복원 길이 225cm, 너비 120cm, 두께 15~20cm로 묘광보다 약간 크다. 주검은 돌이 깔린 묘광 바닥에 안치되고, 흙을 채우면서 번소 의식을 한 후 돌이 섞인 흙으로 묘광을 채우고 덮개돌을 얹고 그 위에 적석분구를 형성하였다. 묘광 내에서 출토된 토기 관과 횡교이가 부착된 사이장경호는 석곽석관묘 출토 토기와 같은 양상이다.

**무단석광적석묘**

무단석광적석묘는 지상에 매장부과 매장부를 덮은 적석분구로 이루어진 무덤으로, 고구려 초기 적석총의 전형적인 구조를 띠고 있다. 만발발자 유적에서는 Ⅶ-37호 한 기가 보고되었다(그림 6). 분구는 방대형이며 남북 길이 480cm, 동서 너비 500cm, 잔존 높이는 50cm로, 4기로 비정된 무덤 중 가장 큰 규모이다. 묘광은 분구 중앙에 위치하며, 분구와 묘광의 장축이 일치하지 않아서 전형적인 고구려 적석총과는 차이가 있다. 묘광은 길이 194cm, 너비 136cm의 장방형이며, 깊이 35~45cm이다. 묘광 바닥에 황갈색 점토를 15cm 정도 두께로 깔고 그 위에 다시 10cm 두께로 잔돌을 깔았다. 황갈색 점토를 당시 지표로 추정하는 것으로 미루어 매장부는 지상식이라고 할 수 있다. 돌이 깔린 매장부에 주검과 부장품을 안치한 후 불을 붙이고 흙을 덮고 깨진 돌로써 묘광을 봉하였다. 장구는 알 수 없으며, 함몰된 돌구덩이(石壙)가 남아 있다. 묘광 주위에 커다란 돌을 둘러 묘역을 만들고, 묘광과 묘역 사이를 깨진 돌로 채우고 쌓아서 방대형 분구를 만들었다.

묘광에서 불에 탄 인골이 백색과 회남색을 띠어 무덤 내에 여러 사람을 안치한 것으로 보아서 다인화장묘로 판단하였지만, 인골의 불에 탄 정도는 번소된 상황에 따른 것이므로 불에 태워진 잔존 인골 상태만으로 다인합장 여부는 확실하지 않다. 오히려 묘광 내에서 출토된 토제 이전이 1쌍(2점)인 점으로 미루어 1인 단인장이었을 가능성을 배제할 수 없다.

부장품도 불에 타서 녹송석 구슬은 변색되었고, 흙으로 빚은 이전과 토제 방추차와 녹송석구슬 1환(串) 외에도 용도 불명의 청동기가 출토되었다. 토기는 적석 사이에서 2점이 출토되었는데 동체 중앙에 맹이가

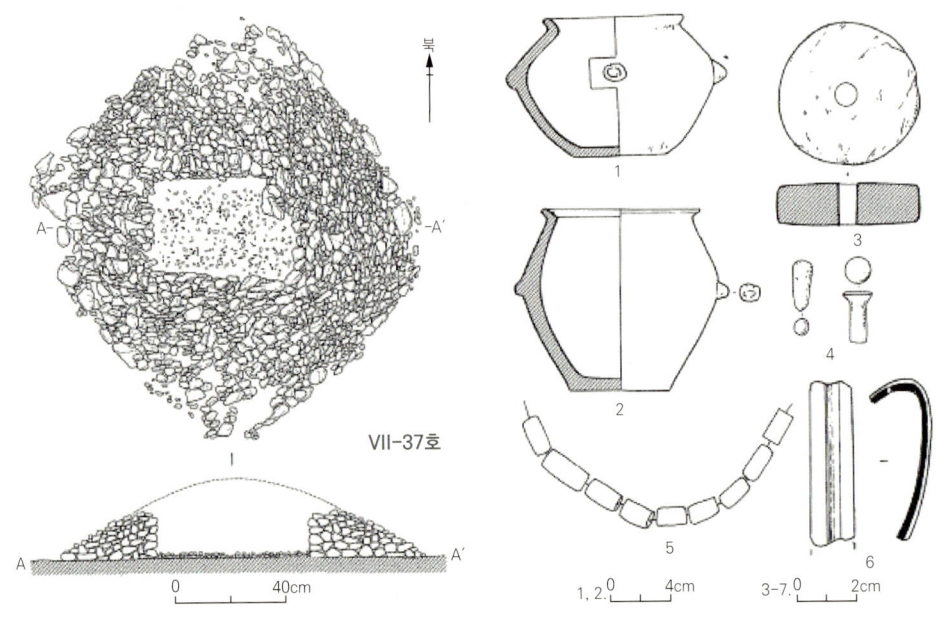

**그림 6** ──── 무단석광적석묘(강현숙, 2021)

1, 2. 토기 관  3. 방추차  4. 토제 이전  5. 옥·석목걸이  6. 청동기편

있는 기종으로 대개석적석묘나 석곽석관묘 출토 토기보다는 조금 늦을 것으로 보이며, 출토 유물로 미루어 기원전 1세기를 상회하지는 않을 것이다.

## 만발발자 유적 무덤의 종횡 관계

### 만발발자 유적 무덤의 구조와 장속 비교

만발발자 유적의 보고서에서는 출토된 토기를 주된 기준으로 무덤의 시기를 판단했지만 무덤에서 출토된 토기는 시간에 따른 형태 변이를 파악할 수 있을 만큼 수적으로 많은 것이 아니며, 또한 같은 형태의 토기가 서로 다른 형식의 무덤에서 출토되어 무덤 간의 시간적 선후 관계를 파악하기 어렵다(그림 7). 더욱이 보고서의 3기 후기나 4기 문화층에 해당되는 여러 형식의 무덤 간 선후 관계가 층서상으로 확인되지도 않았다. 다만 구조와 장속 등 무덤의 여러 속성들을 비교해보면 몇 가지 부류로 범주화할 수 있다(표 2).

먼저 무덤을 가시적으로 드러내는 것은 지상의 분구이다. 지상의 분구는 대개석과 적석분구가 확인되지만, 나머지 무덤들은 낮은 봉토 분구였을 것이다. 이 외에도 묘역식 대개석적석묘는 대개석 외에도 작은 돌로 묘역을 표시하였고, 적석분구식 대개석적석묘와 무기단석광적석묘는 적석분구 자체가 묘역의 역할을 하였을 것이다.

매장부는 지하식과 지상식으로 나눌 수 있다. 지상식은 무기단석광적석묘 한 형식이고, 나머지 수혈토광묘, 석관묘, 석곽석관묘와 묘역식 대개석적석묘(A형)와 적석분구식 대개석적석묘(B형)는 모두 지하식이다. 묘광의 깊이는 무덤 형식마다 차이가 있지만, 대부분의 묘광은 1단

표 2 만발발자 유적 무덤 형식 비교

| | | 수혈토광묘 | | 석관묘 | | | 대개석묘 | | | 석곽석관묘 | 대개석적석묘 | | 무단석광적석묘 |
|---|---|---|---|---|---|---|---|---|---|---|---|---|---|
| | | A | B | A | B | C | A | B | C | | A | B | |
| 분구 | | × | × | × | × | × | 대개석 | 대개석 | 대개석 | × | 대개석 | 적석 | 적석 |
| 묘역 | | × | × | × | × | × | × | × | × | ○ | ○ | ○ | ○ |
| 매장부 | 위치 | 지하 | 지하 | 지하 | 지하 | 지하 | 지하 | 지하 | 지하 | 지하 | 지하 | 지하 | 지상 |
| | 구조 | 묘광 | 묘광 | 석관 | 석관 | 석관 | 석관 | 석관 | 석관 | 석관곽 | 석관 | 석관 | 석광 |
| | 시설 | | | 돌바닥 | 돌바닥 | 돌바닥 | 돌바닥 | 돌바닥 | 돌바닥 | 돌바닥 | 돌바닥 | 돌바닥 | 돌바닥 |
| 장법 | | 단장, 합장, 천장 | | 단장 우세 | | | ? | ? | 가족장 | 합장 | ? | ? | ? |
| 화소 | | × | × | × | ○ | × | × | × | ○ | ○ | ○ | ○ | |

굴광이며, C형 대개석묘인 Ⅶ-34호만 2단 굴광이다.

　주검 안치나 자세는 남아 있는 자료가 제한적이어서 모든 무덤 형식에서 확인되지는 않는다. 다만 수혈토광묘와 석관묘 A형을 제외한 다른 무덤들은 모두 바닥에 돌을 깐 후 주검을 안치하였다.

　매장 방법은 수혈토광묘 A, B조는 단장, 2인합장, 다인합장과 천장 등 여러 장법이 관찰되며, 주검 자세는 A조나 B조 수혈토광묘에서 차이를 보이지 않는다. 석관묘의 세 종류는 모두 단인장이 선호되었고, 주검은 앙신직지나 앙신반굴지 자세이다. 대개석묘의 경우, 장법을 알 수 없지만 C형에 해당되는 대개석묘에서는 가족으로 추정되는 성인 남녀와 어린아이가 함께 매장되었다. 그리고 무덤 내에서 행해진 번소는 석관묘 C형과 석곽석관묘, 묘역식과 적석분구식 대개석적석묘, 무단석광적석묘에서 행해졌다.

　이와 같이 분구와 묘역시설, 매장부 위치와 바닥 시설, 장법과 장속 등을 종합해 볼 때 만발발자 유적의 무덤은 크게 수혈토광묘계, 석관묘계, 대개석묘계와 적석분구계 무덤 등 네 가지로 범주화할 수 있다.

　수혈토광묘계 무덤은 분구와 묘역 시설이 없는 지하식의 바닥 시설이 없는 매장부이다. 부장 토기와 시간의 선후 관계에 따라서 수혈토광묘는 A와 B조로 나뉘지만, 단장과 합장, 천장의 장법이나 화소 등 장속에서 두 조 사이의 차이는 없다. 만발발자 유적에서 가장 먼저 조성되었으며, 조성 시기가 고구려 형성기까지 내려오지는 않는다.

　석관묘계 무덤은 지하의 석관을 주 매장부로 한 무덤으로 석관묘와 석곽석관묘가 있다. 석관묘는 바닥 시설과 번소 행위에 따라서 세 가지로 분류되며, 석곽묘의 세 가지 형식은 속성의 일부를 공유한다. 석관묘 A형과 B형으로 바닥 시설에서는 차이를 보이지만, 분구와 묘역

시설, 지하 매장부에서 특징을 공유하며 번소가 행해지지 않고 단인장이 우세하다는 점에서 공통된다. C형 석관묘는 분구가 없고 지하식 매장부이며 바닥에 돌을 깔았다는 점에서 석관묘 B형과 공통되지만, 번소를 행했다는 점에서 차이를 보인다. 석곽석관묘는 번소 행위에서 C형 석관묘와 특징을 공유한다.

대개석묘계 무덤으로는 대개석묘의 세 형식과 대개석적석묘 A형(묘역식 대개석적석묘)이 있다. 대개석묘계 무덤들은 지상에 대개석이 표식이 된다는 점과 지하식 석관이라는 점에서 특징을 공유하지만, 대개석 아래에 돌을 두른 묘역 시설 여부와 번소 등의 장속에서 차이가 있다. 석관묘계 무덤과 지하의 석관이라는 점은 공통되지만, 대개석묘 A형의 석관은 격벽에 의해 공간이 분리된다는 점에서 다른 석관과 구별되며 이러한 석관은 서단산문화 석관의 특징이다.

적석분구계 무덤은 대개석적석묘 B형(적석분구식 대개석적석묘)과 무단석광적석묘의 두 형식이 있다. 이 무덤들은 지상의 적석분구와 번소라는 점에서 고구려 초기 적석총과 높은 상관성을 보이지만, 적석분구식의 B형 대개석적석묘는 지하 매장부라는 점에서 고구려 적석총과 다르다.

범주화된 무덤의 분포 양상을 구역별로 살펴보면(표 3), V구역에서는 석관묘계와 대개석묘계 무덤이 함께하며 VI구역에서는 수혈토광묘계와 석관묘계 무덤이 함께한다. VII구역에서는 대개석묘계와 적석분구계 무덤이 함께하고, VIII구역에서는 석관묘계와 대개석묘계, 그리고 적석분구계 무덤이 함께한다. 따라서 무덤 구역의 공유 상황을 보면, 수혈토광묘계 무덤과 석관묘계의 석관묘 A와 B형은 구역을 공유하며, 번소가 행해진 C형 석관묘는 대개석묘계나 적석분구계 무덤과 구역을

표 3 무덤 형식 간 구역별 분포 양상

| 구역 | 수혈토광묘계 | | 석관묘계 | | | 석곽석관묘 | 대개석묘계 | | | 적석분구계 | | |
|---|---|---|---|---|---|---|---|---|---|---|---|---|
| | 수혈토광묘 | | 석관묘 | | | | 대개석묘 | | | 대개석적석묘 A | 대개석적석묘 B | 무단석광적석묘 |
| | A | B | A | B | C | | A | B | C | | | |
| II | ○ | | | | | | | | | | | |
| V | | | ○ | ○ | ○ | | | | | ○ | | |
| VI | ○ | ○ | ○ | ○ | | | | | | | | |
| VII | | | | | | | ○ | ○ | | | | ○ |
| VIII | | | | ○ | ○ | | ○ | | | | ○ | |

공유한다. 고구려 초기 적석총의 한 형식인 무단석광적석묘는 대개석묘계 무덤과 구역을 공유한다. 따라서 만발발자 유적의 무덤은 석관이라는 공통분모를 가지지만, 드러나는 지상의 분구나 장속에서 정형성을 보이지 않으며, 유사 속성의 무덤끼리 무덤 구역을 공유하지도 않는다. 특히 무덤의 개체 수가 많지 않아서 집단의 크기가 컸다고 보기 어렵다. 이러한 양상을 종합해볼 때 만발발자 유적에서 무덤 형식을 공유한 주민 간의 결속이 강하지 않았던 것으로 보인다.

## 무덤의 전개

수혈토광묘계 무덤은 토기의 변화와 층서에 의해 수혈토광묘 A조가 B조보다 먼저 조성되었음이 밝혀졌다. 그러나 토기의 기형을 제외하고는 무덤의 구조와 장법, 부장품 조합 등에서 수혈토광묘는 A조와 B조의 차이를 보이지 않아서 시간 관계 외의 다른 의미를 부여할 수 없다.

석관묘계 무덤 가운데 바닥 시설이 없는 A형 석관묘는 층서에 의해 수혈토광묘 B조와 시간적으로 병행했음이 밝혀졌다. 수혈토광묘 B조와 석관묘 A형에 부장된 토기는 요동 지역 청동기시대 토기 문화를 공유한다는 점에서도 비슷한 시기에 조성되었음을 확인할 수 있다. 바닥에 돌을 깐 B형 석관묘는 점토대구연 토기가 부장되어 병존하는 수혈토광묘 B조나 석관묘 A형보다 늦게 조성되었을 것이다(그림 7). 변소가 있었던 C형 석관은 석곽석관묘나 대개석적석묘의 부장 토기와 기종 및 기형의 특징을 공유하며, 고구려 초기의 환인 망강루 적석총에서 출토된 토기와도 유사하다. 따라서 석관묘계 무덤의 조성은 '석관묘 A형→석관묘 B형→석관묘 C형과 석곽석관묘' 순으로 시간에 따른 선후 관계를 가질 것이다. 다만 석곽석관묘에서 보이는 다인합장과 개순생은 석관묘계 무덤에서는 보이지 않고, 수혈토광묘 A조에서 관찰된다. 따라서 석곽석관묘는 석관묘와 수혈토광묘의 구조와 장법, 장속의 요소가 선택적으로 결합된 무덤으로 추정된다.

　대개석묘계 무덤 가운데 A형 대개석묘의 격벽이 있는 석관은 길림 지역 서단산문화의 석관과 구조적으로 연결되며, 여기서 출토된 토기는 동체에 가로줄 무늬가 있는 장경호로 요동 지역의 장경호 기형에 현문호의 무늬가 결합된 것이어서 서단산문화와 요동 지역 청동기문화의 요소가 선택적으로 결합된 모습을 보여준다. 대개석묘 B형은 묘광 주위에 돌을 두르고 큰 덮개돌을 얹은 것으로 묘역식 대개석묘로 볼 수 있어서 구조는 A형 대개석적석묘인 묘역식 대개석적석묘와 연결되며, 대개석묘라는 점에서 요동 지역 청동기문화와 연결시킬 수 있다. C형 대개석묘는 2단 굴광이라는 점에서 앞의 두 형식과 차이를 보일 뿐 아니라 출토된 대부호가 노하심 중층 무덤에서 출토된 것과 기형적으로 연결되므로, 대개석묘 A, B형보다는 늦게 출현하였을 것이다.

　적석분구계 무덤 중 적석분구식 대개석적석묘의 부장 토기는 석관묘 C형과 석곽석관묘에서 출토된 토기와 기종 및 기형 특징을 공유하

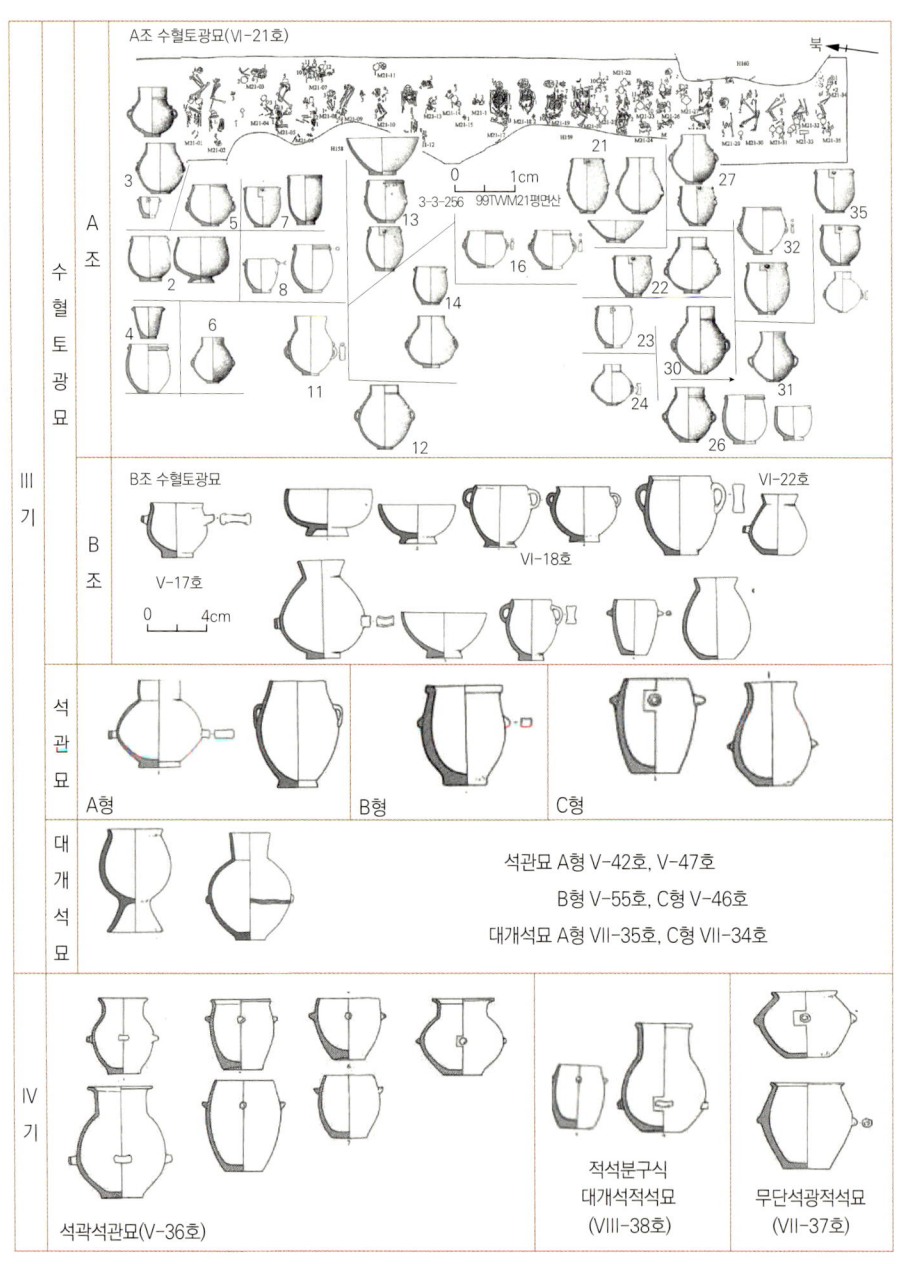

그림 7 ── 만발발자 유적 무덤 출토 토기(C형 석관묘는 4기) (강현숙, 2021)

여 시간적으로 병행 관계에 있다고 할 수 있다. 그러나 적석분구는 다른 무덤에서는 관찰되지 않는 요소로, 고구려 초기의 환인 망강루 적석총을 고려해보면 무단석광적석총의 영향일 가능성도 배제할 수 없다.

고구려 형성을 전후한 시기에 조성된 만발발자 유적의 여러 무덤은 중국 요동 지방 청동기시대 토기 문화를 배경으로 하여 수혈토광묘계 무덤에서 석관묘계와 대개석묘계 무덤이 조성된 후 가장 늦게 적석분구계 대개석적석묘가 조성되었다. 여러 형식 무덤들의 구조나 장법 또는 부장품 등은 길림 서단산문화, 부여, 그리고 중국 한나라의 요소가 선택적으로 결합된 결과이며, 선택적 결합 과정은 네 단계로 정리된다 (표 4).

첫 출발은 만발발자 유적의 서구와 동구에 수혈토광묘 A조의 조성이다. 시간에 따라 수혈토광묘 A조에서 B조로 전개되며, 비슷한 시기에 새로 석관묘 A형이 출현한다. 수혈토광묘 B조와 석관묘 A형은 장법

**표 4** 만발발자 유적 무덤의 종횡 관계

| 무덤<br>구역 | 수혈토광묘계 | | 석관묘계 | | | | 대개석묘계 | | | 적석분구묘계 | | | |
|---|---|---|---|---|---|---|---|---|---|---|---|---|---|
| | A | B | A | B | C | 석곽 | A | B | C | 대개석<br>적석A | 대개석<br>적석B | 무단석<br>광적석 | |
| I | | | | | | 길림 서단산문화 | | | | | | | 수혈토광묘<br>중심 |
| II | | | 요동 지역 청동기 문화 | | | | | | | | | | 대개석묘<br>A 출현 |
| III | | | | | | | | | | | | | 석관묘, 대개석묘<br>병존 |
| IV | | | | | 토기, 변소, 장속 공유 | | | | | | | | 구조, 장속, 부장품<br>선택적 결합 |
| | 중국 중원 이전(耳璫)<br>점토대토기 | | 세형동검 | | | | 부여 토기 | | | 중국 중원 이전(耳璫) | | | |

의 차이는 있지만, 부장 토기는 요동 지역 청동기시대 토기 문화를 공유한다. 가령 수혈토광묘 B조 V-28호의 대상 횡교이호와 석관묘 A형 V-42호 무덤의 대상 횡교이호는 요동 지역 현문호와 기형적으로 연결되며, 석관묘 A형 V-47호 무덤의 수교이호와 수혈토광묘 B조의 수교이호는 기형이 서로 유사하다.

둘째 단계에는 석관묘 B형과 대개석묘 A형이 출현하여 병존하는 두 형식의 무덤이 요동 지역 청동기시대 토기 문화를 공유한다. 병존하는 대개석묘 A형인 Ⅶ-35 무덤을 보면, 석관은 길림 서단산문화 요소가 들어와서 격벽이 있는 석관이 매장부로 선택되었고, 여기서 출토된 장경호는 요동의 심양 정가와자 6512호 무덤의 장경호와 현문호 특징이 혼재된 것이다. 이로 미루어 둘째 단계는 기원전 5~기원전 4세기로 비정해볼 수 있다.

셋째 단계는 석관계 무덤과 대개석묘계 무덤이 중심이 된다. 석관묘 B형과 대개석묘 B형이 병존한다. 대개석묘 B형은 섬도대토기가 부장되었다는 점에서 대개석묘 A형보다 늦게 출현하고 시간적으로 석관묘 B형과 병존하지만, 병존하는 두 무덤과의 관계는 확실하지 않다. 점토대토기로 미루어 청동기시대 후기인 기원전 4세기경으로 추정된다.

넷째 단계는 석관묘계와 대개석묘계 그리고 적석분구계 무덤이 병존한다. 이 단계에서는 구조와 장속에서 적석분구와 번소, 그리고 부장품에서도 부여와 중국 한나라의 요소가 선택, 혼용되었다. 장속으로서 번소는 석관묘 B형에서는 확인되지 않지만, 나머지 무덤에서는 번소가 행해졌다. 부장품에서는 중국 한대 장옥의 하나인 이전이 B형 석관묘인 V-55호 무덤과 무단석광적석묘에서 출토되었고, 대개석묘 C형 Ⅶ-34호 무덤의 대부발은 부여 노하심 중층 115호 무덤 토기와 기형적으로 연결된다. 한편 가장 출토 예가 많은 것은 토기로, 석곽석관묘 V-36호와 석관묘 C형 V-46호, 적석분구식 대개석적석묘 Ⅷ-38호 무덤의 토기는 고구려 초기의 환인 망강루 적석총 4호와 6호에서 출토된 토기와 기형적으로 연결된다. 넷째 단계의 무덤 가운데 석관묘 C형인 V-45호에서 출토된 세형동검편이 기원전 3세기 말에서 기원전 2세기 중엽경으로 연대 비정되어서,[8] 다른 형식의 무덤에 비해 석관묘 C형에 앞설 것으로 추정된다. 따라서 번소도 이 시기에 선택된 것으로 보인다.

결국 만발발자 유적의 3기와 4기의 분묘는 중국 요동 지역 청동기시대 토기의 변천 과정과 대응되면서 수혈토광묘에서 석관묘와 대개석묘로 전개되고, 대개석묘에 길림 지역 서단산문화 요소가 결합되고, 기원전 3세기 말을 경유하면서 새롭게 장속으로서 번소가 선택적으로 결합되었다. 이어 부여의 토기와 중국 한나라의 부장품이 시간에 따라 선택적으로 결합되는 모습을 보여준다. 만발발자 유적의 무덤이 구조와 장속, 부장품에서 정형성을 갖춘 무덤으로 통합되지 못한 것은 결국 무덤을 조성한 주민이 단일의 집단이 아니었을 가능성을 시사한다.

## 만발발자 유적 무덤과 고구려 형성기 적석총의 관계

### 고구려 적석총의 기원에 대한 여러 견해

고구려의 적석총은 중국 동북의 여타 지역과 구별되는 특징적인 무덤 형식이어서 일찍부터 적석총의 기원에 대해서 많은 관심이 집중되었다. 일제 강점기에는 적석총을 거석문화의 하나로 생각하였지만, 동북아시아에서 적석총의 기원으로 볼 수 있는 거석문화는 확인되지 않았다. 한편 청동기시대 중국 동북 지역에서 여러 형식의 돌무덤들이 확인되면서 중국 동북 지역에서 고구려 적석총의 기원을 구하고 있다.

적석총 기원에 관한 해석은 세 가지로 대표된다. 고구려 적석총의 특징인 적석분구, 지상의 매장부, 그리고 번소, 이 세 요소가 동시에 출현한 것으로 보는 단선설, 압록강 유역과 혼강 유역 적석총의 기원을 나누어 보는 이원설, 서로 다른 무덤의 요소들이 결합한 것으로 보는 복합설이 그것이다.

단선설은 요동반도 남단 강상과 누상의 청동기시대 적석묘와 유사하다는 점에 주목하여 고구려 적석총의 기원을 중국 요동반도 남단의 청동기시대 적석묘에서 구한 것으로 단선진화론적 해석이라고 할 수 있다. 청동기시대 적석묘는 중국 요동반도 남단의 여순-대련 지구에 제한적으로 분포하는 지역성이 강한 무덤 형식으로, 여러 기의 무덤이 함께 군을 이루는 집단묘이다. 주검을 지상에 안치하고 돌을 덮어 매장을 마감하고 무덤에서 화장을 행한 점이 요동반도 남단의 청동기시대 적석묘나 고구려 초기 적석총에 공통되어 중국 요동반도 남단의 청동기시대 적석묘의 연장선상에서 고구려 적석총을 이해하였다. 그러나 중국의 요동반도 청동기시대 적석묘에서 고구려 적석총의 기원을 구하는 견해는, 요동반도 남단의 청동기시대 적석묘와 고구려 적석총 사이의 시간 공백을 메울 만한 적석묘 자료가 확실하지 않다는 문제가 있다. 다만 고구려 적석총과 구조와 장법에서 가장 유사한 무덤이 중국 요동반도 남단의 청동기시대 적석묘임은 부인하기 어려우므로, 중국 요동 지역의 청동기시대 무덤에 대해서 지속적인 관심을 기울일 필요가 있다.

이원설은 혼강과 압록강 중하류역 적석총의 출현을 나누어 보는 다선진화론적 해석이라고 할 수 있다. 이 입장은 근래 혼강 유역과 압록강 중상류역에서의 조사 성과에 따른 것이다.[9] 압록강 중하류역의 적석총이 장백 간구자 적석총에서 발전하였고, 간구자 적석총은 요동반도 남단의 청동기시대 적석묘에서 연원하였다는 입장이다. 따라서 압록강 중하류역의 장백 간구자 적석총 기원 입장은 궁극적으로 요동반도 남단의 청동기시대 적석묘 기원설과 맥락을 같이한다고 할 수 있다. 장백 간구자 적석총은 원형 평면의 적석총이 연접된 집단묘이며, 무덤 내에서 화장이 행해진 무덤이다. 무덤에서 출토된 중국 전국시대 연(燕)나라 화폐와 한대 철기로 미루어 전한대로 연대 비정되어, 요동반도 남단의 청동기시대 적석묘와 고구려 적석총 사이의 시간적인 공백은 줄어들었지만 오히려 중국 요동반도 남단에서부터 압록강 상류역까지 공간상의 공백은 더 커졌다.

한편 환인을 포함한 혼강 유역의 적석총은 혼강 유역의 석개석광적석묘에서 연원했다고 보고 있다. 지하에 묘광을 파고 커다란 돌로 덮은 후 다시 돌을 쌓은 혼강 유역의 석개석광적석묘가 고구려의 이른 시기 적석총인 환인 망강루 4호분과 구조적으로 연결된다고 본 것이다.[10] 즉 석개석광적석묘에서 석개가 사라지면서 환인 망강루 4호분과 같은 지하식 묘광의 석곽적석총으로 되었다는 설명이지만, 앞서 언급된 환인의 석개석광적석묘는 적석분구라기보다는 묘광 주위와 대개석(덮개돌) 주변에 돌을 둘러 묘역을 만든 것으로 부석식 석개묘 또는 위석식 석개묘로 볼 수 있어 적석분구와 구별된다.

이러한 이원설은 요동반도 남단의 적석묘에서 고구려 적석총으로 변화 과정을 조금 더 구체적으로 설명하였다는 점에서 일견 설득력이 있어 보이지만, 문제가 없는 것은 아니다. 중국 요동 지역에서 분포지를 공유하지 않았던 요동반도 남단의 적석묘와 요동 지역 석개묘의 결합 과정에 대한 설명이 전제되어야 한다. 또한 석개석광적석묘에서 석개가 사라지는 과정에 대해서도 설명이 필요하다. 무엇보다도 중요한 것은 환인과 혼강 유역의 석개석광적석묘와 장백 간구자 적석총 사이의 관계에 대한 설명이다.

결국 요동반도 남단의 청동기시대 적석묘에서 단선적으로 설명하거나 혼강 유역과 압록강 중하류역으로 적석총의 지역을 나누어 각각의 연원을 설명하는 두 해석 모두 시간적 공간적 공백을 뒷받침할 만한 고고학적 증거를 확보하지 못했다는 한계가 있다.

복합설은 시간에 따른 변화 속에 무덤의 여러 요소들이 결합하거나 부가되면서 고구려 적석총으로 자체적으로 발전하였다는 설명이다. 통화 만발발자 유적의 조사 성과에 근거를 둔 견해[11]로, 춘추전국시대 다인합장의 토광묘와 토갱석곽묘, 토갱석곽석관묘는 서단산문화의 영향을 받은 예계 문화이며 전국시대 말에서 전한 초를 거치면서 출현한 화장을 한 대개석묘, 대개석적석묘와 적석묘는 맥계의 무덤으로, 예계 묘제와 맥계의 요소가 결합하면서 고구려 적석총으로 발전하였다는 것이다. 그리고 대개석적석묘는 대개석묘와 고구려 적석총의 과도기 묘제로 설명하였다. 그러나 동 시기에 병존한 맥계 무덤으로 본 대개석묘는 물론, 대개석적석묘로의 전개나 번소의 출현 등에 대해서는 설명하지 않았다. 따라서 이원설과 마찬가지로 대개석묘에 적석이 부가되는 과정이나 개석이 사라지고 적석분구가 출현하는 과정에 대한 논증은 이루어지지 못하였다.

물론 조사의 증가에 따라서 무순, 신빈, 환인으로 이어지는 곳에서 조사된 적석이 부가된 석붕묘(적석석붕묘)나 석개석관묘(적석석개묘)는 적석이라는 점에서 볼 때 고구려 적석총과 연결될 가능성을 배제할 수 없다. 더욱이 청동기시대의 적석묘, 석붕, 대개석묘(또는 대석개묘)는 물론, 청동기와 무문토기의 목 긴 단지, 횡교이, 수교이 등 기형적 특징을 가진 토기가 혼강 수계에서는 고구려 적석총과 공간적으로 일부 중복되기도 한다. 그럼에도 여전히 해결되지 않은 문제는 고구려 적석총과의 시간적, 공간적 공백이다.

## 만발발자 유적 무덤으로 본 고구려 적석총의 형성 과정

앞에서 살핀 바와 같이 만발발자 유적 무덤의 전개에서 고구려 형성기와 시간적으로 병행되는 것은 넷째 단계이다. 이 단계의 커다란 특징은 북방의 장속인 번소, 부여와 중국 한나라 문물이 선택적으로 혼용된 점에 있다. 부여 노하심 중층 115호 무덤과 유사한 대부호가 부장된 대개석묘 C형 Ⅶ-34호 무덤, 세형동검편이 부장된 석관묘 C형 Ⅴ-45호 무덤은 고구려 형성 전으로 볼 수 있고, 석관묘 B형과 석곽석관묘, 적석분구식 대개석적석묘, 무단석광적석묘는 환인 망강루 4호나 6호 적석총에 부장된 토기로 미루어 고구려 형성을 즈음한 시기로 볼 수 있다.

이처럼 고구려 형성을 즈음하여 조성된 여러 무덤 형식 중 석관묘 B형은 동 시기 선호된 번소가 행해지지 않았고, 번소를 공유하는 무덤 사이에도 상사점과 상이점이 있다. 석곽석관묘에는 지상의 적석분구가 없고, 적석분구식 대개석적석묘는 매장부가 지하라는 점에서 무단석광적석묘의 구조와 다르다. 따라서 고구려 적석총이 어느 특정한 한 형식의 무덤에서 연원했다고 할 수 없다.

여러 요소의 선택적 결합에서 가장 먼저 선택된 것은 번소이다. 번소는 주검을 안치한 후 묘광을 메우는 매장 절차의 한 과정에서 행해진 것으로, 묘광이 화장터가 되는 장속이라고 할 수 있다. 이와 같은 방식의 번소는 중국 요동 지역에서는 청동기 전기에 해당되는 마성자문화(馬城子文化)에서 관찰되기 시작하며, 마성자문화는 대략 기원전 1800년전에서 1100년 사이로 비정된다. 마성자문화를 대표하는 동혈묘는 동굴 내에 매장된 여러 형식의 무덤을 총칭하는 것이다. 동굴 내에서 확인되는 무덤 가운데 토광묘와 석관묘는 만발발자 유적의 수혈토광묘나 석관묘와 같은 방식의 무덤이다. 동혈묘 내의 무덤에서 보이는 장속도 만발발자 유적의 수혈토광묘나 석관묘와 같이 단인장과 합장, 천장 또는 간골장이 확인된다. 그러나 고구려 적석총은 물론 만발발자 유적에서 번소가 행해진 무덤은 넷째 단계에서 확인되며, 그 시기는 기원전 3세기 이후로 비정된다. 동혈무덤으로 대표되는 마성자문화와는 시간적 공백이 크므로 서로 연결시킬 수 없다.

적석분구는 만발발자 유적의 다른 무덤에서 관찰되지는 않는다. 환인 일대의 고구려 적석총의 연원을 혼강 유역의 적석석개석광묘에서 구한 입장[12]은 지하 매장부가 지상화되면서 자연스럽게 고구려 적석총이 되었다고 하지만, 적석석개석광묘와 연결되는 환인의 산저자 1호분, 용두산 대개석묘, 풍가보자, 대전자 청동단검묘[13] 등 석개석광묘나 신빈 왕청문의 용두산 대개석묘 등을 고구려 적석총과 구조적으로 연결시키기 어렵다. 특히 고구려 적석총의 연원을 혼강 유역과 압록강 유역으로 나누어 보는 이원론에서 환인 망강루 4호 적석총과 연결된다고 본 풍가보자 4호와 5호 무덤은 묘광 주위에 돌이 부가된 묘역식 대개석적석묘로, 지상의 표식은 대개석이다. 기원전 4~기원전 3세기경에 혼강 수계의 대개석묘나 묘역식 대개석적석묘에서 화장이 행해졌음은 인정되지만, 그것이 적석분구를 수반한 것은 아니어서 이로부터 고구려 적석총의 등장을 설명하는 것은 곤란하다. 오히려 적석분구와 번소의 연원을 나누어 보는 것이 합리적이다. 적석분구와 관련하여 중국 요동 지역의 대개석묘나 석붕이 청동기시대 적석묘의 적석분구를 선택적으로 채용하면서 대개석적석묘나 적석석붕묘가 조성된 후에 화장이 부가된 것으로 볼 여지가 없는 것은 아니다. 그렇지만 아직까지 대개석묘나 석붕묘의 결합 가능성이 상정되는 무순 산용의 석개적석묘나 석개석실적석묘에서 번소 행위는 확인되지 않았다.

적석분구와 함께 고려해야 될 사항이 지상 매장부이다. 만발발자 유적에서 번소가 행해진 무덤 가운데 지상 매장부는 확인되지 않았기 때문이다. 지상 매장부라는 점에서 볼 때 무단석광적석묘의 석광을 석관으로 이해하기도 하지만, 적석묘에서의 석관은 만발발자 유적의 석관과 축조 과정이 다르다. 적석묘의 매장부로서 석광은 석관이나 석곽과 달리 돌구덩이라는 의미로 적석부의 함몰 상태를 표현한 것이어서, 적석총의 연원으로 보는 석개석광적석묘 또는 석개석광묘의 지하식 석광(석관)은 고구려의 석광과 다르다. 중국 요동 지역의 청동기시대 여러 형식의 분묘 가운데 지상 매장부를 가진 것은 적석묘와 석붕(북방식 지석묘)이지만, 앞에서 언급한 바와 같이 적석묘는 요동반도 남단의 제한된 범위에서만 확인되어서 요동 지역의 석붕과는 분포지를 공유하지 않는다. 따라서 적석묘와 석붕이 결합된 무덤 형식이 확인된다면, 고구려 적석총의 출현과 관련된 실마리를 풀 수 있을 것이다.

결국 고구려 적석총을 특징짓는 세 요소인 지상 매장부, 적석분구, 번소를 동시에 고려한 것이 단선론이고, 이 세 요소를 나누어 설명한 견해가 이원설이나 복합설이다. 그러나 공히 시간과 공간의 문제는 여전히 해결되지 않았다. 다만 앞의 〈표 4〉에서 볼 수 있듯이 만발발자 유적에서 번소가 적석분구보다 먼저 등장한 것으로 미루어 볼 때 고구려 적석총도 세 요소의 순차적 선택 과정이 있었을 것으로 보인다. 즉 기원전 3세기를 경과하면서 번소가 선택되고 이어서 적석분구가 더해지고 매장부가 지상화되는 순차적인 선택 과정을 거쳤을 가능성도 있다.

그러나 고구려 적석총의 출현과 이러한 가설은 당분간 쉬이 증명될 것 같지 않다. 중국 요동 지역은 물론, 혼강 유역이나 압록강 중하류역의 전국시대에서 진한 교체기의 유적 조사 자료가 충분히 축적되어 있지 못하기 때문이다. 따라서 향후 이 일대 청동기시대 후기에서 초기 철기시대에 걸친 유적에 대한 자료의 축적과 함께 종합적인 분석이 이루어진다면, 고구려 적석총의 출현에 대한 설득력 있는 해석이 가능할 것으로 기대된다.

## 더 많은 고고학 자료를 기대하며

고구려 고분 연구에 있어서 해결되지 못한 문제 중의 하나가 고구려 형성기의 적석총에 관한 것이다. 적석총이 중국 동북 지역의 압록강 중하류역과 지류역에 분포하고 있으나 중국 동북 지역의 선행 묘제와는 구조나 장법에서 차이를 보이기 때문에, 정작 적석총의 기원이나 구조와 장법 등은 구체적으로 설명하지 못하고 있다.

통화 만발발자 유적은 혼강 수계에 위치한 고구려의 형성기 정보를 담고 있는 중요한 유적이어서 고구려 형성기 적석총에 관한 여러 문제의 실마리를 제공해줄 것으로 기대되는 유적이기도 하다. 이러한 기대에서 만발발자 유적의 무덤을 검토하였지만 고구려 형성을 즈음하여 적석총 출현과 관련한 유의미한 결론을 도출하지 못하였다. 그 주된 원인은 보고된 무덤 가운데 고구려 형성을 즈음한 시기의 분묘 자료가 수적으로 적을 뿐 아니라 출토된 유물도 극히 소량이어서, 질적으로나 양적으로도 유의미한 분석이 불가능하기 때문이다.

만발발자 유적의 분묘에서 보이듯이 3기에 해당되는 여러 무덤 형식은 토기 문화라는 점에서 공통분모를 가지지만 무덤 구조나 장속에서는 차이를 보이고, 4기에 해당되는 무덤은 다양한 형식이 병존하고 구조, 장속과 토기 및 부장품 일부에서 선택적 결합이 관찰된다. 앞으로 충분한 논증 과정을 거쳐야 할 문제이지만, 고구려 적석총의 등장도 긴 시간에 걸쳐 여러 요소가 선택적이고 복합적으로 결합된 결과라고 볼 수 있다.

혼강이나 압록강 중하류역의 전국시대에서 진한 교체기의 물질문화가 매우 복잡한 데 비해 자료는 충분하지 못하여 시공상의 경계를 판단하는 것은 어려운 문제이다. 그렇지만 이 일대의 고고자료가 축적된다면, 시공의 경계가 드러나지 않는 무덤에 대한 설명이 불가능하지는 않을 것으로 생각된다. 혼강이나 압록강 중하류역 일대 자료의 축적을 기대하면서 고구려 적석총의 출현 과정을 향후 과제로 삼고자 한다.

## 주

1. 通化市文管會辦公室(王志敏), 2006, 「通化江沿遺迹群調査」, 『東北史地』 2006-6.
2. 吉林省文物考古研究所·通化市文物管理辦公室, 2019, 『通化萬發撥子遺阯考古發掘報告』, 科學出版社.
3. 대개석묘는 석개묘로 불리기도 하고, 대개석적석묘는 석개적석묘, 석개석광적석묘, 석광석개적석묘 등 여러 명칭으로 불린다. 무단석광적석묘는 지상에 분구를 가진 무덤으로 墳과 墓의 개념을 적용하자면 무단석광적석총이 된다. 보고서에서 사용하는 명칭이 무덤의 구조가 잘 반영된 명칭이라고 할 수 없지만, 기왕 우리 학계에서 통칭하는 대개석묘라는 용어를 사용하고자 한다.
4. 李新全, 2009, 「遼東地區積石墓的演變」, 『東北史地』 2009-1.
5. 보고서의 〈표 2-3-1〉과 〈표 2-3-2〉에 제시된 무덤의 수가 맞지 않으나, 보고된 Ⅲ기에서 5기문화층의 무덤 기수는 〈표 2-3-3〉에 제시된 수치와 맞아서 무덤 기수 파악에는 문제가 없을 것으로 보인다. 보고서에서 사용하는 묘제의 이름은 연구자마다 차이가 있지만, 이 글에서는 만발발자 유적 보고서에서 사용하는 명칭을 그대로 사용하였다. 다만 수혈토광묘 A, B조는 구조나 장법에서 보이지 않아서 그래도 표기하였으나, 나머지 무덤의 경우 구조나 장법에서의 차이를 기준으로 분류하여 '~형'으로 표기하였다.
6. 보고서에서 무덤의 편호는 조사 연도(1997년과 1999년), 구역(Ⅰ~Ⅷ)과 통화 만발발자 유적의 영문 머리자(TW), 무덤(M), 그리고 무덤의 번호순으로 되어 있으나, 이 글에서는 가독성을 높이기 위하여 구역과 무덤 번호만 기입하고자 한다.
7. 이 청동기를 과형동검으로 보고 요령식 동과의 모티브가 반영되어 제작된 것으로 보고 있다.
   이후석, 2021, 「혼강유역 세형동검문화의 특징과 네트워크의 변천-통화 만발발자 유적 출토 청동유물 겸론」, 『고고학』 20-1.
8. 이후석, 2021, 「혼강유역 세형동검문화의 특징과 네트워크의 변천-통화 만발발자 유적 출토 청동유물 겸론」, 『고고학』 20-1.

9 　李新全, 2009,「遼東地區積石墓的演變」,『東北史地』2009-1.
10 　석개묘는 만발발자 유적의 대개석묘로, 석개적석묘는 대개석적석묘로 불린다.
11 　王綿厚, 2005,「고구려문화와 중국 동북 예맥계 청동문화의 연원관계」,『고구려와 동아시아-문물교류를 중심으로』, 고려사학회 국제학술심포지움14, 고려대학교박물관.
12 　李新全, 2009,「遼東地區積石墓的演變」,『東北史地』2009-1.
13 　梁志龍·李新全, 2009,「本溪地區高句麗考古三十年」,『高句麗與東北民族研究』.

# 토광묘와 집장묘의 계통과 성격

## 토광묘와 집장묘를 둘러싼 논의들

만발발자(萬發撥子) 유적에서 가장 특징적인 유구 중 하나가 제Ⅵ구역에서 조사된 M20호와 M21호이다. 이들 무덤은 여러 사람을 하나의 대형 토광에 묻은 집장묘(集葬墓)로 벽을 사이에 두고 나란히 연결되어 있으며, M20호에는 4인, M21호에는 35인이 매장되어 있다.[1] 집장묘는 사전적으로 '다수의 사람들을 하나의 목관 혹은 하나의 묘광에 묻은 무덤'을 의미한다. 합장묘의 일종이라 볼 수 있는데, 매장된 사람 수가 많다는 점에서 군장묘(群葬墓), 집합매장묘, 다인합장묘라고도 하며, 중국에서는 총장묘(叢葬墓)라 부르고 있다. 일반적인 의미에서 합장묘는 친연 관계(부부, 부자, 형제자매 등)의 사람을 하나의 묘광에 묻는 현상을 말하는데, 대부분 2인 혹은 3인이며, 많게는 4인이 함께 묻히기도 한다.

반면에 집장묘는 매장 인수가 합장묘에 비해 많은데, 적게는 4~5인부터 많게는 수십 명이 함께 묻혀 있다. 매장된 사람들도 가까운 혈연적 관계보다는 공동체적 성격이 강한 '취족이장(聚族而葬)'으로 동일 씨족 혹은 동일 집단의 구성원을 한곳에 매장하는 형식을 의미한다.[2]

흥미롭게도 기원전 4~기원전 3세기경 이 지역에 갑자기 출현하고 있는 토광묘와 서울 석촌동 고분군의 대형 토광묘가 유사하다는 견해가 있다. 토광묘의 기원은 어떻게 되고 집장묘는 왜 만들어졌을까? 만발발자 유적 집장묘와 석촌동 고분군 대형 토광묘가 유사하다고 보고 이를 근거로 백제가 초기 고구려 문화를 계승했다고 하는 주장은 타당한 것일까?

만발발자 유적 토광묘와 집장묘의 특징을 살펴보고, 주변 지역 무덤과의 비교를 통해 계통적 기원을 파악해보자. 그 다음 토광묘 사용 집단의 성격과 집장묘 조영 배경, 그리고 만발발자 유적 집장묘와 백제

**그림 1** ──── 통화 만발발자 유적 발굴 모습(『田野考古集粹』, 30쪽, 사진 5)

석촌동 고분군 대형 토광묘를 비교·분석하여 두 무덤 간의 계승 관계를 살펴보도록 하자.

## 만발발자 유적에서 발견된 토광묘와 집장묘

통화 만발발자 유적에서는 모두 21기의 토광묘가 조사되었는데, Ⅱ구역에서 4기, Ⅵ구역에서 17기가 확인되었다. Ⅱ구역에 위치한 M1~M4의 경우 서쪽 구릉 평탄면에 입지해 있는데, 구역의 북동쪽(M1), 중앙(M2, M3), 남서쪽(M4) 등에 일정한 규칙성 없이 각자 흩어져 있다. Ⅵ구역에 위치한 17기의 토광묘는 모두 동쪽 구릉 중부의 비교적 완만한 경사면에 입지해 있다. 집장묘인 M20과 M21은 구역의 가장 북쪽에 입지해 있으며, 나머지 무덤들(M17, M18, M19, M22, M23, M25, M26, M27, M28, M31, M32, M49, M50, M52, M54)은 대부분 중남부에 일정한 규칙성 없이 배치되어 있다. 이 밖에도 석관묘 2기와 대형 적석묘가 같은 구역에서 확인된다. 만발발자 유적에서 조사된 모든 무덤들 간에 중복 관계가 확인되지 않는 점으로 미루어 보아, 당시 사람들이 이전 시기에 조영된 무덤을 인지하고 있었던 것으로 추정된다.

집장묘인 M20은 평면이 장방형으로 묘 입구의 길이는 560cm, 너비 245cm, 지표면에서의 깊이는 70cm이다. 바닥의 길이는 530cm, 너비 230cm, 깊이는 120cm이다. 장구를 갖추지 않고 있으며, 4인이 매장되어 있다. 3인(남성, 여성, 남성)은 머리 방향이 등고선과 같은 북쪽을 향해 있으며, 3인의 발 아래 1인(남성)은 머리 방향이 동쪽으로 등고선과 직교하고 있다. 4인의 인골은 두개골과 사지골이 잘 남아 있으며, 매장

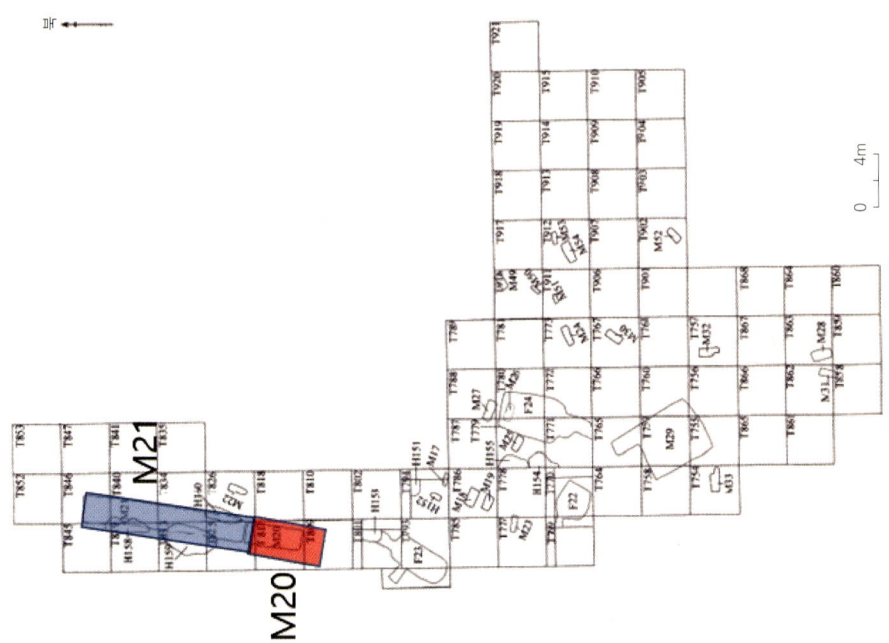

**그림 2** ──── Ⅵ구역 유구 평면도(『通化萬發撥子遺址 考古發掘報告』 도2-1-9 수정 인용)

방식은 모두 얼굴을 한쪽 방향으로 돌리고, 양팔을 나란히 내리고, 두 다리는 한쪽으로 굽혀 묻는 앙신굴지(仰身屈肢) 형태를 취하고 있다.

매장 양상을 세부적으로 살펴보면, 1호 인골은 30세 전후의 남성으로 두향이 북쪽을 향해 있으며, 얼굴은 서쪽을 향해 있다. 사자의 좌측 어깨 부분과 팔 사이에 석촉 4점, 골촉 3점, 이빨 장식품 1점 등이 놓여 있으며, 우측 팔 부분에 청동단검 1점, 다리 아래에 석착 1점, 관 1점이 놓여 있다. 2호 인골은 30세 전후의 여성으로 두향은 북쪽이며, 얼굴은 동쪽을 향해 있어 1호 남성과 마주보고 있는 형태이다. 사자의 우측 어깨 부분에 석도 1점, 좌측 엉덩이 부근에 토제 방추차 2점, 발 아래에 석부, 호(壺), 관(罐) 각각 1점이 놓여 있다. 3호 인골은 50세 전후의 남

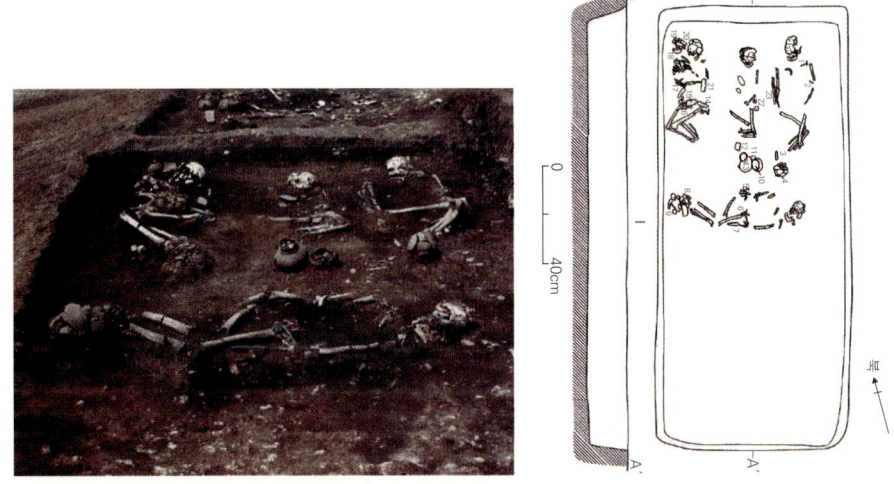

**그림 3** —— M20 조사 모습 및 평면도(『通化萬發撥子遺址 考古發掘報告』 도판 38-1 및 도 3-3-252)

성으로 두향은 북쪽이다. 머리 우측에 관 1점, 발(鉢) 1점, 우측 팔 부근에 석도 1점, 하복부 부근에 관 1점, 발 1점, 석도 1점, 좌측 팔 부근에 석도 1점이 매납되어 있다. 4호 인골은 35세 전후의 남성으로 두향은 서쪽이며, 1~3호 인골의 발 아래에 가로로 놓여 있다. 사자 흉부 우측에서 뼈 도구 1점, 왼손 부근에서 청동검집 1점, 발 아래에 호와 관 각 1점이 안치되어 있다.

　출토 유물은 모두 25점으로 토기 12점, 석착 1점, 석도 5점, 석부 1점, 화살촉 3점, 청동기 2점, 뼈 도구 1점 등이다. 토기는 운모가 혼입된 홍갈색 혹은 회갈색이 주를 이루며, 니질의 황색도 일부 확인된다. 기종으로는 호, 관, 발 등이 있으며, 한 사람당 적게는 1점부터 많게는 4점까지 매납되고 있다. 호는 구연부가 벌어져 있고, 경부가 길며, 경부와 복부가 만나는 지점에 한 줄의 돌대문이 장식되어 있다. 복부에

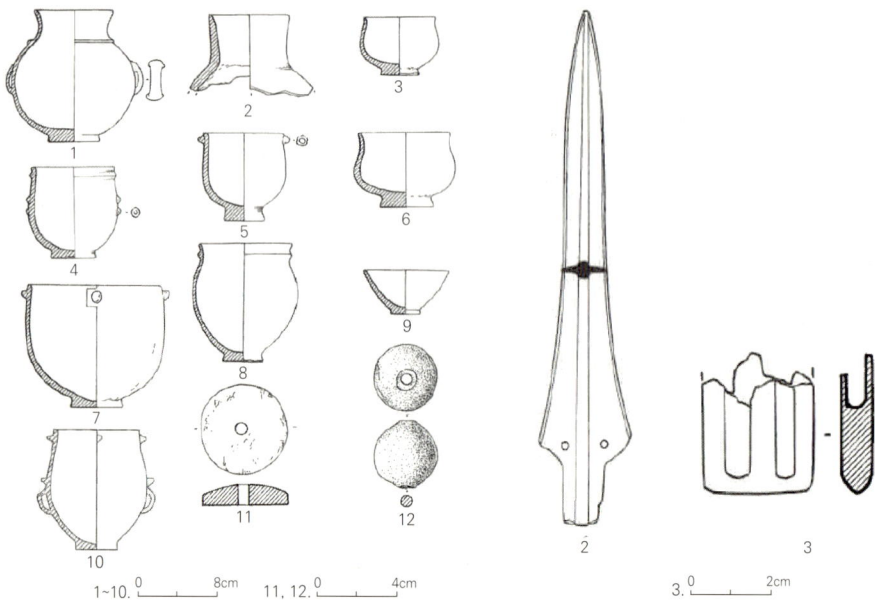

**그림 4** ─── M20 출토 유물(『通化萬發撥子遺址 考古發掘報告』도 3-3-253·255)

세로 방향의 손잡이 혹은 유정이(乳丁耳)가 달려 있으며, 평저이다. 발은 벌어진 구연부에 경부와 복부의 경계가 명확하며, 대족을 이루고 있다. 관은 손잡이의 형태에 따라 수이관(竪耳罐), 다이관(多耳罐), 쌍판이관(雙板耳罐), 사판이관(四板耳罐), 무이관(無耳罐) 등으로 나눌 수 있으며, 완(碗)은 가권족(假圈足)이 특징적이다. 석기 중에는 판암으로 제작된 장방형 혹은 반월형 석도가 특징적이며, 화살촉은 모두 삼각만입식만 확인된다. 청동단검은 검신이 유엽형(柳葉形)이며, 등척의 융기가 높은 편이다. 검신과 검병이 교차하는 지점에는 2개의 둥근 구멍이 나 있으며, 병부 일부는 훼손되어 있다. 잔존 전체 길이는 23.1cm이다. 청동단검 칼집은 잔편으로 형태는 장방형이며, 표면에 두 줄의 움푹

파인 홈(凹槽)이 나 있다.

M21호는 말각장방형으로 동쪽이 약간 높고 서쪽이 약간 낮은 비스듬한 형태이다. 묘광 벽면은 수직이며, 지표에서부터 65~75cm 깊이에서 시작되고 있다. 묘광의 깊이는 2~2.5cm로 얕은 편이다, 무덤 상면부의 길이는 16.7cm, 너비는 2.5cm, 무덤 바닥면의 길이는 16.5cm, 너

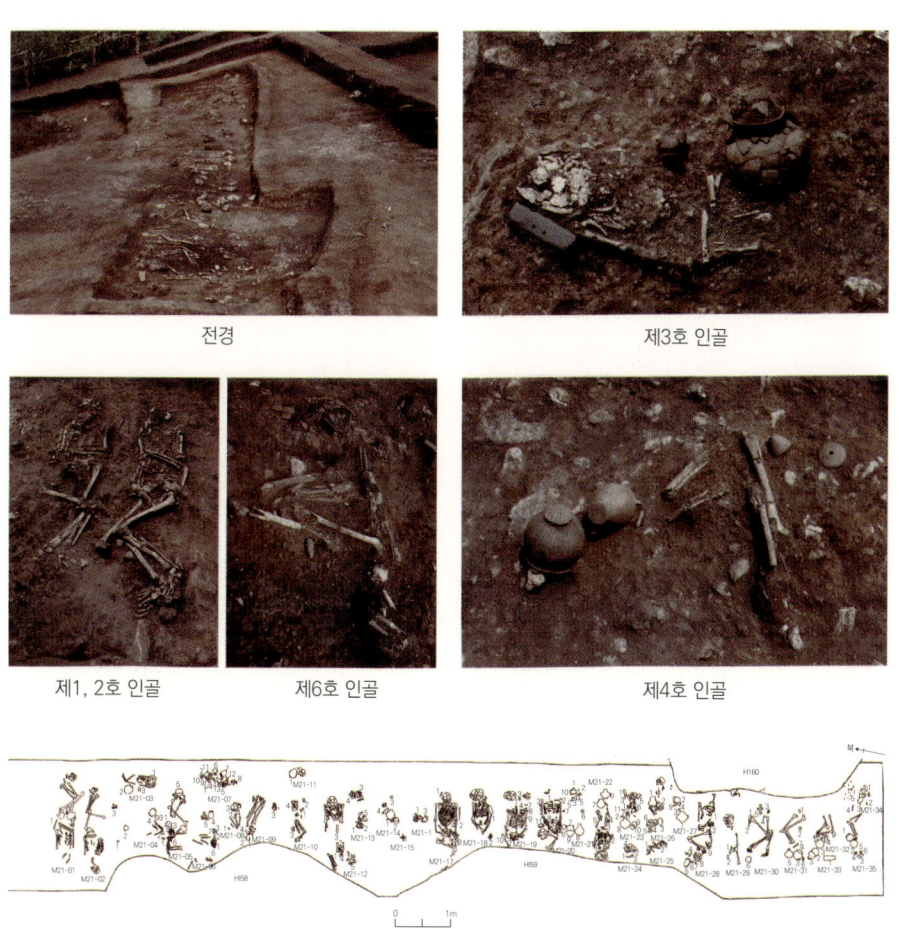

그림 5 ─── M21 조사 모습 및 유구 평면도(『通化萬發撥子遺址 考古發掘報告』 도판 40 및 도 3-3-256)

비는 2.3m이며, 방향은 12°로 M20호 무덤과 같다. 무덤 매납토에는 다양한 크기의 돌들과 회황색의 점토가 섞여 있다. 무덤 서쪽은 H158호와 H159호에 의해, 동쪽은 H160호에 의해 파괴되어 있으나 내부의 인골과 부장품은 훼손된 부분을 제외하고 비교적 잘 남아 있다.

세부적인 매장 양상을 살펴보면, 긴 세장방형의 묘광 안에 모두 35인이 매장되어 있다. 인골은 묘광 내에 순서대로 배열되어 있는데, 북측의 인골은 비교적 가지런하게 정리된 반면에 남측의 인골은 두개골과 사지골이 흩어져 있다. 머리 방향은 일정하지 않은데, 8구는 서쪽, 18구는 동쪽, 4구는 남쪽, 3구는 북쪽을 향해 있으며, 나머지 2구는 방향을 알 수 없다. 머리 방향이 서쪽을 향한 인골은 대부분 북측에 위치해 있으며, 동쪽을 향한 인골은 가운데와 남측에 배치되어 있다. 남북 방향의 두향을 가진 인골은 대부분 유아 혹은 미성년자의 것으로 성인의 머리 위 혹은 발 아래에 가로로 놓여 있다. 장식은 1차장이 대부분이나, 골격이 흩어져 있거나 일정하지 않은 인골의 경우 2차장일 가능성도 있다. 시신 안치 방법은, 상반신은 두 손을 교차하여 복부에 올려놓고, 다리는 모아서 무릎을 한쪽으로 굽혀서 묻은 앙신굴지 형태이다.

인골의 성별은 체질인류학적 측정 결과 남자 4인(5, 17, 18, 29) 여자 3인(14, 19, 20)만 확인되었다. 그러나 인골 주변에서 출토된 유물을 면밀히 검토한 결과 대략적이나마 성별을 확인할 수 있었다. 즉 남성의 경우 석도·석부 등의 생산 도구와 석촉·골촉 등의 사냥 도구가 매장되고 있는 반면, 여성은 방추차가 매납되고 있다. 예를 들면 20호 무덤의 여성 인골 주변에서 방추차가 발견되고 21호 무덤의 여성 3인의 인골 주변에서도 모두 방추차가 확인되고 있어, 방추차가 성별을 구별해주는 유물임을 알 수 있다. 21호 무덤의 경우 여성으로 확인된 3기의 무덤을 제외하고 13기(2·4·8·10·13·15·21·22·24·27·31·32·34) 인골 주변에서 방추차가 확인되고 있어, 이 무덤에 묻힌 35인 중 적어도 15인 은 여성임을 알 수 있다.

연령은 6개월~60세까지 다양하게 확인되는데, 그에 따른 매장 유물 상의 차이는 확인되지 않는다. 부장품의 배치는 무덤에 따라 차이를 보이고 있으나, 머리 상부에는 관·발 등의 토기류, 상반신 부위에는 장신구와 석공구류, 허리와 대퇴부 부위에는 무기류·생산 공구·장신구류, 다리 아래에 토기류와 동물 뼈 혹은 이빨을 놓고 있다.

부장 유물의 질과 양으로 볼 때, 19~22호 인골이 주목된다. 19호와 20호 인골은 25~30세 정도의 여성으로서 머리 부분에 청동제 고리와 옥으로 만든 고리가 놓여 있고, 흉부에는 녹송석관·옥관·마노관·백석관 등으로 이루어진 목걸이 장식이, 손목에는 조개껍질로 만든 팔찌 등이 출토되고 있어 신분이 비교적 높았을 것으로 추정된다.

토기는 운모가 혼입된 홍갈색 혹은 회갈색이 주를 이루며, 니질의 황색도 일부 확인된다. 유물 조합은 관+호 조합이 가장 많이 확인되며, 관+호+발 조합도 일부 확인된다. 호와 관은 M20호에 출토된 양상과 동일하다. 토제 어망추의 수량은 매우 적다. 석기는 마제로 정교하게 제작되어 있다. 석촉은 삼각만입식만 출토되고 있으며, 수량이 많은 편이다. 석도 역시 수량이 많고 형태가 매우 다양하다. 이 밖에도 석부·석착·석분·석제 어망추 등이 출토되고 있으나 수량은 많지 않다. 골기는 골착·골추·골촉이 다수를 점하며, 골촉의 경우 석촉과 공반 출토되고 있다. 일정 수량의 조개껍질 장식과 이빨 장식도 발견되며, 청동기는 소량의 청동고리, 청동단추장식 등이 출토되었다.

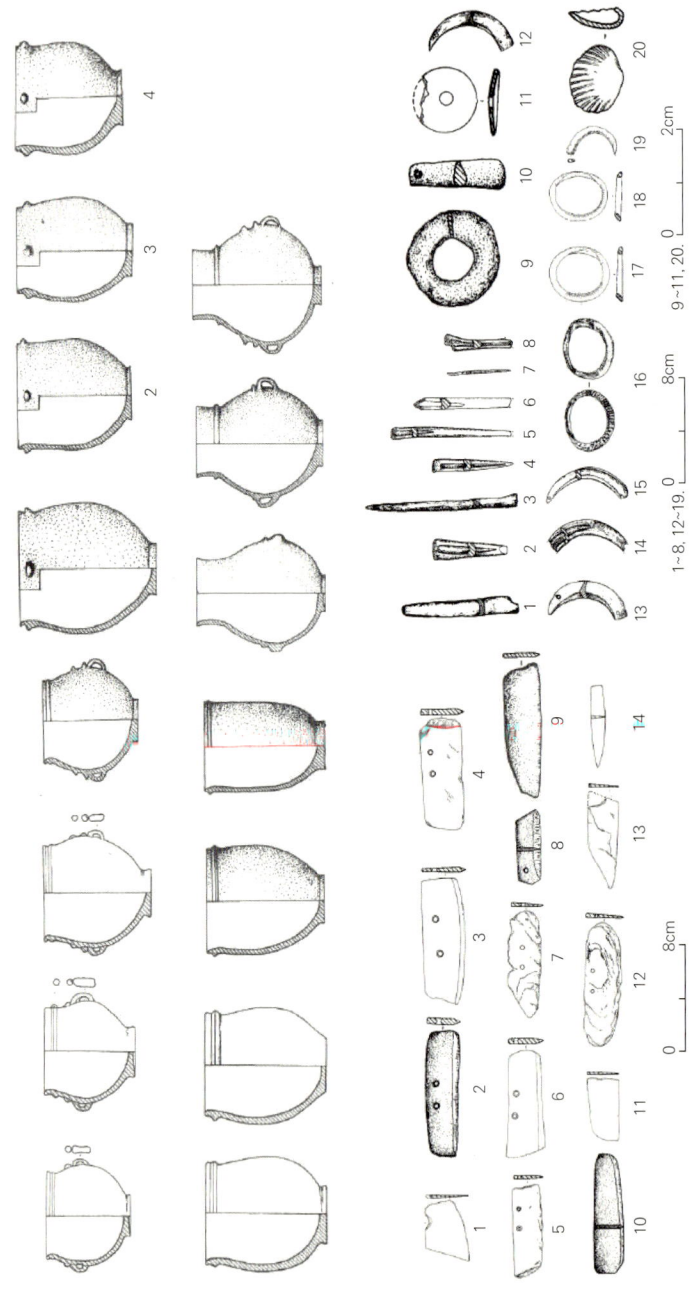

그림 6 ──── M21 출토 유물(『通化萬發撥子遺址 考古發掘報告』 도 3-3-257-264, 266, 270 수정 후 인용, 축척 부동)

146  고조선과 고구려의 만남

## 토광묘가 만들어진 시기

만발발자 유적 집장묘의 성격을 파악하기 위해서는 우선 토광묘의 시간적 변화 양상을 살펴볼 필요가 있다. 이를 위해 토광묘의 층위를 검토해보면, 보고서에서는 I구역 ④~⑦층, II구역 ④~⑦층, III구역 ⑤·⑥층, V구역 ④·⑤층, VI구역 ④~⑥층을 토광묘와 같은 시기의 문화층으로 파악하고, 이들 문화층에서 모두 117기(주거지 11기, 수혈유구 68기, 구상유구 5기, 무덤 33기)의 유구가 조사된 것으로 기술하고 있다.[3] 그러나 보고서를 세부적으로 분석해보면, II구역 M1~M3의 경우 1층 아래에서 시작되고 있으며, M4의 경우 가장 하부인 6층 아래에서 시작되고 있어 차이를 확인할 수 있다. VI구역의 경우도 M20과 M21은 5층 아래에서 시작하고 있으며, 나머지 토광묘들은 모두 4층 아래에서 시작되고 있다. 보고서의 분류 기준이 조사 당시의 층위 자료를 토대로 하기보다는 유물 정리 과정에서 각각의 문화층에서 출토된 토기를 상호비교하여 유구의 시기를 설정하였기 때문에, 보고서에 기술된 층위 관련 자료는 분명한 한계성이 존재한다. 특히 주거지와 수혈유구, 문화층 출토 혹은 수습 유물의 경우에는 다양한 시기의 유물이 혼재되어 정확한 편년을 설정하는 데 어려움이 있다. 그러나 이러한 한계점에도 불구하고 VI구역의 경우 층위상으로 토광묘 간에 시간적 선후 관계가 존재함을 알 수 있다.

이러한 시간적 차이는 장제상에서도 확인된다. 대부분의 무덤에서 1차장이 사용되고 있는데, VI구역 4층 아래에서 시작되고 있는 일부 무덤의 경우 인골을 이장해간 천장묘[4]와 두개골이 없는 인골이 다수 확인된다는 점에서 차이를 보이고 있다. 매장 방법상에서도 VI구역 5층

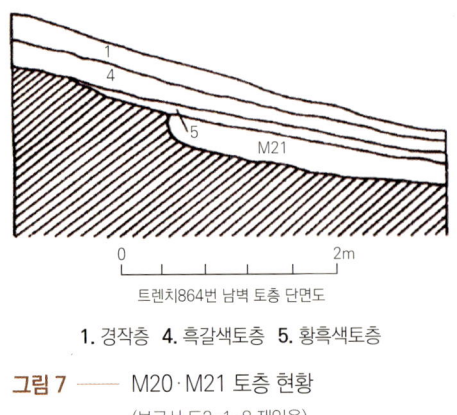

1. 경작층  4. 흑갈색토층  5. 황흑색토층

**그림 7** ── M20·M21 토층 현황
(보고서 도2-1-8 재인용)

출토 무덤은 앙신굴지장이 주로 이용되고 있는 반면, 4층 아래 무덤에서는 앙신굴지장과 함께 두 손을 복부에 교차해놓은 앙신반굴지장, 몸을 옆으로 눕힌 측신굴지장, 곧게 묻은 앙신직지장 등 다양한 방법이 출현하고 있다.

출토 유물에서도 시간적 차이가 확인된다. 5층의 이른 단계 토광묘에서는 관+호 혹은 관+호+발 조합이 주를 이루고 있는 반면, 4층의 늦은 단계에는 발을 대신하여 완이 등장하고 있다. 또한 이른 단계 출토 토기는 기종을 불문하고 첩순(疊脣)의 구연부, 판이·유정이·수교상이(豎橋狀耳) 등의 손잡이, 권족 저부, 돌대문 장식 등을 특징으로 하고 있는 반면, 늦은 단계에서는 판이와 유정이 등이 사라지고, 수교상이와 더불어 횡교상이(橫橋狀耳)가 새롭게 등장하고 있다. 특히 새롭게 부장되고 있는 완의 경우 기존 권족과 달리 권족 내부를 오목하게 파내고 있다는 점에서 차이를 보이며, 호의 경우도 최대경이 하부로 내려가고 횡교상이 손잡이가 부착된 형태로 변화하고 있다. 석기의 경우도 이른 단계 토광묘에서는 삼각만입식 석촉만 출토되고 있는 반면, 늦은 단계 무덤에서는 삼각만입식 석촉과 함께 유경식 석촉이 새롭게 출현하고 있다.

이러한 내용을 토대로 보고서에서는 Ⅵ구역 5층을 기준으로 한 이른 단계는 A조, Ⅵ구역 4층을 기준으로 한 늦은 단계는 B조로 구분하고 있는데, A조는 6기(97ⅡTWM1~4, 99ⅥTWM20, 99ⅥTWM21), B조는 나머지 15기가 해당된다.[5]

앞에서 토광묘의 경우 A조와 B조 사이에 시간적 차이가 존재함을 확인할 수 있었다. 이러한 시간적 차이는 동 시기의 주거지에서도 확인된다. 즉 Ⅱ구역에서 F11과 F16 두 기의 주거지가 조사되었는데, 발굴 평면도를 통해 보면 제3층에서 시작하는 원형 주거지가 제4층에 위치한 F11 주거지를 파괴하고 들어가 있어 그 시간적 순위 관계를 파악할 수 있다. 또한 Ⅵ구역의 경우 B조에 해당되는 M26이 F23 주거지 하부에서 확인되고 있어, B조 무덤이 주거지에 비해 이른 시기에 축조되었음을 알 수 있다. 이를 통해 보면 두 구역 모두 무덤이 만들어진 이후에 주거지가 축조되었음을 알 수 있다.

이상의 내용을 통해 무덤 사용의 시간적 추이를 추정해보면, 이 지역에 토광묘제가 유입되고 가장 먼저 A조 토광묘가 서쪽 구릉의 Ⅱ구역에서 사용되고, 이후 어떠한 이유로 인해 동쪽 구릉에 집장묘가 만들어지고 있다. 이후에 다시 동쪽 구릉에 B조 토광묘가 새롭게 조영되며, 이들 무덤은 석관묘 혹은 대개석묘와 같은 시기에 함께 사용된 것으로 파악할 수 있다.

보고서에서는 토광묘의 시간적 범위를 기원전 5~기원전 3세기까지로 파악하고 있다. 그러나 요동 지역에서 아무리 빨리 보아도 기원전 6세기경에 되어서야 토광묘가 처음 등장하고 기원전 5세경에 주변 지역으로 확대되고 있는 점을 감안하면, 만발발자 유적에서 가장 이른 단계의 무덤 형식인 A조 토광묘의 연대는 빨라도 기원전 4세기를 넘지 않을 것으로 판단된다. 즉 기원전 4세기경에 만발발자 유적에 A조 토광묘가 유입되어 처음에는 서쪽 구릉인 Ⅱ구역에서 사용되다가, 어떠한 이유로 인해 동쪽 구릉의 Ⅵ구역에 M20과 M21 같은 집장묘가 조영되고, 이후 일정 시간이 지난 뒤에 다시 B조 토광묘가 사용되고 있으며, 비슷한 시기에 석관묘와 대개석묘 등이 함께 사용되다가 기원전 2세기경에 적석묘로 전환되고 있다. 다만 B조 토광묘 일부에서 묘광 내부에 석재가 들어가 있거나(M23), 바닥에 돌을 깐 현상(M52) 등이 확인되고 있어, 토광묘에서 점차 석축묘로 전환되었을 가능성도 배제할 수 없다. 이러한 점은 대개석묘에서 적석묘로 전환하는 과정에서 대개석묘 주변에 점차 적석이 이루어지고 있다는 점에서도 증명이 가능하다.

## 심양 정가와자 유적 토광묘와의 관계

기원전 4세기 전후한 시짐에 만발발자 유적에서 처음 출현하고 있는 토광묘의 계통을 찾는 작업은, 토광묘 축조 집단의 성격을 파악하는 데 매우 중요한 단서를 제공해줄 수 있다. 기원전 5~기원전 3세기경 천산산맥과 길림 합달령을 포함한 장백산맥 일대는 지석묘·석관묘·대개석묘·적석묘 등 돌을 사용하여 무덤을 제작하는 석축묘가 유행하고 있다. 장백산맥의 중심부에 위치한 통화지역 역시 청동기시대에 주로 지석묘가 발견되고 있다는 점에서 만발발자 유적에서 발견된 토광묘는 이 지역에 새롭게 출현한 문화요소임을 알 수 있다.

일반적으로 새로운 문화요소의 수용은 발명(invention)과 발견(discovery) 등의 내재적 요인과 전파(diffusion)와 주민 이동(migration) 등의 외재적 요인에 의해 이루어진다. 그러나 현재까지의 발표된 자료와 연구 결과를 검토해보면, 토광묘제가 혼강 유역에서 내재적 요인으로 인해 자체적으로 출현하였을 가능성은 높지 않다. 그렇다면 전파 혹은 주민 이동 등의 외재적 요인에 의한 유입을 상정해볼 수 있는데, 이를 파악하기 위해서는 요동 지역 토광묘의 출현 과정과 전파 양상을 살펴볼 필요가 있다.

요동 지역의 토광묘 출현은 정가와자유형(鄭家窪子類型) 문화와 밀접한 관련이 있다. 정가와자유형은 방형의 화덕을 갖춘 수혈 주거지, 순수토광묘 혹은 토광목(관)묘, 점토대토기와 흑도장경호, 정가와자식 청동단검, 기하학문 선형동부, 다뉴동경 등을 문화지표로 하고 있다.[6] 정가와자유형 유적에서 확인된 토광묘 계통 무덤으로는 정가와자 토광묘(M2), 3지점 토광묘(M659), 심양 마패보(馬貝堡) 토광묘, 심양 남탑(南塔) 토광묘, 심양 열료로(熱鬧路) 토광묘 5기, 법고(法庫) 상둔(上屯) 토광묘, 무순 단동로(丹東路)·장군보(將軍堡) 토광묘, 요양 양갑산(亮

  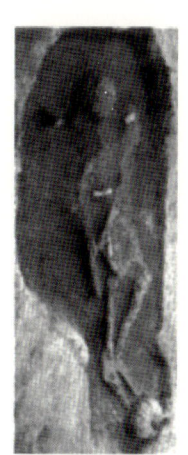 

이도하자 고분군 5호   이도하자 고분군 7호   정가와자 2호   정가와자 659호

**그림 8** ── 요동 지역 출토 토광묘

甲山) 토광묘 6기, 해성(海城) 대둔(大屯)·하협하(夏夾河) 토광묘, 철령 구대(九臺) 토광묘 3기, 본계 남분 토광묘 1기 등이 있다.[7]

　일반적으로 요동 지역의 토광묘는 요서 지역에서 기원하고 있는 것으로 보고 있다. 요서 지역에서 토광묘가 확인된 유적으로는 십이대영자(十二臺營子) 유적, 화상구(和尙溝) 유적, 건평(建平) 포수영자(炮手營子) 유적, 금주(錦州) 오금당(烏金塘) 유적 등이 있으며, 특히 금주 지역의 경우 토광묘가 중심 묘제로 지속적으로 사용되고 있다.[8] 이들 토광묘가 점차 요동 지역에 전파되는데, 그 유입 연대는 대략 춘추시대 후기인 기원전 6세기 후반으로 파악하고 있다.[9] 요동 지역으로 토광묘가 처음 유입될 당시에는 주로 요하와 혼하를 중심으로 한 요중 지역에서 사용되고 있으며, 요동 산악지대와 요동 남단 그리고 서북한 지역은 여전히 석관묘·대개석묘·적석묘 등의 석축 계통 무덤이 지속적으로 사용되고 있다. 기원전 5~기원전 3세기경에는 점차 천산산맥 이동 지역과 요남 지역을 비롯한 서북한 지역까지 점진적으로 전파되고 있으며, 이 과정에서 혼강 유역 역시 그 영향권 안에 포함된 것으로 파악할 수 있다.

　이는 혼강 유역에서 발견되고 있는 만발발자 유적 이외의 또 다른 토광묘 유적을 통해 입증이 가능하다. 대표적인 예로 통화현과 환인현 접경 지역에 위치한 서강(西江) 유적을 들 수 있다.[10] 이 유적은 생활유적과 고분군으로 구분되는데, 생활유적은 두 개의 소하천이 합류하는 지점의 높이 20m 내외인 단독 구릉 서쪽 사면부에 입지해 있다. 유적이 입지한 구릉과 서북쪽의 주능선 사이가 움푹 들어가 있어 마치 거북 목과 같은 형태를 이루고 있다는 점에서 지형 조건이 만발발자 유적과 유사하다. 고분군은 생활유적에서 서쪽으로 1km 거리의 동평소학교(東平小學校) 뒷산 사면부에 위치해 있는데, 면적은 대략 1,000m² 정도이다. 이 지역의 자연지형은 동·북·서쪽은 용두산(龍頭山)이 감싸고 있고, 남쪽은 혼강을 사이에 두고 넓은 충적대지가 펼쳐져 있어 선사시대부터 사람들이 생활하기에 적합한 조건을 갖추고 있다.

이 유적은 1980년대에 마을 주민들의 신고로 수습조사만 이루어졌다. 고분군은 대부분 토광묘로 구성되어 있으며, 밀집 분포되어 있다. 무덤 내부에서 관·호·완·배 등의 토기편과 석검·석촉·석부·석도 등의 석기류, 녹송석주·토제 어망추 등이 수습되었다. 토기의 경우 만발발자 A조 토광묘에서 주로 보이는 첩순, 판이, 유정이 등과 함께 B조 토광묘에서만 보이는 권족 내부가 오목하게 들어간 완 등이 함께 출토되고 있다. 반면에 화살촉은 모두 유경식만 확인된다. 무덤의 자세한 구조는 파악할 수 없지만, 출토 유물을 통해 보면 만발발자 유적 토광묘와 동일한 시기에 조영되었음을 알 수 있다. 이를 통해 당시 혼강 주변의 주요 거점 지역에 토광묘를 사용하던 집단이 거주하였음을 알 수 있다.

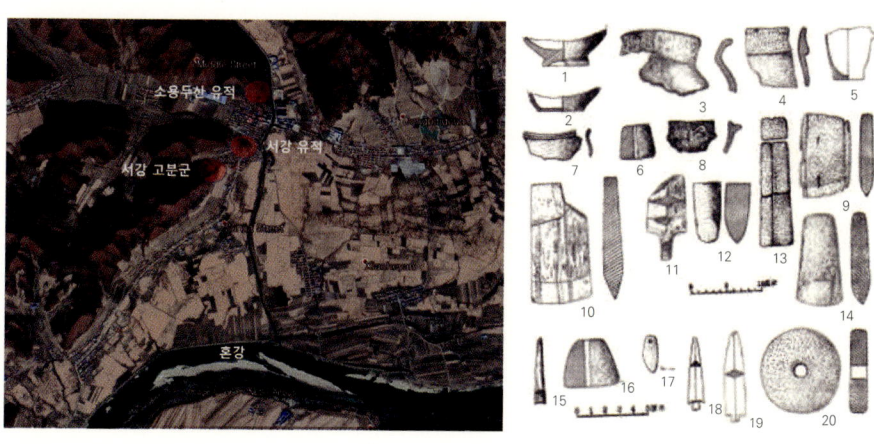

그림 9 —— 서강 유적 위치도 및 출토 유물(구글 지도 및 『通化縣文物志』 도 15 인용)

## 토광묘를 사용한 사람들은 누구인가

만발발자 유적의 경우 M21에서 출토된 인골에 대한 연구가 진행되어 체질인류학적 특징을 확인할 수 있다. 1999년 발굴조사 이후 길림대학 변강고고연구중심에서 M21호에서 출토된 4인의 남성 개체와 2인의 여성 개체를 수습하여 체질인류학적 분석을 실시하였다.[11] 남성의 두개골 형태는 대부분 계란형 혹은 타원형이고, 미궁(眉弓)[12]이 발달되어 있으며, 경사진 이마뼈, 매우 큰 비권각(鼻顴角), 비교적 높고 넓은 광대뼈, 광대뼈와 목선 사이의 큰 꺾임. 비교적 높은 실상능(失狀稜) 등을 특징으로 하고 있다.

기원전 3세기 이전 동북 지역에는 '고화북유형(古華北類型)', '고동북유형(古東北類型)' 두 종류의 인종학적 유형이 존재하며, 기원전 3세기 이후에는 찰뢰낙이(扎賚諾爾) 유적과 남양가영자(南楊家營子) 유적을 대표로 하는 '북아몽고유형(北亞蒙古類型)'이 새롭게 등장하고 있다. 고동북유형의 주민 집단으로는 서단산문화, 묘후산문화, 평양묘장(平洋墓葬), 정가와자유형, 관마산 무덤 등이 대표적이며, 고화북유형은 고태산문화, 순산둔문화, 하가점상층문화 주민 집단을 대표로 한다. 북아몽고인종은 선비와 거란 등의 북방 초원 지역에 거주하던 집단을 의미한다.

M21호 출토 인골을 위의 주민 집단 인골과 비교한 결과 고동북유형에 가까운 것이 확인되었다. 비슷한 시기에 사용된 기타 토광묘와 석관묘·대개석묘에서 출토된 인골 역시 두개골 체질 특징상 M21과 일치하고 있다. 이는 외래 종족 유형의 유입과 혼거로 인한 명확한 체질 변화가 일어나지 않았음을 설명해주고 있다. 이 인골들은 모두 높은 두

개골, 넓은 얼굴, 편평한 얼굴 면을 특징으로 하는 전형적인 고동북유형으로, 이는 당시 이 지역에 살고 있던 토착민들이 공유한 종족적 특징이라 할 수 있다. 즉 만발발자 유적에서 생활하던 주민 집단은 당시 요동과 장백산맥 일대에 거주하던 고조선 혹은 예맥계 종족으로 판단할 수 있으며, 이들은 요동 지역과의 교류를 통해 새로운 문화요소인 토광묘제를 수용하고 있으며, 이러한 새로운 묘제의 유입은 주로 압록강과 혼강을 통해 이루어지고 있다.

그렇다면 개별 토광묘가 어느 한 시점에 갑작스레 대형 집장묘로 변형되어 사용된 이유는 무엇일까? 이를 파악하기 위해서는 당시 이 지역의 생활환경을 면밀히 살펴볼 필요가 있다. 기원전 4~기원전 3세기경 동북아 일대는 다양한 여러 문화가 복합적으로 융합되는 문화 변천 활동이 활발하게 이루어지고 있다. 이는 요동 지역을 중심으로 성장하고 있던 고조선과 동북쪽으로 영향력을 확장하고 있던 연, 그리고 몽골초원에서 요서 지역까지 세력을 확장한 흉노 등이 서로 교류하면서 얻어진 산물이라 할 수 있다. 당시 정가와자유형 문화를 향유하던 고조선은 주변 지역으로 점차 영향력을 확대하여 세력을 확장시키려는 작업을 진행하고 있었고, 그 결과 기원전 3세기경에는 압록강 중상류까지 그 범위가 확대된다. 혼강 유역 주변에서 당시 고조선의 중심 묘제인 토광묘가 확인되고 있는 점은, 이 지역이 당시 고조선의 세력 범위 안에 포함되거나 그렇지 않다 하더라도 밀접한 교류나 교역 관계에 있었음을 설명해주고 있다.

그렇다면 당시 통화지역과 고조선 중심지 사이에 교역 대상이 되는 물품은 무엇이었을까? 후대 진변한의 경우에 지역 특산품인 철을 통해 위만조선 혹은 낙랑과 활발하게 교역하였던 점을 감안하면, 이 지역 역시 주변에서 쉽게 구할 수 있는 지역 특산품이 존재했을 것이다. 이와 관련해서는 중원 제후국 및 흉노와의 교역에 있어 고조선의 가장 중요한 핵심 물품이 모피였다는 견해가 주목된다.[13] 모피의 유통에는 다양한 중간매개자가 필요한데, 곧 산지에서 모피를 수합하고 필요한 물건을 바꾸는 거래소, 모피를 가공하는 공방, 현지로 공급하는 루트 등이 필수적으로 요구된다. 만발발자 유적의 경우, 유적 내에서 붉은여우, 담비, 오소리, 족제비 등 다량의 모피동물 뼈가 출토되고 모피 가공에 사용된 석도(石刀)와 무역의 교통수단으로 사용되었을 것으로 추정되는 말에 장착된 재갈멈치 등이 출토되고 있어 이런 가능성을 배가시킨다.[14] 즉 통화 만발발자 유적은 기원전 4~기원전 3세기경 혼강 유역의 모피 중간집하지로 주변 지역에서 사냥한 모피동물을 수합하고 가공하여 공급하는 집단이 거주하던 취락이었을 가능성이 매우 높다.

## 집장묘는 왜 만들었을까

만발발자 유적의 경우 단인장 혹은 2인합장의 토광묘가 어느 시점에 갑자기 수십 명이 한꺼번에 매장된 집장묘로 변화되고, 그 이후에 다시 단인장 혹은 2인합장 형태의 토광묘가 사용되고 있다. M20과 M21의 경우 격벽을 사이에 두고 있지만, 장제적 특징과 출토 유물을 통해 볼 때 같은 시기에 조영된 하나의 무덤으로 볼 수 있으며, 무덤 사이의 격벽은 매장자의 신분을 구분하는 선으로 볼 수 있다. M20·M21과 같은 대형 집장묘가 지금까지 동북 지역에서 발견된 예는 극소수에 불과하다. 특히 2차장에 의한 집단매장이 아니라 하나의 대형 묘광에 1차장으로 나란히 묻힌 경우는 전무하다. 집단매장의 경우 여러 차례에 걸쳐 이루어진 다차장을 제외하고는 대부분 비정상적 사망에 의해 이루어진다. 비정상적 사망이란 사람 혹은 외부 힘의 작용에 의해 일어난 비자연적인 사망을 의미한다. 그 원인으로는 첫째는 전쟁에 의한 집단 사망의 결과, 둘째는 장례 습속에 의한 집단 사망의 결과, 셋째는 지진, 수해, 화재, 급성 전염병 등 자연재해에 의한 집단 사망의 결과 등이다.[15]

전쟁에 의한 결과로 조영된 집장묘의 경우, 대부분 매장된 인골에 시신의 해체, 외상이나 상처, 둔기에 의한 가격 등의 흔적이 확인된다. 이러한 집장묘의 대표적인 예로는 전국시대 연의 연하도 유적 집장묘를 들 수 있다.[16] 이 무덤은 연하도 성 남쪽에서 모두 14기가 발견되었다. 이들 무덤에는 모두 두개골만 매납되어 있는데, 1973년에 조사된 5호 집장묘의 경우 1,446구의 두개골이 확인되었다. 유구 일부가 훼손된 것을 고려하면 2,000여 구의 두개골이 묻혀 있는 것으로 추정된다. 1975년에 구제 발굴이 이루어진 1호 집장묘의 경우 300여 구의 두개골이 발굴되었다. 5호 집장묘의 두개골은 보존이 비교적 잘되어 있는데, 221구에 대한 두개골 감정 결과 미성년자의 두개골은 보이지 않으며 적어도 17~18세 이상이고 55세 이상은 확인되지 않았다. 전체적으로 18~35세의 청장년층이 80퍼센트를 차지하며, 여성은 딱 1구만 확인되었다. 무덤에서 출토된 유물을 통해 볼 때, 연대는 대략 전국시대 중기의 후반(기원전 351~기원전 300년)에 해당되는 것으로 파악하였다.[17]

이 무덤의 주인에 대해서는 두 가지 설이 제기되고 있는데, 하나는 연나라 상(相) 자지(子之)와 왕자 평(平, 후대의 소왕)의 정치적 대립과 내란(기원전 315년)으로 인해 수만 명이 죽음을 당하는데, 이때 사망한 이들의 머리를 모아 묻은 것으로 보는 견해이다. 당시에 '헌수봉제(獻首封祭)'가 유행하였기 때문에 죽은 이들의 머리를 모아 한곳에 묻은 것으로 파악하였다. 다른 하나는 이들 집장묘에 묻힌 이들이 '적국수급(敵國首級)'으로서, 곧 연나라 장수 악의(樂毅)가 제(齊)나라를 정벌할 당시에 죽인 병사들의 머리를 모아 묻은 것으로 보는 견해이다.[18]

연나라 집장묘와 만발발자 집장묘를 비교해보면, 그 성격과 매장 방식, 문화요소 등에서 많은 차이를 보이고 있어 연원 관계를 연결시키기에 무리가 있다. 또한 만발발자 유적 집장묘의 경우 인골에서 전쟁

그림 10 ──── 연하도 집장묘 전경 및 발굴 모습(『燕下都』下冊 도판 160 및 新華社 보도자료 인용)

의 결과로 인한 훼손이나 상처 혹은 둔기에 의한 가격 흔적 등이 확인되지 않아, 전쟁의 결과로 인해 조영된 무덤이 아님을 알 수 있다.

둘째, 장례 습속에 의한 결과로 조영된 집장묘는 평양묘장[19]과 완공(完工)무덤[20] 등에서 확인된다. 평양묘장 전창 고분군(塼廠古墳群) M111의 경우 길이 252cm, 너비 200cm, 깊이 96cm의 장방형 묘광 안에 45인이 매장되어 있는데, 모두 2차장으로 일정한 규칙하에 4개 층으로 겹겹이 쌓여 있다. 연령은 영아에서부터 중장년까지 다양하며, 각 층 사이에 부장품이 안치되어 있다. 부장품의 종류로는 호·발 등의 토기류, 동포(銅泡)·철삭(鐵削) 등의 금속기, 석제 혹은 뼈로 제작된 화살촉·골미(骨弭) 등의 무기류, 구슬장식·바다조개껍질 장식·민물조개껍질 장식 등의 장신구류가 주를 이루며, 특징적으로 말 머리 1점과 말 하악골 2점이 함께 매납되어 있다.[21]

이른 시기의 선비계 무덤인 완공무덤은 1961년과 1963년 두 차례 발굴이 이루어져 6기의 무덤이 조사되었다.[22] 하나의 무덤에 적게는 10인에서 많게는 20인이 넘는 인골이 묻혀 있다. 특히 M1A, M1B의 경우 상부의 묘광(M1A) 아래에 다시 하나의 묘광(M1B)을 판 2중 묘광으로 조성되어 있다. 먼저 하부 묘광에 26인을 묻은 후, 그 위에 자작나무 껍질을 깔아 바닥을 만들고 그 위에 4인을 매장하고 있다. 장식은 2차장과 1차장이 함께 사용되고 있으며, 인골은 일정한 규칙성이 없이 어지럽게 널려 있다. M1A에는 말 머리뼈, 소 머리뼈, 토기, 석기, 골각기, 청동기, 철기 등과 화수피로 제작한 그릇 등 총 47점의 유물이 출토되었으며, M1B에서는 다량의 말·소·개 등의 뼈와 함께 토기, 석기, 골기, 청동기, 철기, 은기, 구슬장식, 화수피 그릇, 부서진 칠기 등 200여 점이 출토되었다. 일부 연구자는 이들 무덤에 매장된 사람들이 모두 동일

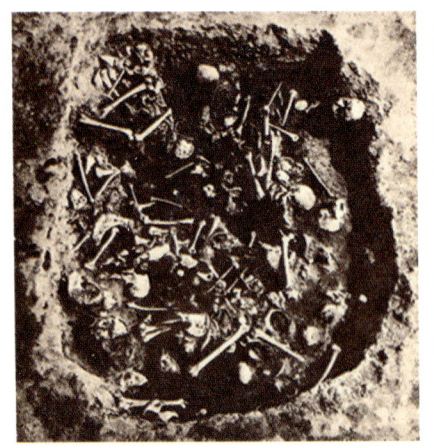
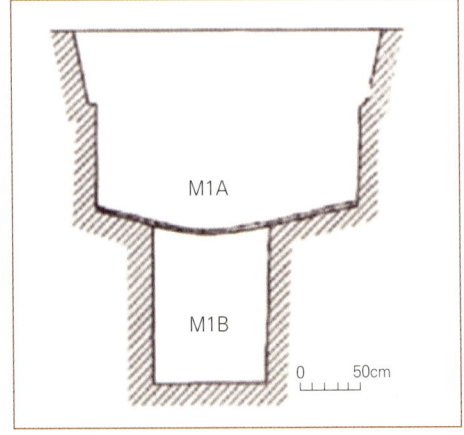

그림 11 ──── 평양 전창 고분군 M111(왼쪽, 『平洋墓葬』 도판 12) 및 완공 고분군 M1A, B 단면도(오른쪽, 潘玲, 2007, 도 6 재인용)

대가족 구성원이라고 파악하고 있다.[23] 이러한 다인집장 습속은 후대의 남양가영자 무덤에서도 확인되고 있는데,[24] 공통적으로 소·말·개 등의 동물 뼈를 매납하는 동물 순생이 이루어지고 있다는 점에서 주로 북방 초원 지대에서 유행하던 매장 습속으로 파악하고 있다.[25]

이러한 무덤들은 대부분 다차장 장례 습속에 의해 조영된 가족 공동 무덤으로 볼 수 있다. 만발발자 집장묘와 비교하면 무덤의 구조와 매장 양상, 출토 유물 등에서 많은 차이를 보이고 있다는 점에서 동일한 성격의 유적으로 보기에 어려움이 있으며, 계통적 연원 역시 연결되지 않는다.

마지막으로 자연재해에 의한 결과이다. 자연재해 중 지진, 수해, 화재의 경우 만발발자 유적에서 입증할 만한 흔적이나 근거가 확인되지 않는다. 그렇다면 전염병에 의한 집단매장을 생각해볼 수 있는데, 이러한 예는 내몽고 합민망합(哈民忙哈) 유적[26]과 묘자구(廟子溝) 유적[27]에서 확인된다. 합민망합 유적은 신석기시대 대형 취락으로 내몽고 과좌중기(科左中旗) 합민예근촌(哈民艾勒村) 동쪽에 위치해 있다. 전체 10만 m²의 범위 중 6,000m² 정도를 발굴한 결과 주거지 54기, 회갱(灰坑) 57기, 무덤 12기, 환호 2줄이 조사되었다. 무덤은 모두 동 시기에 해당되는데, 2기의 합장묘를 제외하면 모두 단인장 무덤으로 부장품은 소량에 불과하다. 이들 무덤은 대부분 주거지 주위에 분포되어 있다. 그러나 이 유적에서 가장 큰 특징은 8기의 주거지에서 181구의 인골이 출토되었다는 점이다. 이들 주거지는 취락의 한쪽에 집중되어 있는데, 규모는 일정치 않다. 인골은 주거지 내부에 일정한 배치 양상 없이 겹겹이 쌓여 어지럽게 널려 있다. 특히 40호 주거지의 경우 18.5m²의 면적에 가장 많은 97구의 인골이 매장되어 있다. 이들 유골에 대한 감정 결과 시신의 훼손 흔적이 확인되지 않아 살육 행위에 의한 집단 사망이나 화재나 지진 등의 자연재해에 의한 사망일 가능성이 매우 낮은 것으로 판단된다.[28]

   이러한 상황의 발생 원인에 대해, 취락에 전염병이 발생한 초기에 사망자들을 그들의 장례 습속에 따라 주거지 주변에 매장하다가 점차 사망자 수가 늘어나자 어쩔 수 없는 상황에서 주검을 주거지에 집단매장하고 불에 태운 것으로 추정하였다.[29] 인류학적 연구 결과 인골의 연령이 주로 미성년층과 중장년층에 집중되어 있는데, 이 역시 미성년층과 중장년층이 면역력이 약하다는 점에서 전염병에 의한 사망의 근거로 제시하고 있다. 묘자구 유적 역시 주거지 내부의 저장 시설에 20여구의 인골이 집단매장되어 있는데, 이들 인골 역시 연령층이 낮다는 점에서 전염병에 의한 집단매장으로 보았다.[30]

   합민망합 유적의 경우 전염병의 종류를 페스트로 추정하고 있다. 즉

그림 12 ──── 합민망합 유적 전경(왼쪽, 2013년 필자 촬영) 및 주거지 F40 전경(오른쪽,「內蒙古哈民忙哈遺址房址內大批人骨遺骸死因臆測」, 도 3 재인용)

유적에서 출토된 동물 뼈를 분석한 결과 설치류의 비중이 높은 것으로 파악되었는데, 이를 통해 당시 개체수가 많고 유적 주변에서 쉽게 포획할 수 있는 설치류 동물을 식용 자원으로 활용하는 과정에서 설치류 동물에 붙어 있던 벼룩을 통해 페스트균이 사람들에게 전이되었고, 주변으로 신속하게 전파되면서 높은 치사율로 인해 취락에서 거주할 수 없는 단계에 이르게 되었으며, 결국 생존한 사람들이 사망자들을 한곳에 모아 불에 태우고 다른 곳으로 이주한 것으로 설명하고 있다.[31]

만발발자 유적 집장묘의 경우 앞의 두 유적처럼 주거지 내부에 인골을 집단 폐기한 현상은 확인되지 않지만, 짧은 기간에 하나의 묘광에 집중적으로 매장되어 있다는 점에서 전염병에 의한 비자연적 사망일 가능성을 상정해볼 수 있다. 특히 만발발자 유적의 성격이 모피의 중간집산지라는 점에서 페스트에 의한 집단 사망일 가능성이 높다. 이는 동북 지역에서 페스트가 크게 유행한 1910~1911년의 상황을 통해서도 확인이 가능하다. 페스트는 처음 만주리(滿洲里)에서 시작하여 철로를 따라 남쪽으로 급속하게 전파되었는데, 그 과정에서 6만여 명이 사망하였다고 한다. 당시 페스트의 최초 감염자는 설치류의 한 종류인 마멋(Marmot)을 사냥하던 수렵인이었다. 국제 모피값이 폭등하자 수많은 한족들이 만주 및 훌룬베르(Hulunbuir) 지역으로 들어와 마멋을 사냥하게 되었고, 그 과정에서 페스트균에 감염된 마멋도 함께 포획되면서 감염이 시작된 것으로 파악하였다.[32] 이를 통해 보면 통화 만발발자 유적은 모피의 중간집산지로서 설치류 동물을 포획하거나 모피를 얻는 과정에서 페스트균에 감염되어 마을에 다수의 사망자가 발생하게 되고, 이를 한곳에 매장하기 위해 집장묘가 조영된 것으로 추론해볼 수 있다. 페스트 이외의 기타 다른 역병에 의해 조영되었을 가능성도 상정해볼 수 있는데, 모피 교역 과정에서 다른 지역과 활발한 접촉이 이루어지면서 새로운 문화나 집단이 유입되고 그 과정에서 다른 종류의 역병이 전파되었을 가능성이다. 즉 기원전 243년에 중국 전역에 전염병이 유행하였다는 기록[33]과 당시 모피의 주 소비층이 중국이었다는 점을 감안하면 교역 과정에서 중국의 전염병이 유입되었을 가능성도 배제할 수 없다.

  종합해보면 기원전 4세기경 고조선문화(정가와자유형)의 영향으로 만발발자에 토광묘가 처음 유입되었고, 처음에는 서쪽 구릉의 II구역에 조영되다가, 이후 전염병에 의해 동쪽 구릉에 대형 집장묘가 만들어진다. 이후 일정 시간이 경과한 뒤에 동쪽 구릉에 B형 토광묘와 함께 석관묘, 대개석묘 등의 무덤이 새롭게 조영되고 있다. 이러한 무덤의 시간적 추이를 감안하여 당시의 사회 양상을 추론해보면, 기원전 4~기원전 3세기경 만발발자 유적은 모피 무역의 중간집하지로서 주로 모피와 관련된 생업에 종사하던 사람들이 모여 살던 취락이었다. 고조선 및 주변 지역과 교류하는 과정에서 토광묘가 유입되어 사용되다가, 모피와 관련된 설치류 동물에 의해서 혹은 교류 과정에서 전염병이 유입되어 많은 사람들이 사망하였고, 그 결과 지배층의 무덤인 M20과 일반 계층의 무덤인 M21이 만들어진다. 이후 일정 시간이 지나 이 지역에 다시 기존의 토광묘 사용 집단을 비롯하여 석관묘 사용 집단, 대개석묘 사용 집단이 함께 거주하면서 다양한 종류의 무덤이 축조되다가, 점차 고구려의 영향력이 확대되면서 무덤 역시 적석묘로 바뀐다.

## 탐색의 확장: 선고구려문화의 백제 계승 문제

만발발자 유적 집장묘와 석촌동 3호 적석총 하부에서 발견된 대형 토광묘를 비교하여 선고구려문화의 백제 계승 관계를 살펴보자.

석촌동 고분군 대형 토광묘는 1986년 발굴조사 중 이미 파괴된 적석총의 하부를 정리하는 과정에서 확인되었다. 조사 당시 양쪽 끝 부분이 이미 파괴되어 있었으며, 잔존 규모는 너비 2.6~3.2m, 길이 10m 정도, 깊이 0.8m 내외이다. 이 대형 토광 안에서 모두 8개의 목관이 발견되었다.

무덤의 축조 과정을 살펴보면, 최초 보고서에는 하나의 대형 토광을 남북 방향으로 굴착한 후 목관을 동시에 안치하고 목관들 사이를 회청색 뻘흙 혹은 논흙과 같은 점토질이 강한 토양으로 채워 다진 다음, 그 위에 토광 굴착 과정에서 파낸 흙을 다시 메우고 상부에 1~2층의 잡석을 쌓아 묘역을 표시한 것으로 파악하였다.[34] 그러나 발굴 과정에서 대형 토광의 굴광선이 확인되지 않은 점, 개별 묘광의 크기와 형태도 일치하지 않고 목관의 받침목이 대형 토광의 굴광선 아래로 이어지고 있는 점 등을 들어 대형 토광의 벽선보다 더 크게 수혈이 만

그림 13 ── 대형 토광묘 전경 및 조사 모습(『석촌동고분군Ⅲ』, 사진 5 인용)

들어졌을 가능성을 제기하기도 하였다.[35] 그러나 『석촌동고분군Ⅲ』의 〈사진 5〉(대형 토광묘 하강 작업 사진)를 참고해보면 대형 토광은 처음부터 존재하지 않았고, 최하층에 일렬로 배치된 개별 토광묘일 가능성이 높다.[36]

두 무덤의 특징을 비교해보아도 유사성이 찾아지지 않는다. 무덤의 구조가 순수 토광묘와 관곽이 사용된 토광묘라는 점에서 차이가 있으며, 무덤의 장축 역시 북동-서남향과 서북-동남향으로 차이를 보인다. 머리 방향은 만발발자의 경우 일정한 규칙성이 보이지 않는 반면, 석촌동은 모두 동남쪽을 향해 있다. 장식 역시 앙신굴지장과 앙신직지장으로 차이를 보인다. 이 밖에도 부장품의 배치와 출토 유물에서도 동질성이 확인되지 않는다. 또한 두 유적 간에 300~400년의 시간 차이가 존재한다는 점 역시 문제로 지적된다.

결과적으로 석촌동 대형 토광묘를 집장묘 성격으로 인정한다 하더라도 두 유적 문화 내용상의 상사성은 찾아볼 수 없다. 문헌상으로는 백제 건국 세력의 출자가 혼강 유역의 환인 일대라는 점에서 그 계통성을 연결시킬 수 있으나, 지금까지의 연구 결과로는 고고학적으로 두 지역의 문화적 계통성을 확인시켜 줄 연결고리가 확인되지 않는다.

# 주

1. 吉林省文物考古硏究所·通化市文物管理辦公室, 2019, 『通化萬發撥子遺址 考古發掘報告』, 科學出版社.

2. 朱柯, 2019, 「叢葬墓初步硏究-以鮮卑早期墓葬爲例」, 『新絲路:上旬』第4期, 陝西省社會發展硏究會, 137쪽.

3. 吉林省文物考古硏究所·通化市文物管理辦公室, 2019, 『通化萬發撥子遺址 考古發掘報告』, 科學出版社, 509쪽.

4. 보고서에서는 M3, M22, M23, M25, M28, M31, M32 등 7기로 파악하였으나, M3의 경우 묘광 내부에 두개골을 비롯한 다양한 골격이 잔존해 있어 1차장 무덤으로 볼 수 있다.

5. 吉林省文物考古硏究所·通化市文物管理辦公室, 2019, 『通化萬發撥子遺址 考古發掘報告』, 科學出版社, 510~511쪽.

6. 이후석, 2020, 「정가와자유형 네트워크의 확산과 상호작용」, 『백산학보』 118호, 148쪽.

7. 이후석, 2020, 「정가와자유형 네트워크의 확산과 상호작용」, 『백산학보』 118호, 155쪽 〈표 1〉 참조.

8. 오강원, 2006, 『비파형동검문화와 요령지역의 청동기문화』, 청계.

9. 이후석, 2020, 「정가와자유형 네트워크의 확산과 상호작용」, 『백산학보』 118호, 149쪽.

10. 吉林省文物志編纂會, 1987, 『通化縣文物志』, 26~30·69~72쪽.

11. 이하의 내용은 아래 자료를 참고하여 정리한 것이다.
    朱泓·賈瑩·金旭東·趙殿坤, 2004, 「通化萬發撥子遺址春秋戰國時期叢葬墓 顱骨的觀察與測量」, 『邊疆考古硏究』1, 吉林大學邊疆考古硏究中心.
    賈瑩·朱泓·金旭東·趙殿坤, 2006, 「通化萬發撥子墓葬顱骨人種的類型」, 『社會科學戰線』 2.

12. 이마의 안쪽에서 조금 위쪽으로 뼈가 융기한 부분.

13. 강인욱, 2011, 「고조선의 모피무역과 명도전」, 『한국고대사연구』 64호, 한국

고대학회, 249쪽.

14 강인욱, 2021, 「만발발자 유적으로 본 후기 고조선의 교역 네트워크와 고구려의 발흥」, 『동북아역사논총』 71호.

15 朱永剛·吉平, 2016, 「內蒙古哈民忙哈遺址房址內大批人骨遺骸死因蠡測」, 『考古與文物』 5期, 78쪽.

16 河北省文物研究所, 1996, 『燕下都』, 文物出版社.

17 石永士, 1996, 「初論燕下都大中型墓葬的分期-兼談人頭骨叢葬的年代及其性質」, 『遼海文物學刊』 2期.

18 趙化成, 1996, 「"燕下都人頭骨叢葬遺迹"性質芻議」, 『中國文物報』 4月 21日 第3版.

19 黑龍江省文物考古研究所(郝思德·楊志軍·李陳奇), 2011, 『平洋墓葬』(2版), 文物出版社.

20 潘行榮, 1962, 「內蒙古陳巴爾虎旗完工索木發現古墓葬」, 『考古』 第11期.

21 黑龍江省文物考古研究所(郝思德·楊志軍·李陳奇), 2011, 『平洋墓葬』(2版), 文物出版社, 35~43쪽.

22 李作智, 1965, 「內蒙古陳巴爾虎旗完工古墓淸理簡報」, 『考古』 第6期.

23 朱柯, 2019, 『平洋墓葬』(2版), 文物出版社, 137~138쪽.

24 劉觀民·中國社會科學院考古研究所內蒙古考古隊, 1964, 「內蒙古巴林左旗南楊家營子遺址和墓葬」, 『考古』 第1期.

25 潘玲, 2007, 「完工墓地的文化性質和年代」, 『考古』 第9期.

26 朱永剛·吉平, 2016, 「內蒙古哈民忙哈遺址房址內大批人骨遺骸死因蠡測」, 『考古與文物』 5期.

27 內蒙古文物考古研究所, 2003, 『廟子溝與大壩溝-新石器時代聚落遺址發掘報告(下)』, 中國大百科全書出版社.

28 朱永剛·吉平, 2016, 「內蒙古哈民忙哈遺址房址內大批人骨遺骸死因蠡測」, 『考古與文物』 5期, 76~78쪽.

29 朱永剛·吉平, 2016, 「內蒙古哈民忙哈遺址房址內大批人骨遺骸死因蠡測」, 『考古與文物』 5期, 79쪽.

30 內蒙古文物考古研究所, 2003, 『廟子溝與大壩溝-新石器時代聚落遺址發掘

報告(下)』, 中國大百科全書出版社, 545~558쪽.

31  朱永剛·吉平, 2016, 「內蒙古哈民忙哈遺址房址內大批人骨遺骸死因蠡測」, 『考古與文物』 5期, 81쪽.

32  Yubin Shen, 2019, "Pneumonic Plagues, Environmental Changes, and the International Fur Trade: The Retreat of Tarbagan Marmots from Northwest Manchuria, 1900s-30s," *Frontiers of History in China* 14(3), pp. 291~322.

33  이현숙, 2007, 「환경, 역병, 권력: 남북조의 역병」, 동양사학회 학술대회 발표논문집, 동양사학회, 75~97쪽.

34  김원룡·임영진, 1986, 『석촌동 3호분(적석총)발굴조사보고서』, 서울대학교박물관.
서울특별시·석촌동발굴조사단, 1987, 『석촌동고분군발굴조사보고』.

35  이선복·조가영, 2015, 『석촌동고분군Ⅲ』, 서울대학교박물관, 19쪽.

36  이종수, 2017, 「석촌동 토광묘의 기원과 부여고분」, 『백제 초기 고분의 기원과 계통』, 한성백제박물관.

# 혼강 유역의 세형동검문화와 만발발자 유적

## 혼강 유역 세형동검문화의 주인공은

혼강(渾江) 유역은 혼강~압록강변 수계 주변으로 발달되어 있는 산곡지대를 포괄하며, 이 일대의 선사·원사문화는 천산~장백산맥 사이에서 특징적인 문화권을 형성하여 왔다. 혼강 유역의 청동단검문화는 대개 요동 지역과의 상호작용으로 형성되었는데, 그간에는 조사유적이 희소하여 알려지지 않은 면이 많았다. 최근 환인(桓仁) 오녀산성(五女山城)과 통화(通化) 만발발자(萬發撥子) 유적에 대한 종합보고[1]가 이루어졌으며, 단편적이지만 천산~장백산백 일대에서 적지 않은 유적조사 성과들이 알려짐에 따라 청동단검문화에 대한 심화 연구의 토대가 마련되고 있다.

혼강 유역의 청동단검문화 관련 유적들은 대개 수습조사에 그친 것이 많아 시공간적 연속 관계를 바탕으로 한 심층적인 분석에는 어려움이 있다. 기층문화를 대표하는 토기문화의 전개 과정이 잘 알려지지 않았으며, 청동유물 역시 다수 기종이 조합되어 출토되는 예가 적어 절대연대를 파악하기 쉽지 않다. 이와 같은 상황에서 통화 만발발자 유적에서 청동유물과 함께 주변 지역과의 교류 관계를 살펴볼 수 있는 유구·유물들이 확인되어 주목된다.

혼강 유역의 청동단검문화는 비파형동검문화(만발발자 보고서의 3기 전반)와 세형동검문화(만발발자 보고서의 3기 후반~4기 전반, 오녀산성 보고서의 Ⅱ기)의 두 단계로 크게 구분된다. 다만 청동유물은 비파형동검문화(기원전 9~기원전 4세기경)와 관련되는 것이 거의 없고, 대부분은 세형동검문화(기원전 4~기원전 2세기경)에 속한 것들이다. 세형동검문화 단계에는 무덤유적과 주거유적은 물론 매납유적이 적지 않게 확인되며, 토기류와 석기류는 물론 청동유물이 급증하여 출토 유물의 보편성과 다양성이 증가한다.

이와 같은 혼강 유역 청동단검문화의 기본적인 특징들은 환인 오녀산과 통화 만발발자 유적에도 나타난다. 다만 유적 규모에 비해서는 청동유물 출토 유구가 한정되고, 그 종류와 수량도 많지 않다. 이에 연구 범위를 동병철검(銅柄鐵劍) 단계까지 넓혀 보고, 혼강 유역과 접해 있는 압록강변까지 포함시켜 논의하려 한다. 세형동검문화를 중심으로 한 청동단검문화의 보편성과 특수성을 확인하고, 이를 바탕으로 문화변동 과정에서 확인되는 정치체의 동향까지 추정해 보고자 하는 것이 이 글의 목적이다.

그동안에 혼강 유역의 세형동검문화는 대개 초기 고구려의 배경문화로만 인식되어 왔다. 그렇지만 천산산맥 일대의 세형동검문화가 후기 고조선의 네트워크 안에 포함되어 있을 가능성이 높은 점에 주목해야 한다.[2] 이와 같은 점을 고려할 때, 혼강 유역의 세형동검문화 역시 단선적인 접근보다 구체적인 네트워크의 변천 과정에 주목하여 그 역사적인 맥락까지 재검토할 필요성이 있다.

## 혼강 유역의 유적 분포와 만발발자 유적

앞서 언급하였듯이 혼강 유역 청동유물 출토 유적들은 대부분이 세형동검문화 단계 유적이다. 대개 분묘유적인데, 주변 지역과는 달리 매납유적과 생활유적이 적지 않게 확인되는 것이 특징이다. 분묘유적은 혼강(渾江) 수계의 합수 지점이나 압록강(鴨綠江)의 천변 교통로를 따라 천변 대지 또는 저구릉에 주로 분포하며, 매납유적은 압록강변 가까이에 있는 산곡지대에도 분포한다. 이에 비해 생활유적은 부이강(富爾江)과 혼강 합수지점 부근에서 주로 확인된다.

크게 보면 부이강과 혼강의 합수지점을 기준으로 그 북동쪽의 통화 일대, 그 남서쪽의 환인 서부 일대, 포석하(蒲石河)~압록강변의 단동-관전 접경지대, 압록강 중상류의 집안-장백 일대에 유적들이 밀집 또는 연속 분포하고 있어 4개소의 지역단위 유적군이 설정된다. 또한 혼강 유역 서쪽으로 인접하는 태자하(太子河)-혼하(渾河) 중상류의 본계-신빈 일대에도 관련 유적들이 다수 보이는데, 천산산맥과 혼강 유역 일대 집단들의 여러 상호작용을 추정하게 한다(그림 1).

통화 일대에는 만발발자(萬發撥子), 금창촌(金廠村), 소도령(小都嶺) 등의 분묘-매납유적과 화수하구(樺樹河口), 서강(西江), 서구(西溝) 등

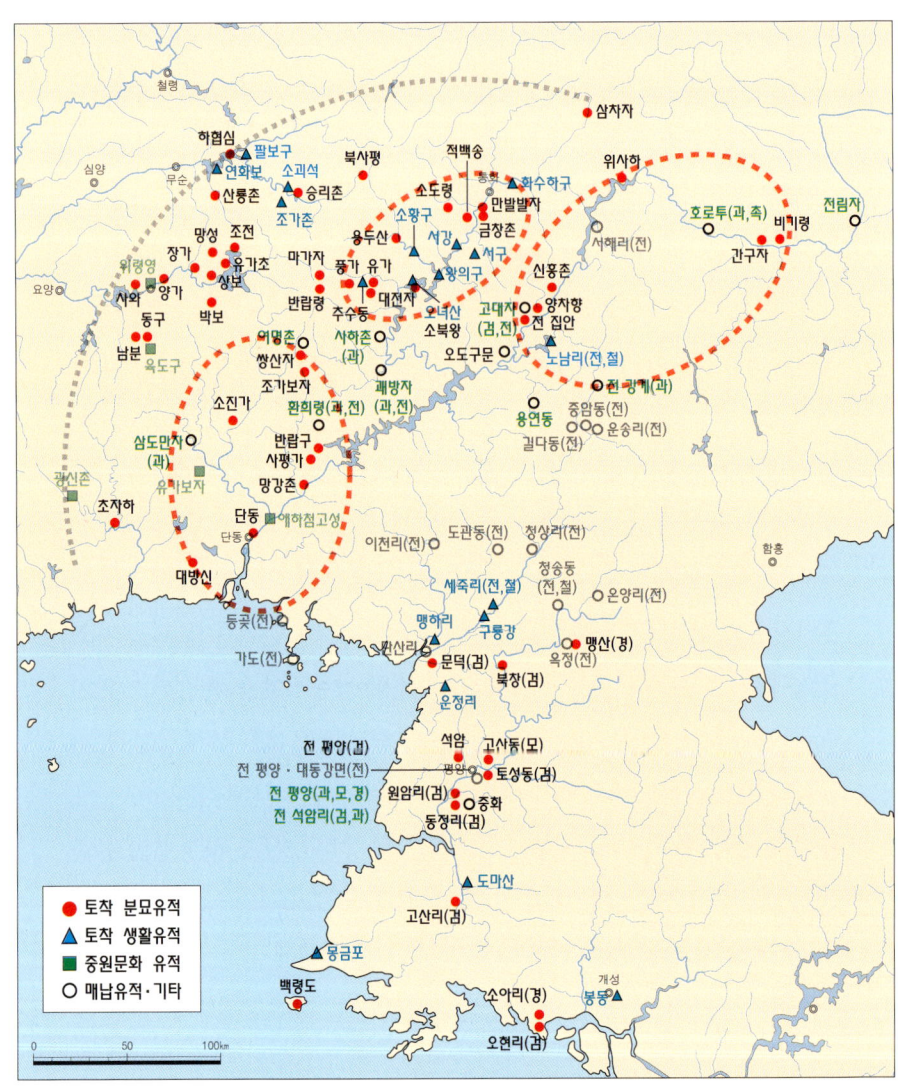

**그림 1** ── 혼강 유역과 그 주변 지역의 세형동검문화 관련 유적 분포

의 생활유적이 함께 확인되며, 환인 일대에도 유가대원(劉家大院), 대전자(大甸子), 풍가보자(馮家堡子) 등의 분묘유적과 추수동(抽水洞), 오

녀산(五女山), 소황구(小荒溝), 왕의구(王義溝) 등의 생활유적이 함께 확인된다. 단동-관전 일대에는 망강촌(望江村), 사평가(四平街), 반랍자(半拉子), 조가보자(趙家堡子), 쌍산자(雙山子), 환희령(歡喜嶺) 등의 분묘-매납유적이 주로 확인되고, 집안-장백 일대에는 오도령구문(五道嶺溝門), 신홍촌(新紅村), 비기령(飛機嶺), 전림자(前林子) 등의 분묘-매납유적이 산발적인 분포 양상을 나타낸다.

대개 단동-관전 일대 유적들은 이른 시기에 속한 것이 많고, 통화-환인 일대에는 이른 시기와 늦은 시기 유적이 공존하며, 집안-장백 일대에는 주로 늦은 시기 유적들이 확인된다. 본계-신빈 일대와의 문화적인 상관성이 높아 세형동검문화가 이로부터 전이됐을 가능성이 높다. 특히 천산산맥 일대와 혼강 유역을 연결하는 소자하(蘇子河)와 부이강을 연결하는 교통로를 따라 점토대토기문화와 관련되는 생활유적이 다수 분포하는 것이 주목되며, 주변에는 적백송고성(赤白松古城)이 자리하고 있어 이 일대의 지정학적 중요성을 짐작하게 한다.

한편 매납유적(수습유적 포함)에는 청동유물만이 출토되는 것이 많아 주목된다. 봉성 삼도만자(三道灣子), 관전 괘방자(掛房子), 환인 사하촌(沙河村), 집안 고대자(高臺子), 장백 호로투촌(葫蘆套村) 등의 유적들이 대표적인 사례이다. 주로 압록강을 따라 분포하며, 대개 중원계통 청동무기만이 출토된다. 유적 분포 양상만을 보면 중원계통 청동무기 매납유적은 전국시대의 청동화폐 출토 유적과 분포권이 비슷하다. 다만 청동무기 매납유적들은 대개 조(趙)나 진(秦)과 관련되는 것들임에 비해 전국시대 화폐 매납유적들은 대개 연(燕)과 관련되는 것이라는 측면에서 차별성도 확인된다(그림 1).

이와 같은 혼강 유역의 유적 분포 양상에서 통화 일대 유적에만 집

**표 1** 혼강 유역 세형동검문화 주요 유적 및 출토 유물 현황

| 유적 | 유구 | 출토 유물 | | | 비고 |
|---|---|---|---|---|---|
| | | 무기류 | 위세류/농공구 | 기타/토기 | |
| 단동 망강촌 | 토광묘? | 동검1, 동과1 | 동부1 | ? | |
| 관전 사평가 | 석관묘 | 동모2 | | 옥식10 | 적석 |
| 관전 조가보 | 석관묘 | 동검1, 동모1 | 엽맥문경 외2 | | 적석 |
| 관전 쌍산자 | 토광묘? | 동검?, 동과1 | | | 매납적석? |
| 관전 반랍구 | 석관묘? | 동검1 | 구획문경1 | ? | |
| 관전 환희령 | 매납? | 동과2 | ? | 명도전편 / 토기편 | |
| 통화 소도령 | 매납 | 동모석범1쌍 | 성광문경석범1 동부석범8매 | | 주조공방 (주변 동촉) |
| 통화 만발발자 | 토광묘(M20) | 과형동검1, 청동검초1 | 석촉, 석도, 석착, 석산 등 | 쌍이호·발, 완 등 | 다장(5인) |
| | 토광묘(M21) | | 석촉, 석도, 석착, 석부 등 | 동환4, 청동추식1 / 쌍이호·발, 완 등 | 다장(31인) |
| | 토광묘(M54) | 동모1 | 석검1, 석부1 | 동구1 / 쌍이호1 등 | 두골×, 남성 |
| | 토광묘(M27) | | 단뉴동경2 | 쌍이관1, 완1 등 | 두골× |
| | 석관묘(M45) | 동검1 | | | 할석식, 화장 |
| | 석관묘(M48) | | | 동구1 / 도방추차2 | 할석식, 여성 |
| | 석관묘(M55) | | | 동탁1 / 점토대발1 | 할석식 |
| | 석관묘(M56) | | 은제이환2 | 동탁6 / 유리이전2 | 할석식,적석 |
| | 석곽묘(M36) | | 석식1/석착1 등 | 동전1 / 사이호1 등 | 분층매장 |
| | 주거지(2기) | 방제석검2 | | 소형 점토대발 | 잔편 |
| | 문화층 | 석제검파두식1 | 동부1 등 | 골제표비1 등 | 4~6층 |
| 통화 금창촌 | 토광묘 | 합주동검1 | ? | 석도1 / 토제구슬 등 | 인골 |
| 환인 유가대원 | 대개석적석묘 | 동검1, 동모1 | | | |
| 환인 대전자 | 대개석묘 | 동검1, 동촉2 | 철도자1 | 동환1, 명도전200여, 흉식·경식, 방추차1 | 석관묘? 화장 |
| 환인 오녀산 | 주거지 / 문화층 | 방제석검4 | | 발, 완 등 | II기층 |
| 집안 오도령구문 | 매납적석 | 동검1, 동모3, 철촉2 | 엽맥문경1/ 동부4, 동곽1 | | |
| 집안 신흥촌 | ? | 동모1 | ? | ? | |
| 전 집안 | ? | | 구획문경1 | | |
| 혼강 삼차자 | ? | | 선형동부석범1 | | 매납? |

| 장백 전림자 | 매납적석 | 동검1, 동도1<br>동모1, 동촉3 | 동개궁모1 | | 석규2 | 총 13기<br>(2기 조사) |
|---|---|---|---|---|---|---|
| 장백 비기령 | ? | 합주동검1 | ? | | ? | |
| 장백 간구자 | 적석묘(AM2) | | 철도 등 | | 일화전12, 반량전18,<br>동환1, 옥주1, 토기 | 화장인골 |
| | 적석묘(BM5) | | | | 일화전5, 토기1 | 화장인골 |

중하면 분묘유적과 생활유적(주거유적) 및 매납유적(생산)까지 확인되고 있어 주목된다. 만발발자 유적의 청동유물만을 기준으로 보면, 이른 시기(보고서의 3기 후반)에는 일괄 석범(石范) 출토유적인 소도령과 병행하며, 늦은 시기(보고서의 4기 전반)에는 청동무기 수습유적인 금창촌과 적백송이 같은 단계 유적이다. 특히 만발발자와 금창촌은 혼강변을 따라 약 1km 내에 접해 있고, 동시기의 유물산포지로 연결되고 있어 넓혀 보면 대단위의 단일 유적으로 볼 수 있다.

만발발자 유적 북쪽의 화수하구 유적은 석제검파두식으로 보면 만발발자 Ⅱ구역 환구(環山圍溝) 초기 단계와 거의 같은 시기이며, 만발발자 유적 남쪽의 서강·서구 등의 유적은 점토대토기문화 관련 토기류와 주조철부가 확인되는 양상으로 보아 만발발자 Ⅰ·Ⅱ구역(주거구역)이나 Ⅴ·Ⅵ구역(분묘구역) 철기 공반 단계(3기 후반~4기 전반) 유구들과 병행한다.

세형동검문화 단계(또는 철기 공반 단계)의 환인 및 통화 일대에는 반경 20~25km 범위에서 각각 5~6개 이상의 유적들로 구성되는 유적군이 형성되고 있어 중심적인 역할을 수행했던 거점유적이 존재했을 가능성이 높다. 물론 그 거점유적은 환인과 통화에 각각 존재하였다고 생각되나, 현재 자료 수준에서 환인 지역과 통화지역을 구분하여 개별 정치체의 성장 과정을 추정하는 것이 쉽지 않은 상황이다.

# 청동유물 출토 유구와 주요 유물

### 분묘와 청동유물

혼강 유역의 청동유물 출토 유구에는 다른 지역처럼 분묘유구가 가장 많이 확인된다. 분묘 양식으로 보면 석관묘와 대개석묘 위주인데, 토광묘도 적지 않게 확인되는 것이 특징이다. 다만 통화 일대에는 다른 지역에는 거의 없는 토광묘가 다수 확인되며, 석관묘와 대개석묘 역시 할석식이 많은 매장부의 구조와 화장 등의 장법에서 특징적인 면이 확인된다.

먼저 토광묘는 혼강 유역에서 흔치 않은 묘제인데, 통화 금창촌과 만발발자 유적에서 확인된다. 만발발자 유적 토광묘는 단장묘(單葬墓)와 다장묘(多葬墓)로 구분되며, 보고서의 기술과는 달리 전국시대 후기 이전부터 확인된다. 세형동검문화 이전 단계에는 단장묘만 조영되며, 주로 토기류와 석기류가 확인된다. 토기류의 경우 호형토기와 발형토기가 조합되어 부장되는 예가 적지 않게 보이는데, 호형토기에는 미송리식호와 비교되는 횡이호(橫耳壺)도 확인되며, 발형토기에는 수이관(垂耳罐)이 확인된다. 세형동검문화 단계에는 다장묘도 조영되며, 토기류와 석기류는 물론 청동유물 역시 일부 확인된다. 청동유물에는 무기류·의기류·장식류의 일부 기종만이 확인되며, 그 수도 적은 것이 특징이다.

단장묘는 Ⅵ구역의 27·54호 토광묘가 있다. 앙신직지장(仰身直肢葬)인 것과 이에 근접하는 앙신굴지장(仰身屈肢葬)이 확인된다. 27호 토광묘에서는 경형동기(단뉴동경) 2점이 각각 가슴과 허리에 부장되어 있어 주목된다. 경형동기를 신체 중앙부에 열을 지어 부장하는 것은 심양 정가와자 6512호묘에서 먼저 확인되고 있어, 이와 관련되는 부장 전통으로 생각된다. 54호 토광묘에서는 유엽형동모와 동구가 각각 좌측 어깨와 우측 팔목 부근에서 출토되어 주목된다. 특히 유엽형동모는 통화 소도령 유적 동모석범에서 확인되는 것과 같이 무문형에 해당되는 초기 형식이다. 그러므로 두 토광묘는 전국시대 후기 후반으로 보는 보고서의 기술과는 달리 전국시대 후기 전반부터 후기까지, 즉 기원전 3세기경으로 보는 것이 타당하다. 두개골만 없는 것이라는 측면에서 비일상적 상황하의 죽음으로 매장 상황을 추정하여 볼 수 있다(그림 2).

다장묘는 Ⅵ구역의 20·21호묘가 대표적인 사례이다. 여러 사람을 한꺼번에 묻은 집장묘이다. 앙신굴지장과 측신굴지장이 확인된다. 20호묘는 성년 인골 4구가 묘광 남반부는 비워둔 채 북반부에 치우쳐서 매

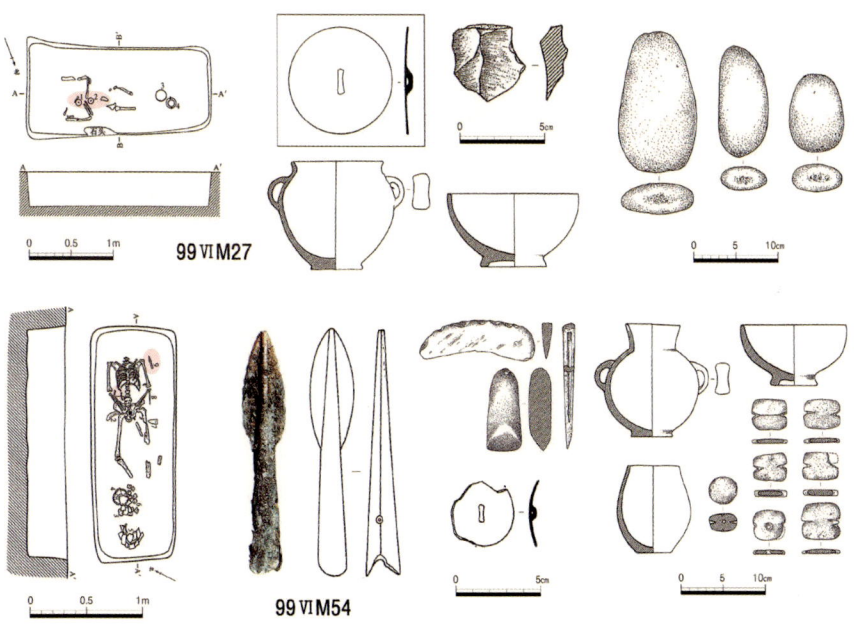

**그림 2** ── 만발발자 유적 단장토광묘와 주요 출토 유물

장되어 있어 피장자가 결정되기 전에 묘광이 미리 마련됐을 가능성이 있는 길이 5.6m의 대형 무덤이다. 부부 중 남편으로 추정되는 두향 북쪽 인골 상반에서 과형동검이, 혈연 관계로 추정되는 두향 동쪽 인골 허리 부근에서 청동검초편이 출토되어 주목된다. 과형동검은 전형적인 주척식이 아닌데다 T자형청동검병과 조합되지 않고, 공반되는 청동칼집 역시 일반적인 동검 검초와는 이질적인 형태임을 고려하면, 요령식동과의 모티브를 일부 차용하여 제작되었다고 판단된다.[3] 특히 기원전 3세기경으로 편년되는 세신형인 '쌍산자식' 동과의 형태적인 요소를 차용했을 가능성이 높다. 그러므로 과형동검은 기원전 3세기대 후반 또는 기원전 3세기말~기원전 2세기초 전후 무렵으로 편년되며, 이에 따라 20호묘는 전국시대 후기 전반으로 보는 보고서의 기술과는 달리 전국시대 후기 후반 또는 서한 초기 무렵으로 보는 것이 타당하다. 혈연으로 추정되는 사람들을 한꺼번에 매장하였다는 측면에서 비일상적 상황에서 매장됐을 가능성이 높다(그림 3).

 21호묘는 묘광 확장이나 순차적인 매장 과정을 거쳐 35개체의 피장자가 매장되었다고 추정되는 길이 16.5m의 초대형의 무덤이다. 20호묘의 북쪽으로 나란하게 배치되어 있고, 매장상태에서 1차장과 2차장은 물론이고 정반대의 두향 배치 등이 확인된다. 출토 유물은 토기, 석기, 골기 위주이며, 청동기는 여성 인골에서 장식류만 소량 확인된다. 성년(25~30세) 여성 인골 2개체에서 동환(4점), 미성년의 여성 인골 1개체에서 청동추식(1점)이 확인되어 있다. 20호묘 토기와는 유사성이 높은 것도 있고 일부 다른 것도 확인되어, 같은 단계지만 시기 차가 약간 있을 가능성이 있다. 그러므로 전국시대 후기 전반으로 한정하여 보는 보고서와 달리 전국시대 후기 후반까지 넓혀 보는 것이 타당하다. 즉,

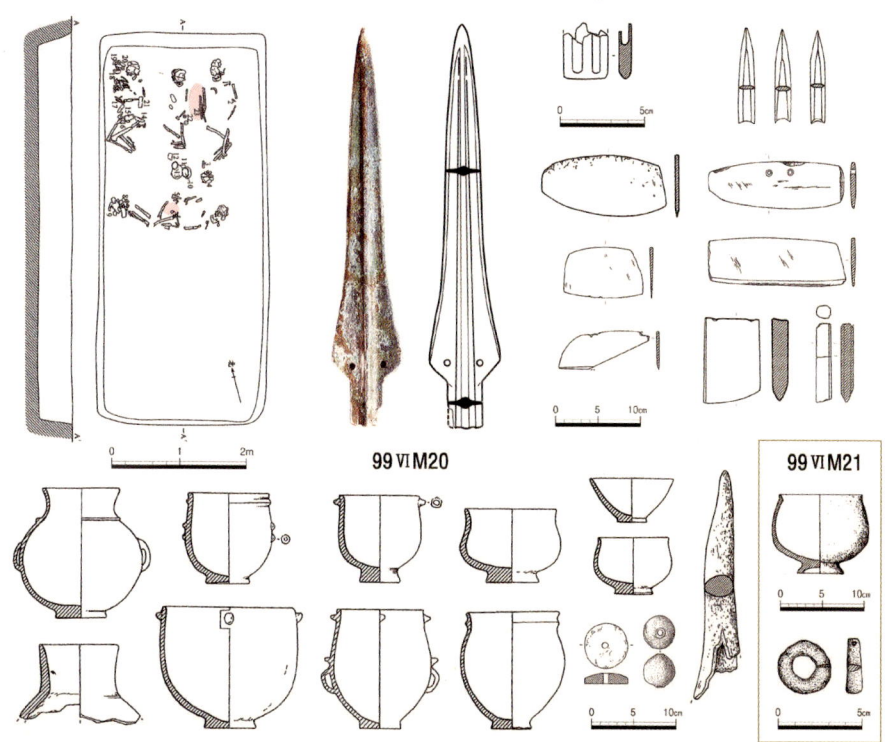

**그림 3** ─── 만발발자 유적 다장토광묘와 주요 출토 유물

21호묘는 기원전 3세기경으로 편년된다. 단장묘의 매장상황과는 다소 달랐다고 생각되나, 20호묘처럼 비일상적 상황에서 매장됐을 가능성이 높다(그림 3).

다음으로 석관묘는 세형동검문화 단계 이전부터 확인되는 혼강 유역의 주된 묘제이다. 세형동검문화 단계에는 관전 조가보, 사평가 유적, 통화 만발발자 유적 등이 알려진다. 조가보와 사평가의 석관묘는 상부 적석식의 판석조로 알려진다. 세형동검, 유문식의 유엽형동모와 다뉴엽맥문경 등이 출토되었는데, 특히 세형동검과 다뉴엽맥문경은 철기 공반 이전 단계의 형식으로 기원전 3세기경으로 편년된다.[4] 만발발자 석관묘는 할석조로 분류되나, 특이하게 부정형의 할석으로 가장자리를 몇 벌 돌려놓은 것이 특징이다. 철기 공반 단계의 화장묘가 확인되며, 석곽형을 포함하면 역시 단장묘와 합장묘로 구분된다.

만발발자 유적에는 V구역에서만 청동기를 반출하는 석관묘가 확인된다. 45호묘가 대표적인 사례이며, 이외에도 48호묘와 55·56호묘가 확인되어 있다. 무기류와 장식류의 일부 기종만이 확인된다. 화장묘인 45호묘에서는 세형동검편이 출토되었는데, 복원길이 40cm 내외의 장신화된 검신으로 복원되는 것이어서 통화 금창촌 유적이나 동요 채람둔 유적 출토품과 같은 쌍조형동검 또는 같은 단계 동검의 검신편일 가능성이 높다(198쪽의 그림 12). 그러므로 45호묘는 서한 초기 무렵으로 보는 보고서의 연대관과 거의 같은 기원전 2세기경으로 편년된다(그림 4).

48호묘는 성년 여성묘로 동구(또는 동포) 1점만이 출토되었는데, 보고서에서는 전국시대 후기 후반으로 보았으나 전국시대 후기 전반까지 소급하여 보는 것도 전혀 문제되지 않아 연대 폭을 넓혀 기원전 3세기경으로 보는 것이 무난하다. 55호묘와 56호묘에서는 청동팔찌, 은제고리 등이 출토되었는데, 공반되는 소형 점토대토기발은 신빈 용두산(龍頭山) 대개석묘, 장백 간구자(干溝子) 적석묘 출토품과 흡사하고, 유리이전 등은 환인 망강루 4호묘의 것과 동일하다. 그러므로 55·56호묘는 전국시대 말~서한 초 무렵으로 보는 보고서의 연대관과 달리 서한 전기~중기, 즉 기원전 2세기대 후반 전후 무렵으로 편년하는 것이 타당하다(그림 4).

이외에도 보고서에 석곽묘로 분류되는 36호묘가 있다. 36호묘는 평면 근방형의 묘광 가장자리에는 할석식 석곽을 마련하고, 그 안쪽으로 판석조의 석관을 시설하여 놓은 구조이다. 매장부는 피장자가 다인-다

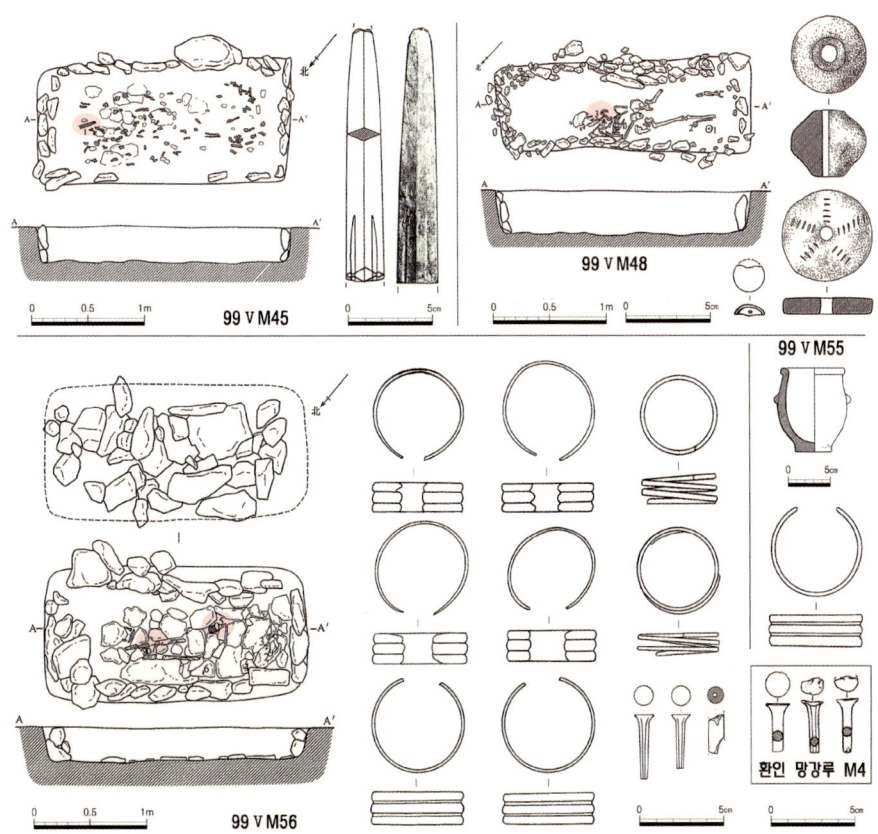

**그림 4** ──── 만발발자 유적 석관묘와 주요 출토 유물

차 매장되어 있는 서쪽 주관(主棺)과 개가 매장되어 있는 동남쪽의 부관(副棺)으로 구성되어 있다. 주관에는 3개층에 인골 각 2구씩이 분층 매장되었는데 부분 화장하였음이 확인되며, 각 층 경계에는 강돌들을 한 벌 깔아 놓아 쉽게 구별된다. 청동유물은 가장 상층에서 지름 2cm 내외의 동전으로 추정되는 것이 1점 나왔는데, 어떤 것인지는 명확하지 않다. 공반되는 토기류가 신빈 용두산 대개석묘 출토품과 흡사하여

서한 조기~중기 무렵으로 보는 보고서의 연대관에 따라 기원전 2세기 경으로 편년된다. '다인-다차-화장' 등의 장법으로 보면 화전-신빈 일대 대개석묘와 흡사하고, 지하식의 석관 구조 위에 지상식의 적석 봉토가 있는 점은 단동-관전 일대의 적석석관묘나 대개석적석묘와 비교된다. 묘제 간의 복합 현상으로 추정된다(그림 5).

한편 대개석묘는 낮은 구릉이나 완사면에 위치하는 단장묘와 구릉 정상부나 가지능선상의 정상 가까이에 위치하는 다장묘로 크게 구분된다. 단장묘는 환인 대전자와 통화 만발발자 등의 유적, 다장묘는 신빈 용두산 유적으로 대표된다. '대전자식' 대개석묘는 매장부가 석관으로 묘광이 그리 깊지 않고 세형동검, 철도 등이 출토된다. 이에 비해 '용두산식' 대개석묘는 '다인-다차-화장'의 특징적인 장법으로 매장부가 다양하며 묘광이 깊고, 동병철검과 철부 등이 출토되는 것이 특징이다. 이와 같은 용두산식 대개석묘의 구조와 장법은 기원전 3세기경 전후 동요하상류~휘발하유역에 집중 분포하는 서황산둔유형 대개석

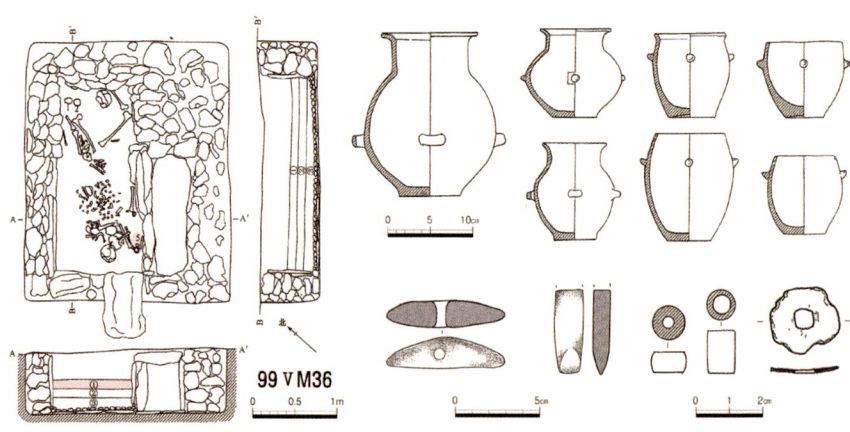

**그림 5** ──── 만발발자 유적 석곽묘와 출토 유물

묘의 특징이다. 다만 만발발자 유적에서 청동유물을 반출하는 대개석묘는 적석식의 대개석적석묘에 한정된다.

대개석적석묘[5]는 장방형에 근접하는 적석묘역 또는 낮은 적석분구 위에 석곽형의 매장부를 만든 후에 장방형의 대형 개석으로 마감하는 구조이다. 혼강 유역에는 환인 풍가보자(M4·M5·M12 등), 통화 만발발자(M38·M41) 등의 유적에서 확인되며, 혼하 상류의 무순 산룡촌(M4·M5)에서도 일부 확인된다. 반지하식 적석부의 위에 매장부가 마련되어 있는 '산룡촌형'과 지상식 적석부의 위에 매장부가 마련되어 있는

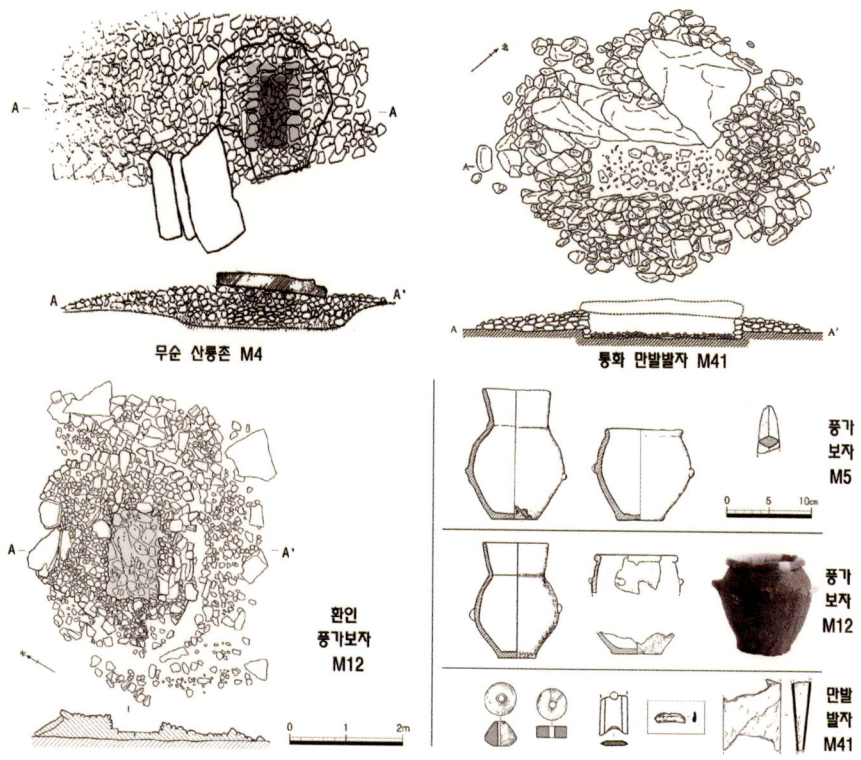

그림 6 ── 혼강 유역 및 혼하 상류 대개석적석묘와 주요 출토 유물

'풍가보자형'으로 크게 구분되며, 지상화의 과정으로 보면 '산룡촌형→풍가보자형'의 변천 관계가 상정된다.[6]

만발발자 38·41호묘는 풍가보자 5·12호묘와 달리 화장묘에 해당되나, 같은 철기 공반 단계의 무덤이다. 구조적으로는 개석 위로 적석부가 추가되어 있는 38호묘가 41호묘에 비해 늦을 가능성이 높다. 만발발자 41호묘에서는 소형 청동편이 주조철부 등과 함께 출토되었으며, 풍가보자 5호묘·12호묘에서는 방제석검편과 소형 점토대토기발이 출토되어 철기 공반 단계 무덤으로 판단된다. 서한 조기~중기 무렵으로 보는 보고서의 연대관과 환인 망강루 적석묘의 직전 단계임을 고려하면 기원전 2세기경으로 편년된다. 이와 같은 대개석적석묘는 '소자하-부이강-혼강'으로 이어지는 수계 주변에만 분포하는 것이어서 축조 집단의 교류 관계를 짐작하게 한다(그림 6).

### 매납유구와 청동유물

혼강 유역의 청동유물 출토 유구에는 다른 지역과는 달리 매납유구가 다수 확인되는 것이 특징이다. 매납유구에는 생산, 의례, 보관 등과 관련되는 수혈유구 또는 적석유구들이 확인되고 있다. 생산 관련 매납유구에는 통화 소도령 유적[7]의 석범 일괄 출토 유구가 알려진다. 유적은 구릉 중턱에 입지하며, 석범만이 다수 출토되어 주목된다. 석범 주형면은 모두 11매인데, 동모 1쌍, 선형동부 8매(잔편 4매), 다뉴동경 2매(잔편 1매)이다. 합범 상태의 동모석범 등이 탕구를 위로 세운 상태에서 발견되었는데, 황사토로 둘러싸인 흑색 니토 속에 놓여 있어 주조 행위와 관련되는 인위적인 배치 상태라고 생각된다. 그러므로 석범들은 주조 작업 과정에서 폐기되었다고 볼 수 있다.[8] 석범 출토지점이 속한 구릉 정상부에서도 동촉 등이 수습되고, 그 동쪽 15km 지점에서 구리 광산이 위치하는 것[9]도 무관하지 않은 현상으로 생각된다.

석범에서 가장 많이 확인되는 선형동부는 정가와자유형의 사격자문 선형동부를 계승하는 것이 특징인데, 종횡비가 비슷하고 측선 곡률이 커진 것이어서 대략 기원전 4~기원전 3세기경으로 편년된다. 철기 공반 단계의 동풍 십대망(十大望) 유적이나 백산 삼차자(三岔子) 유적에서 거의 같은 것이 확인되어 참고된다. 또한 비파형동검문화의 것과 비슷하게 생긴 유엽형동모로 보면 세형동검문화 단계에서 가장 이른 기원전 4세기경으로 추정되나, 3구식의 주연부가 삼각형인 다뉴성광문경으로 보면, 화전 서황산둔(西荒山屯) 2호묘(대개석묘) 출토품과 비교되어 약간 늦은 기원전 3세기경으로 편년된다. 양식적인 측면에서 보면 혼강 유역을 중심으로 한 휘발하~압록강 유역의 특징적인 분포권이 주목된다(그림 7).

의례 또는 교장 관련 매납유구에는 중원문화와 관련되는 유물만이

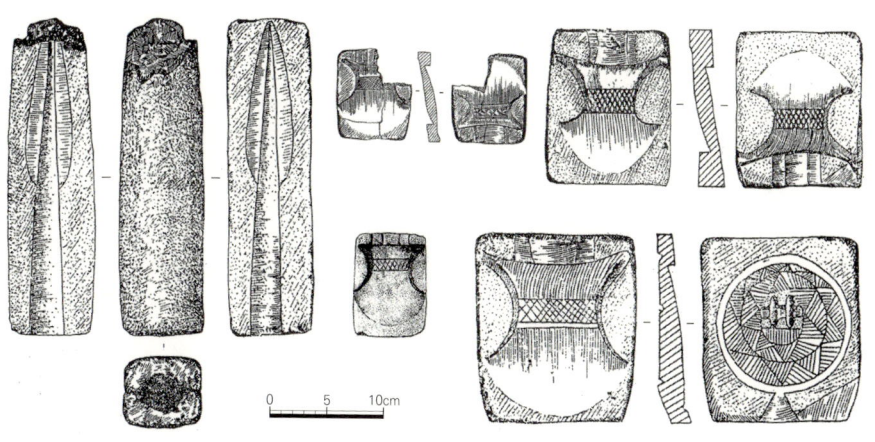

그림 7 ── 통화 소도령 유적 매납유구(주조공방) 출토 석범

출토되는 예가 많다. 주로 단순 수혈이나 적석유구에서 청동무기가 출토되는 것이 보이는데, 요동군과 같은 군현 내부의 경우 청동무기가 관련 유구에서 출토된다거나 단독으로 채집되는 예가 많은 것에 비해 혼강 유역에는 압록강변을 중심으로 토착적인 매납유구에서 출토된다거나 전국시대 화폐와 공반되는 것도 적지 않은 것이 특징이다. 또한 무기류는 대부분이 삼진(三晉)이나 진국(秦國)계통임에 비해 공반되는 화폐류는 연국(燕國)계통의 것이 많은 것도 주목된다. 상당수의 삼진·진계 청동무기에는 제작 시기와 제작 지역을 알 수 있는 것도 있다.[10]

혼강 유역의 중원계통 청동무기들은 기본적으로는 전국시대 말기 무렵 외부인에 의해 전입되었다고 생각되나, 교역 활동을 매개하는 토착인이 다른 맥락으로 사용하였거나 다소 늦게 매납되는 것도 있으리라 생각된다. 이는 출토 유구가 군현 지역과는 다른 적석유구이며, 중

**표 2** 혼강 유역 중원계통 청동무기 매납유구 및 출토 현황

| 유적 | 유구 | 유물 | 제작 지역 및 제작 연대 |
|---|---|---|---|
| 관전 환희령 | 매납수혈? | 동과2(직원과1·곡원과1), 명도전편 모두 따로 수습 | 연국계통(요서?), 기원전 4C경 |
| 집안 고대자 | 매납수혈 | 동검1('陽安君'명), 동전 (주변 철촉, 토기잔편 수습) | 조국 혜문왕 10년(기원전 289년), 조국 효성왕~도양왕(기원전 3C중엽) |
| 장백 호로투촌 | 매납적석 | 동과1('藺相如'명) (주변 석촉, 토기잔편, 인골 확인) | 조국 혜문왕 20년(기원전 279년) |
| 장백 전림자 | 매납적석 (다수, 화장?) | 동검잔편, 동도환수, 동모, 동촉, 석규 (주변에서 동개궁모 수습) | 삼진계통(조국?), 기원전 3C경 |
| 봉성 삼도만자 | ? | 동과1('○○郡'명) | 진국 시황제 즉위이전(기원전 3C중엽) |
| 환인 사하촌 | 매납수혈? | 동과1 | 진국 시황제 즉위이전(기원전 3C중엽) |
| 관전 괘방자 | 매납수혈 | 동과2('石邑'명1, 미상1), 동전(명도전·일화전) | 진국 이세황제 원년(기원전 210년) |
| 전 강계 | ? | 동과1 | 진국 시황제 즉위전후(기원전 3C후엽) |

원계통 청동무기 제작 규범에서 벗어나는 것이 확인된다거나, 서로 다른 계통이나 유통권을 지닌 청동무기와 동전들이 공반되고 있는 점을 통해 추정된다. 그러므로 혼란기의 사회적인 측면이나 경제적인 측면 등의 여러 맥락에서 매납 정황을 이해해야 할 필요성이 있다.

이를테면 관전 환희령 유적[11]에는 압록강변에서 유일하게 연국계통 청동무기가 확인되었는데, 제작 연대가 기원전 4세기경까지 소급되는 매우 예외적인 사례이다. 특히 직원과는 호(胡)가 과도하게 갈려 있고 곡원과는 난설(闌舌)이 없는 특이하게 생긴 형태이다. 이와 같은 중원양식에서 벗어나는 중원식동과는 요령식동과와 함께 요서 지역의 건창 동대장자 유적에서 먼저 확인되며, 이후 중원식동과와 요령식동과가 단동-관전 일대에서 확인되는 것을 보면, 유적 출토품은 요서지역으로부터 전이되었거나 같은 계통의 제작 집단이 생산했던 것일 가능성이 높다. 다만 유적에서 연국 화폐가 출토되고 있어 매납 연대는 기원전 3세기경으로 판단된다(그림 8).

다음으로 장백 전림자 유적[12]에는 삼진-연국계통 청동무기가 청동차마구와 함께 확인되었는데, 압록강변 가장 동단에서 중원계통 청동무기 매납유구의 구조가 명확하게 확인되었다는 측면에서 중요하다.

1. 건창 동대장자 M11  2·4. 관전 환희령(A·B)  3. 건창 동대장자 M4

**그림 8** ──── 관전 환희령 유적 출토 청동무기와 비교 자료

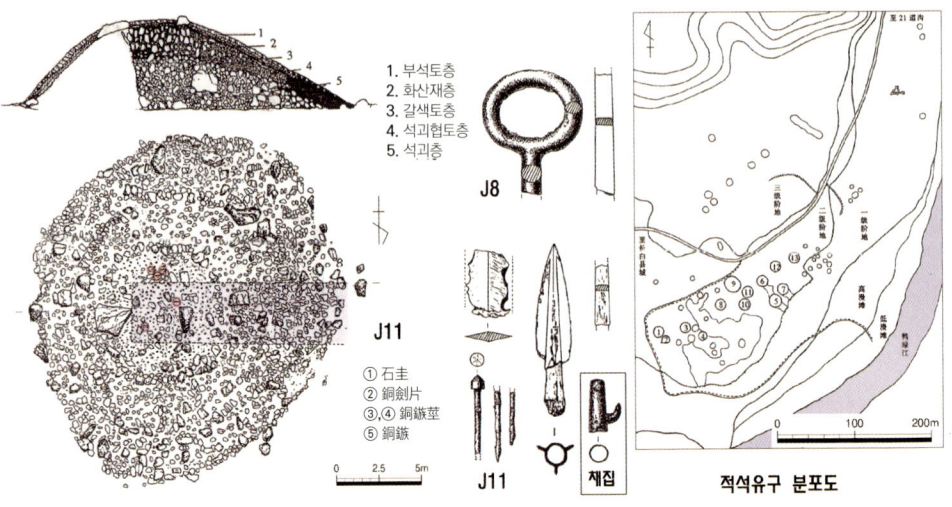

**그림 9** ──── 장백 전림자 유적 매납유구와 출토 유물

강변에서 열을 지어 분포하는 적석유구들은 겉으로는 원형 적석묘와 유사하나, 매장부가 없고 토석 혼축 등이 확인되고 있어 적석묘로 볼 수 없는 구조이다. 서쪽 가까이에 있는 장백 호로투촌 유적이나 위원 용연동 유적의 원형 적석유구 역시 이와 같은 구조였을 가능성이 높다. 일부 유물에서 화재 흔적이 확인되며, 삼엽형동모와 동개궁모는 건창 동대장자 등의 유적에서 먼저 확인되는 기종이고, 동환수도는 전국시대 말~서한 초에 처음 등장하는 기종이다. 적석유구가 적석묘와 같은 토착적인 모습이며, 출토 유물 대부분이 무기류의 파손품인 점을 고려하면 토착집단이 입수하여 매납했던 것일 가능성이 높다(그림 9).

이외에도 관전 괘방자 유적[13]에는 진국 동과와 연국 화폐가 매납수혈에서 함께 출토되어 주목된다. 동과 1점에는 제작 시기와 제작 지역을 알려주는 명문이 각서되어 있는 것이 특징인데, 이세황제 원년(기원전 210년) 군현 석읍(石邑)에서 제작되어 유통되었다는 것을 알 수 있다. 당시 청동무기 등의 전략물자가 엄격하게 유통·관리되었음을 고려할 때,[14] 진국 동과가 이질적인 연국 화폐와 함께 매납되었다는 것은 진 통일기의 군사적인 맥락보다 진한교체기의 혼란이나 연국 화폐 사용집단 간의 교역활동 등 사회·경제적인 맥락에서 이해해야 할 필요성도 있다.

### 주거지와 청동유물

혼강 유역에는 주거지에서도 청동유물이나 방제석검이 확인되는 것이 특징이다. 주거지는 반지하식 수혈주거 또는 지상식의 석담이나 토담 건물지에 해당된다. 환인 왕의구·추수동·오녀산 유적, 통화 서강·만발발자 유적 등지에서 보이는데, 대부분은 철기 공반단계의 취락이다. 특히 환인 왕의구 유적에는 수십 기가 넘는 주거지와 수혈 등이 확인되었으며, 여러 계통의 토기류가 연진한대 주조철기 등과 함께 출토되어 기원전 2세기경 전후의 대형 취락 유적으로 주목되고 있다.[15] 한편 환인 오녀산과 통화 만발발자 유적 주거지에서는 방제석검 등이 청동유물과 함께 확인되어 주목된다.

오녀산 유적(II기) 주거지는 반지하식 수혈 구조이다. 주거지(IIF8, IV F41)는 물론 유적에서 마제석검편이 적지 않게 보이는데, 동검 경부편과 공반된다거나 세형동검과의 높은 유사도를 고려하면 기원전 3세기경의 방제석검으로 판단된다. 본계-환인 접경지대에는 구리-납 광산이 분포하고 있어 주목되나,[16] 청동유물이 적어 어찌됐든 동검 제작이 원활하지 않았다고 생각된다(그림 10의 상).

만발발자 유적 주거지는 지상식의 석담이나 토담 기초 건물지에 해

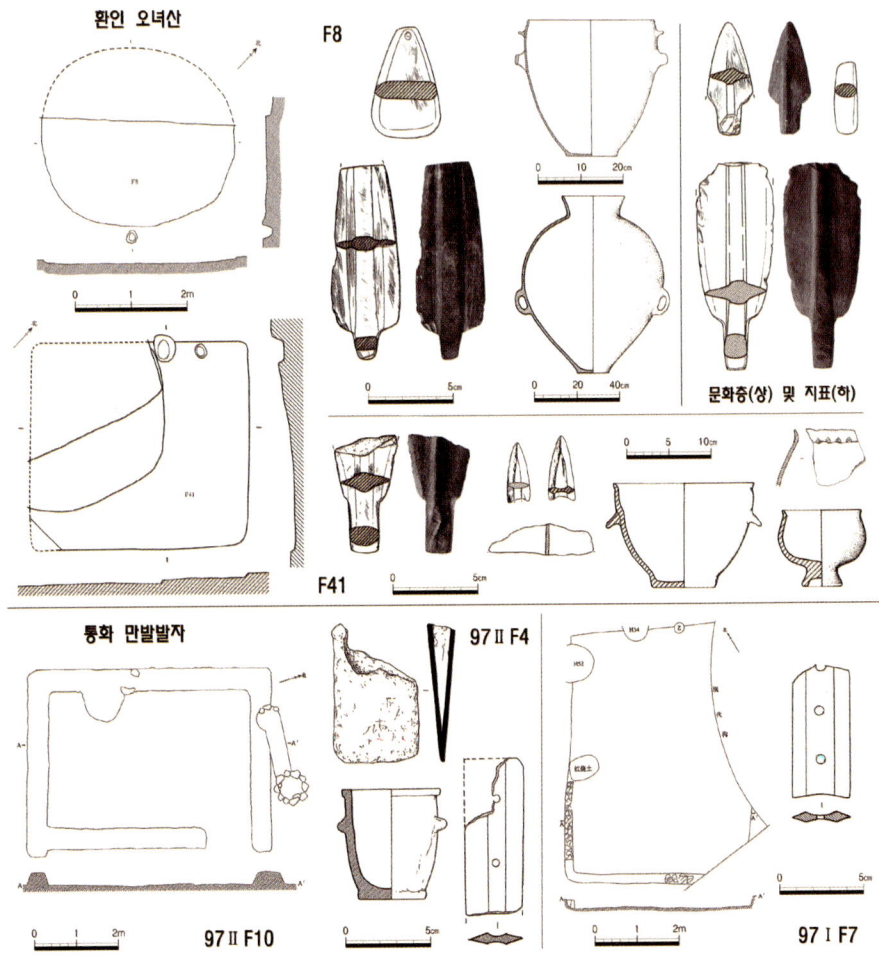

**그림 10** ── 혼강 유역 세형동검문화 단계 주거지와 주요 출토 유물

당된다. 주거지(ⅠF7, ⅡF10)에서는 마제석검편이 보이는데, 단면 육각형의 무주척식으로 전국시대 조국이나 연국 동검들과 흡사하여 이를 모방하여 만들었을 가능성이 높다. 소형 점토대토기발은 환인 풍가보자, 신빈 용두산, 장백 간구자 등의 서한시기 무덤에서 확인되며,[17] 동시기

의 다른 주거지(ⅡF4)에서는 서한대의 주조철부가 확인된다. 보고서에서는 서한시기로 다소 넓게 편년하였는데, 기원전 2세기경으로 보는 것이 타당하다(그림 10의 하).

### 문화층과 나머지들

이외에도 환인-통화 일대에는 검파두식 등이 일부 확인된다. 화수하구 문화층에서는 석제 수뉴형검파두식, 만발발자 Ⅰ구역 문화층에서는 토제 침형검파두식, Ⅱ구역 환구(G4)에서 석제 수뉴형검파두식, Ⅱ구역 80호 수혈에서 퇴화형의 석제 침형검파두식 등이 출토되었는데, 화전 서황산둔 유적 출토품과 비교되어 세형동검문화 단계라는 것을 알 수 있다. 또한 만발발자 Ⅰ구역 문화층에서는 골표(6층)와 동부(4층)가 확인되어 있다. 골표는 십이대영자문화의 것과 동일하여 비파형동검문화 단계의 것에 해당하며, 선형동부는 소형임을 고려할 때 세형동검문화 단계의 것이라고 생각된다. 보고서에서는 Ⅰ·Ⅱ구역 7~4층과 관련 유구들을 모두 전국시대 후기 전반(Ⅲ기 후반)으로 편년하였지만, Ⅰ구역 7~6층은 기원전 8~기원전 5세기경, 5~4층은 기원전 4~기원전 3세기경으로 편년하는 것이 타당하다. 이외에도 만발발자 유적에는 방제 석검편과 기종 미상의 소형 용범편이 일부 확인된다(그림 11).[18]

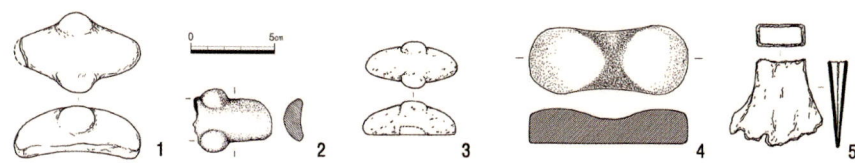

1. 통화 만발발자 ⅡG4(환구) 2. 통화 화수하구 3층(1기) 3. 통화 만발발자 ⅡH80 4. 통화 만발발자 ⅠT336②층 5. 통화 만발발자 ⅠT331④층

그림 11 ── 혼강 유역(통화 일대) 수습 검파두식과 기타 청동유물

# 세형동검문화의 특징과 네트워크의 변천

## 혼강 유역 세형동검문화의 특징

혼강 유역의 청동유물 출토 유구는 매우 다양하여 분묘유구 외에 매납유구와 주거유구, 수혈유구 등이 확인되고 있다. 특히 분묘유구에는 그동안 확인되지 않던 토광묘가 통화 만발발자 유적에서 집중되어 주목된다. 토광묘는 단장토광묘와 다장토광묘로 구분되며, 일부 무덤들은 전쟁이나 전염병과 같은 비정상적 상황하에 조영됐을 가능성도 있다. 또한 석관묘는 대개 천산산맥 일대와도 관련되는 것이지만, 부정형의 할석조나 다인-다차-분층매장 등의 석곽형이 확인되는 것은 통화 만발발자 유적만의 특징이다. 대개석묘도 단장묘와 다장묘가 보이는데, '다인-다차-화장' 측면에서 동요하 상류~휘발하 유역의 무덤들과 공통되는 면도 보이지만, 적석식의 대개석묘(또는 대개석적석묘)는 혼하 상류~혼강 하류의 신빈-환인-통화 일대에만 있는 무덤 양식이다. 또한 혼강~압록강변에는 중원계통 청동무기, 전국시대 화폐 등이 출토되는 매납유구가 적지 않게 확인되며, 환인-통화 일대 주거지에서는 방제석검 등이 출토되는 것이 특징이다.

혼강 유역의 청동유물은 대개 세형동검문화 단계, 특히 기원전 3~기원전 2세기경에 해당되는 것이 많다. 청동무기, 청동의기, 청동공구, 청동장식 등이 보이는데, 중원계통 무기류와 차마구도 일부 확인된다. 청동무기는 요동 지역과 관련되는 '동검-동과-동모'가 확인되어 천산산맥 일대에서 혼강 유역으로 무기 체계가 전이되었다고 생각되나, 그 종류와 수량이 한정되어 중심적인 위치로는 보기 어렵다고 생각된다. 특히 단동-관전 일대와는 달리 환인-통화 일대에는 동모류를 제외하면 대개 동검 파편이나 방제석검이 다수 출토되며, 집안-장백 일대에는 삼진계통 무기류가 적지 않게 확인되는 것이 특징이다. 환인-통화 일대에는 동광·납광 등의 원료산지가 확인되어 있어, 원료보다 기술적인 측면에서 청동 제작 환경이 원활하지 못하였을 가능성이 높다.

세형동검 변천 과정으로 보면, 단동-관전 일대에는 별주식의 여러 하위형식 세형동검들이 다수 보이지만, 환인-통화 일대에는 세형동검 파편이나 합주식의 쌍조형동검 등이 소량 확인되는 정도이다. 쌍조형동검 중에 환인-통화 일대의 쌍조형동검(통화 금창촌)은 길림계통 검신과 요동계통 검병이 결합되어 있는 특징적인 형식이며, 집안-장백 일대의 쌍조형동검(장백 비기령)은 길림 지역의 제작 전통이 더 많이 반영되어 있는 늦은 형식이다. 그 다음 단계의 동병철검(신빈 용두산) 역시 쌍조두가 간략화된 청동검병과 장대화된 철제검신은 환인-통화 일대의 재지적인 특징이다. 청동검병 손잡이에 단이 지는 고식으로 동요 채람둔과 서풍 서차구의 동병철검보다 일찍 등장했을 가능성이 높다(그림 12).

요령식동과가 요령식철과로 전이되는 과정으로 보면, 과형동검(통화 만발발자 M20)이나 장경식의 창형동검(환인 유가) 역시 일반적인 동검 제작 전통에서 벗어나는 형태이다. 특히 세형동검처럼 T자형검병과 조립되지 않는 구조이고, 청동검초 역시 이질적인 형태라는 측면에서 환인-통화 일대 청동무기의 특징적인 양상을 보여준다. 특히 과형동검은 요령식동과와 요령식철과의 중간 단계 무기라고 할 수 있다. 이에 비해 동모류는 단동-관전 일대는 물론이고 환인-통화 일대의 보편적인 무기이다. 동모 제품(통화 만발발자 M54, 관전 조가보·사평가, 집안 신흥촌·오도구문, 통화 적백송) 외에 동모 석범(통화 소도령)까지 확인되며,

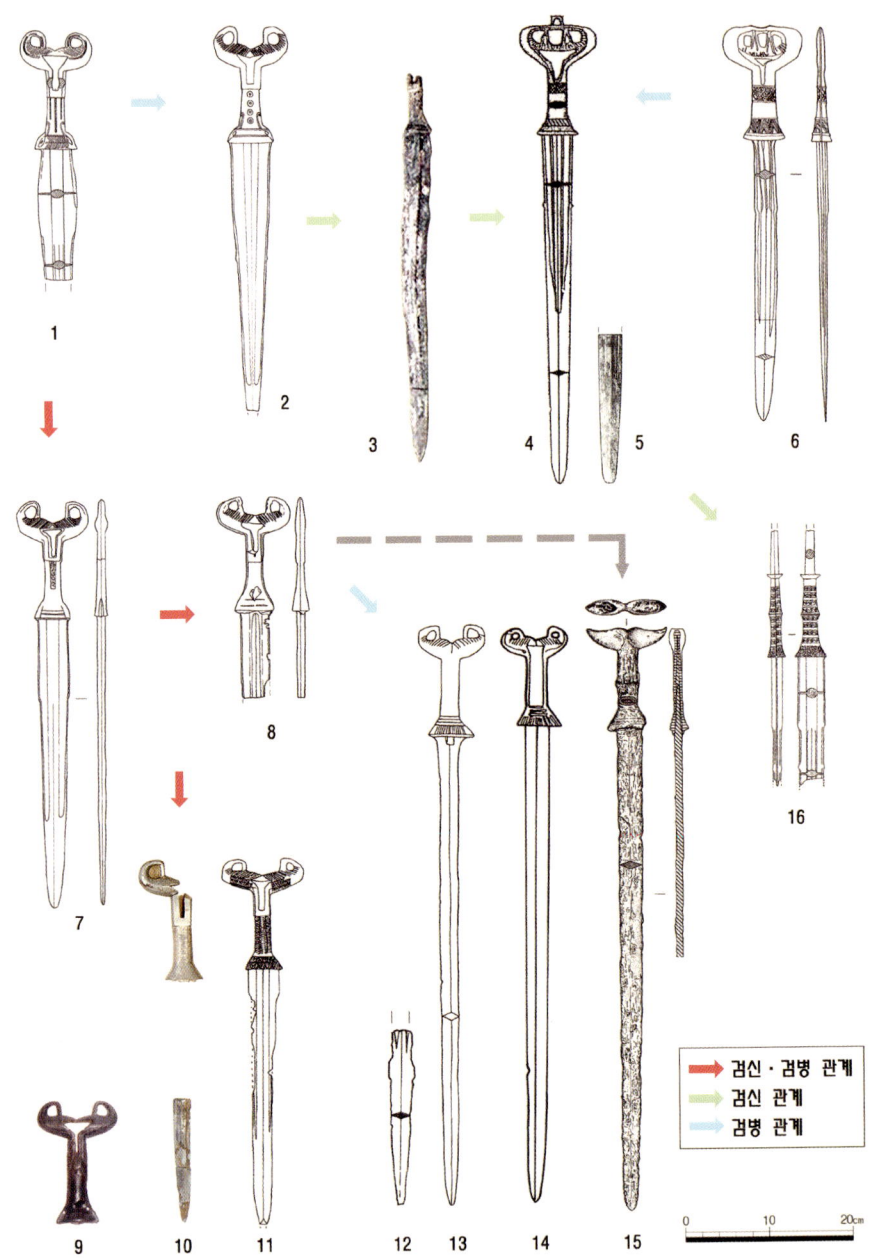

1. 전 중국  2. 아성 상뇌목둔  3. 반석 연통산  4. 통화 금창촌  5. 통화 만발발자 M45  6. 본계 박보촌 M1  7. 영길 왕둔  8. 장백 간구자  9. 연해주 미하일로프카  10. 연해주 니콜라예프카  11. 평양 토성동 M486  12·13. 동요 채람둔  14. 서풍 서차구  15. 신빈 용두산 M2  16. 서란 사가촌(단, 13~15는 동병철검)

**그림 12** ──── 혼강 유역 쌍조형동검의 계보와 변천

무문식과 유문식이 모두 확인되기 때문이다.

한편 혼강 유역에는 다뉴동경, 단뉴동경 등의 청동의기가 확인된다. 단뉴동경 또는 경형동기(통화 만발발자 M27)는 구체적인 부장 정황이 정가와자유형에서 확인되는 것과 흡사하고[19] 철기 공반 단계 이전부터 출토되는 것이어서 일찍부터 수용됐을 가능성도 있다. 다뉴동경은 구획문경, 엽맥문경, 성광문경 등의 여러 형식이 확인되는 것이 특징이다. 모두 세형동검문화 단계부터 출현하는 형식으로, 출현 순서만을 보면 '구획문경→엽맥문경→성광문경'으로 정리된다.

다뉴구획문경은 단동-관전 일대와 집안 일대에서 보이는데, 평행구획대문(단동)에서 평행구획선문(전 집안, 관전 반랍자)으로 변천된다. 이와 같은 구획문경은 북한 지역(전 성천, 맹산 남양리)이나 남한 지역(전 전북, 익산 오룡리)에도 보이는데, 비파형동검문화가 세형동검문화로 이행하는 과도기나 세형동검문화 초기 단계에만 확인되는 것이어서 기원전 4세기경 압록강변 또는 그 주변 지역에서 호서·호남지역으로 전이되었음을 알 수 있다(그림 13).

다뉴엽맥문경은 관전-집안 일대에서 확인되고 있어 기본적으로는 구획문경 분포권에 포함된다. 평행구획선문이 방사상의 선문으로 변화하는 것이 전형적인 형식이다. 그러므로 엽맥문경은 구획문경의 파생형식이라 할 수 있다. 이에 비해 성광문경은 환인-통화 일대(통화 소도령)에만 분포한다. 다만 혼강 유역을 벗어나면 동요하 상류와 휘발하 유역의 일부 유적(동풍 대가산, 화전 서황산둔)에도 보이는데, 세형동검문화 단계의 대개석묘 분포권과 관련되는 서황산둔유형 유적들에 한정된다. 그러므로 성광문경은 구획문경이나 엽맥문경과는 다른 교류 맥락하에 있는 형식으로 추정된다.

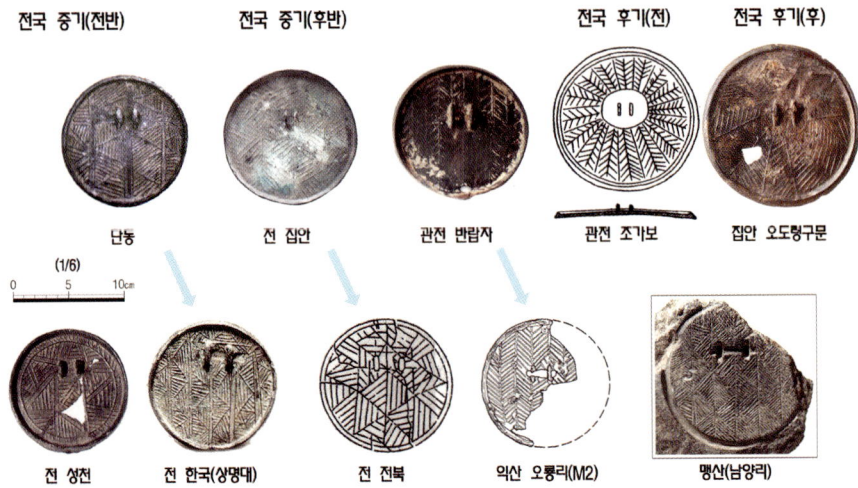

**그림 13** ── 혼강 유역 다뉴구획문경의 계보와 변천(이후석 2020)

    이외에도 혼강 유역의 보편적인 청동유물에는 선형동부가 지목된다. 혼강 유역의 선형동부는 소형(길이 5cm 이하)보다 길이 10cm 이상으로 대형화된 것이 많다. 대개 사격자문이 있는 것이어서 전가와자유형 선형동부에서 파생되어 나온 형식임을 알 수 있다. 대개 날의 곡률이 작은 것이 고식이고, 큰 것이 신식이다. 이른 시기에는 환인 관내 출토품[20]과 같은 소형 선형동부가 주로 확인되나, 이후에는 날의 곡률이 큰 소형과 대형의 선형동부(통화 소도령, 백산 삼차자·위사하, 집안 양차향)가 크게 유행하며, 최후 단계에는 무문식의 선형동부(집안 오도령구문)가 장방형동부와 함께 사용된다. 혼강 유역 거의 전역에서 보이는데, 특히 선형동부석범들이 다수 수습되며 주조공방으로 추정되는 유구(통화 소도령)까지 확인되고 있어 사격자문 선형동부가 혼강 유역의 주된 공구임을 알 수 있다.

### 세형동검문화의 전개 과정

혼강 유역 세형동검문화의 전개 과정은 환인-통화 일대 선사·원사문화의 검토과정에서 일부 다루기도 하였으나,[21] 최근에는 주로 요동지역 세형동검문화의 연장선상에서 언급되고 있다.[22] 요동 지역의 세형동검문화는 천산산맥 일대를 중심으로 기원전 4~기원전 2세기경 유행하였는데, 혼강 유역의 경우 어느 단계까지 동일선상에서 볼 수 있는지가 관건이다. 혼강 유역의 세형동검문화는 서한시기 이전에는 천산산맥 일대 요소들이 강한 것에 비해 그 이후에는 동요하 상류나 휘발하 유역의 요소들도 적지 않게 확인되기 때문이다. 이는 세형동검문화 단계의 혼강 유역과 주변 지역의 네트워크 변화와도 관련되는 문제라서 주목해야 한다.

세형동검문화 단계의 천산산맥 이동지역에서 혼강 유역 일대까지 확인되는 물질문화에 대해서는 과거에는 대개 적석묘의 등장과정이나 지역 관계에 주목하여 고구려와 연결시켜 보는 견해들이 많았으나,[23] 최근에는 기원전 3세기경 전후의 금속유물 양식이나 교류 관계에 주목하여 고조선과 관련시켜 이해하는 연구들이 증가하는 추세이다.[24] 이는 이분법적으로 논단할 수 있는 것은 아니지만, 세형동검문화의 변천과정과도 밀접하게 관련되는 것이므로 합리적인 편년안을 바탕으로 혼강 유역과 주변 지역과의 상호작용에 주목해야 함을 보여준다.

천산산맥 일대 세형동검문화의 전개 과정은 동검-동과-동모 등의 청동무기 형식이나 다뉴동경, 화폐, 철기 등의 공반유물 조합 관계를 고려하여 4단계(요동 1~4기)로 구분하는 안이 제시되어 있다.[25] 혼강 유역의 세형동검문화도 기본적으로는 이와 같은 흐름으로 전개되었다고 생각된다(그림 14). 다만 혼강 유역 청동유물에는 선형동부가 가장

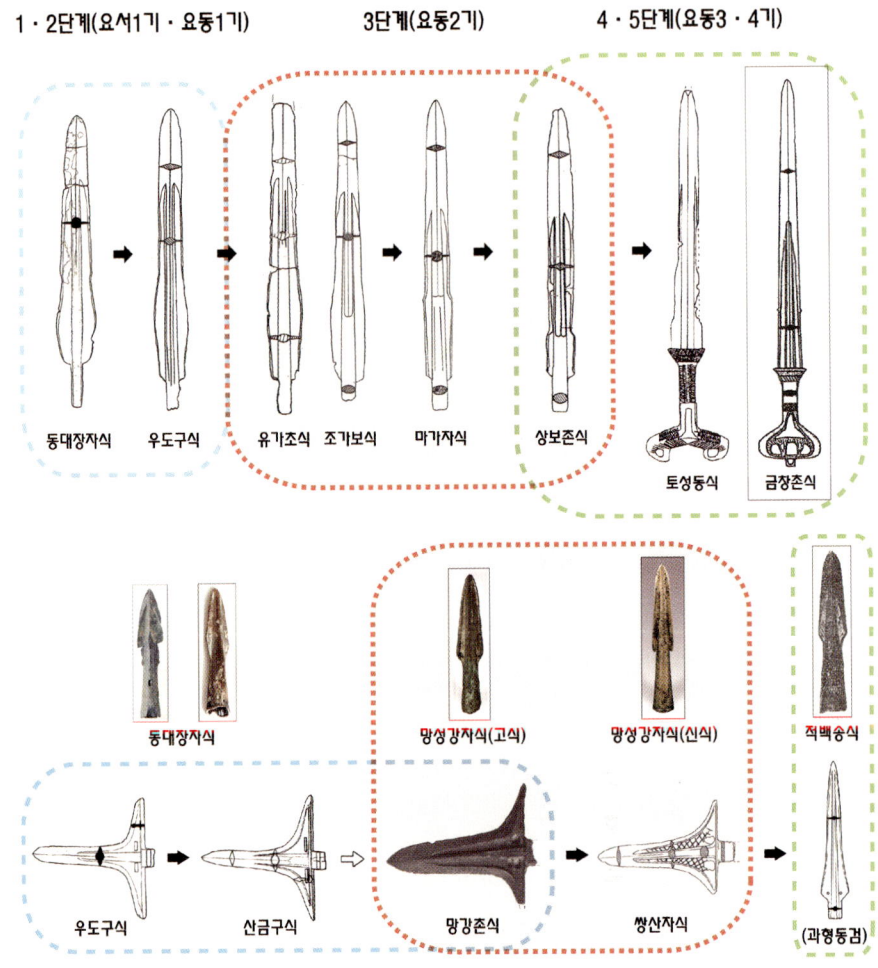

그림 14 ─── 혼강 유역 세형동검문화 청동무기의 계보와 변천

많이 확인되는 점을 고려하면, 그 형식 관계 역시 감안해야 할 필요성도 있다.

한편 천산산맥 일대에는 늦은 시기, 혼강 유역 일대에는 이른 시기에 해당되는 분묘유적들이 적은 것은 세형동검문화의 중심부와 주변부의 전이 관계 때문으로 생각된다. 혼강 유역 내에서도 구체적으로는 단동-관전 일대의 경우 1~3단계, 환인-통화 일대의 경우 2~4단계, 집안~장백 일대의 경우 3~4단계에 해당되는 유적들이 주로 확인된다. 또한 혼강 유역의 중심부(환인-통화 일대)는 천산산맥 일대(본계-단동 일대)보다 청동유물의 종류와 수량이 제한되어 청동 네트워크의 상위 거점으로 보기 힘든 면이 있다.

즉, 요동 1기(기원전 4세기 후반 전후)에는 우도구식 동검(망강촌), 무문식의 요령식동과(망강촌), 무문식의 유엽형동모(소도령), 다뉴구획문경(단동, 관전 반랍구, 전 집안), 소형 선형동부(망강촌, 환인) 등이 확인된다. 우도구식 동검은 늦더라도 기원전 4세기대 후반에는 요서 지역에서 요동 지역으로 전해지는 것이어서 혼강 유역 역시 크게 다르지는 않으리라 생각된다. 또한 다뉴구획문경 역시 남한 지역 세형동검문화 초기 단계보다 약간 이르다는 것을 고려해야 한다. 다만 유적 수가 적고 유물 종류와 수량이 극히 한정된다. 단동-관전 일대와는 달리 통화-환인 일대에는 동모·동부 등의 일부 기종만이 보이는데, 부장유물로서 세형동검이 명확하게 확인되는 것은 다음 단계이다.

요동 1기에는 요동 지역의 세형동검문화가 전이되었다는 것이 가장 주목된다. 여러 기종 구성으로 보아 세형동검문화는 선택적인 수용 과정을 거쳐 천산산맥 일대에서 혼강 유역으로 전이되었다고 할 수 있다. 세형동검문화 단계의 청동유물은 물론 점토대토기문화의 토기류도 이때부터 확인된다. 이는 정가와자유형이나 이를 계승하는 상보촌유형의 청동 네트워크와 관련됐을 가능성이 높다.

요동 2기(기원전 3세기대 전엽~후엽)에는 조가보자-마가자식 동검(조가보, 소진가, 마가자, 대방신), 유문식 요령식동과(쌍산자), 무문식 세신형동모(유가대원), 유문식 유엽형동모(만발발자, 사평가, 신흥촌), 다뉴엽맥문경(조가보), 다뉴성광문경(소도령), 경형동기(만발발자), 사격자문 선형동부(소도령) 등이 확인된다. 혼강 유역보다 천산산맥 일대에서 유적들이 다수 확인된다. 혼강 유역 내에서는 단동-관전 일대가 환인-통화 일대보다 유적 수가 많고, 청동유물 기종 수도 다양하여 중심적인 위치였을 가능성이 높다. 환인-통화 일대의 경우 세형동검이 소량 확인되나 대개 파편이다. 무기류는 동모 위주이며, 의기류는 다뉴동경과 경형동기가 함께 사용된다. 공구류는 사격자문 선형동부가 크게 유행한다. 이때에는 북한 지역에도 요동 지역의 세형동검문화와 관련되는 동검, 동모, 다뉴동경 등의 청동유물이나 점토대토기문화의 토기류가 적지 않게 확인된다.

그러므로 요동 2기에는 청동 네트워크가 천산산맥 일대를 중심으로 혼강 유역과 북한 지역이 긴밀하게 연결되는 것이 주목된다. 특히 단동-관전 일대를 매개 지역으로 하여 본계 일대와 환인-통화 일대 및 평양 일대가 서로 이어지는 양상인데, 이는 청동유물 뿐만 아니라 점토대토기문화의 토기류가 확인되는 것을 통해서도 짐작할 수 있다. 천산산맥 일대와는 달리 혼강 유역에는 철기류가 확인되지 않아 주조철기로 대표되는 전국시대 연나라 계통의 철기류는 다음 단계부터 전이됐을 가능성이 높다. 다만 관전 환희령의 명도전을 고려하면 연국 화폐는 이때부터 전입되었다고 생각된다.

요동 3기(기원전 2세기 전반 전후)에는 상보촌식 동검(오도령구문), 합주식의 쌍조형동검(비기령), 과형동검(만발발자), 유문식의 세신형동모·유엽형동모(오도령구문, 적백송), 다뉴엽맥문경(오도령구문), 무문식의 선형동부와 장방형동부(오도령구문) 등이 확인된다. 천산산맥 일대가 다소 위축되는 것에 비해 혼강 유역의 유적들은 점차 증가한다. 혼강 유역 내에서는 단동-관전 일대유적들이 감소하는 것에 비해 환인-통화 일대의 경우 유적 증가세가 뚜렷한데, 특히 점토대토기류와 주조철기 등이 출토되는 생활유적이 주목된다. 또한 청동무기의 유문화나 장식화가 뚜렷하며, 다뉴동경 역시 거의 제작되지 않는 것 같다. 선형동부 역시 무문식이 점차 감소한다. 이전에는 거의 확인되지 않던 중원계통 청동유물이나 화폐 매납유적들이 압록강변을 중심으로 급증하고 있어 문화변동이 급격하게 진행되었음을 알 수 있다.

요동 3기에는 세형동검문화 권역에서 천산산맥 일대가 상당부분 탈락되며, 길림 지역과의 청동 네트워크가 확대되는 것이 특징이다. 혼강 유역 내에서는 환인-통화 일대와 집안-장백 일대가 이전보다 부상하는 점이 주목된다. 요동 동부 지역과 관련되는 점토대토기문화의 토기류와 주조철기 등이 적지 않게 확인되며, 길림 중부 지역에서 유행하는 쌍조형동검과 두형토기 등이 일부 확인된다. 이는 천산산맥과 혼강 유역을 중심으로 이어지는 동서 교류 관계가 점차 송화강 유역과 혼강 유역을 중심으로 연결되는 남북 교류 관계로 재편되는 것을 반영하는 양상으로 생각된다. 북한 지역과의 교류 관계 역시 지속되었다고 생각되며, 중원계통 청동무기, 명도전과 주조철기 등이 적지 않게 확인되는 것을 통해 중국 군현과는 물적 교류 외에 인적 교류까지 있었음을 짐작하게 한다. 한편 이때에는 연해주 지역에서도 천산산맥이나 혼강 유역과 관련되는 세형동모, 다뉴조문동경 등의 청동유물(이즈웨스토프카, 아누치노)이 확인되고 있어 두 지역 사이에는 요동 3기 이전부터 교류 관계가 개시되었음을 알 수 있다.

요동 4기(기원전 2세기 후반 전후)에는 한대 철기문화가 정착하는 과정에서 합주식검, 단뉴무문동경, 청동장식 등의 일부 기종만이 사용된다. 쌍조형동검(금창촌)이나 동병철검(용두산), 철과(용두산, 세죽리), 동촉·철촉(추수동) 등의 무기류와 청동반지·청동팔찌(만발발자) 등의 장신구가 일부 확인된다. 요령식철과는 주조품일 가능성이 높은 토착적인 것이어서 이전 단계부터 등장했을 가능성이 높다.[26] 이에 비해 칠모류는 확인되지 않았는데, 유문식의 세신형동모(적백송)를 계속 사용하였거나 이전 단계의 연식 철모(용연동)를 수용하여 이때까지 사용했을 가능성도 있다. 한식 청동유물이 일부 보이는데, 단뉴무문동경과 함께 다음 시기부터 본격 확인되는 동차축두, 동탁 등의 한식 차마구(대협판구)가 이때부터 유입되었다고 생각된다.

**표 3** 혼강 유역 세형동검문화의 시기 구분과 전개

| 시기 | 주요 청동유물 | 주요 유적 | 비고 |
| --- | --- | --- | --- |
| 요동 1기<br>(기원전 4세기 후반 전후) | 우도구식동검, 요령식동과(무문), 유엽형동모(무문), 다뉴구획문경, 소형 선형동부(사격자문) 등 | 단동 망강촌, 관전 반랍자, 전 집안, 환인(관내), 통화 소도령 등 | 천산산맥 일대에서 혼강 유역으로 전이 |
| 요동 2기<br>(기원전 3세기 전엽~후엽) | 조가보식동검, 마가자식동검, 요령식동과(무문·유문), 세신형동모(무문), 유엽형동모(유문), 다뉴엽맥문경·다뉴성광문경, 선형동부(사격자문), 명도전·포전 등 | 봉성 소진가, 관전 조가보자·사평가·쌍산자·환희령, 동구 대방신, 환인 유가·오녀산, 통화 소도령·만발발자, 백산 삼차자, 집안 신흥촌 등 | 천산산맥 일대와 서북한 지역과의 네트워크 강화 |
| 요동 3기<br>(기원전 2세기 전반 전후) | 상보촌식동검, 과형동검, 쌍조형동검, 세신형동모·유엽형동모(유문), 다뉴엽맥문경·다뉴성광문경, 선형동부(무문), 장방형동부, 명도전·일화전·포전 등 | 환인 대전자·추수동·왕의구, 통화 만발발자·적백송·서강, 집안 오도령구문, 장백 간구자·비기령 등 | 동요하 상류~휘발하 유역과 두만강~연해주 지역으로 네트워크 확대 |
| 요동 4기<br>(기원전 2세기 후반 전후) | 쌍조형동검, 쌍조형동철검, 요령식 철과, 철촉, 단뉴무문동경(경형동기), 일화전·반량전 등 | 신빈 용두산, 통화 만발발자·금창촌, 환인 왕의구, 장백 간구자, 영변 세죽리 등 | 동요하 상류~휘발하 유역과 두만강~연해주 지역과의 네트워크 강화 |

요동 4기에는 한대 철기문화를 수용하는 과정에서 세형동검문화가 급격하게 쇠퇴한다. 혼강 유역에는 길림계통 쌍조형동검이나 동병철검 등이 확인되며, 이때 북한 지역에도 쌍조형동검 등이 등장한다. 그러므로 청동 네트워크는 혼강 유역을 매개지로 길림 지역과 북한 지역이 연결되는 남북 교류 관계가 강화되었다고 할 수 있다. 또한 혼강 유역에서 두만강 유역과 관련되는 토기류가 일부 확인되는 한편, 연해주 지역에서도 쌍조형동검(미하일로프카, 니콜라예프카)이 확인되고 있어 두 지역 간 교류 역시 본격화된 양상임을 알 수 있다. 혼강 유역 내에서는 부이강 유역과 혼강 합수지점을 중심으로 유적들이 밀집되는 양상으로 보아 환인-통화 일대에는 거점유적이 형성되었다고 생각된다. 특히 현재까지 자료로는 통화 일대보다 환인 일대가 더 선명하게 부상하는 것 같다.

### 세형동검문화 네트워크의 변동과 그 의미

혼강 유역의 물질문화는 세형동검문화 단계부터 무덤 양식이나 출토유물 간의 차별성이 심화된다. 특히 '동검-동과-동모'의 청동무기 조합체계[27]와 다뉴동경 등의 의례체계[28]가 갖춰지는 것이 정치체가 본격 형성되는 것과 밀접하게 관련되는 점을 고려할 때,[29] 혼강 유역에서 청동무기와 청동의기를 갖춘 세형동검문화가 유행하는 것은 정치체가 일정 수준으로 형성 또는 성장하였음을 의미한다. 또한 청동유물을 중심으로 하는 그 네트워크의 변화 과정은 정치체의 교류 양상이나 권력기반 등과 관련되는 성장 전략과도 무관하지 않으리라 생각된다.

이른 시기(요동 1~2기)의 혼강 유역은 청동유물의 기종 구성이나 형식으로 보아 천산산맥 일대에서 세형동검문화가 전이되었음을 알 수

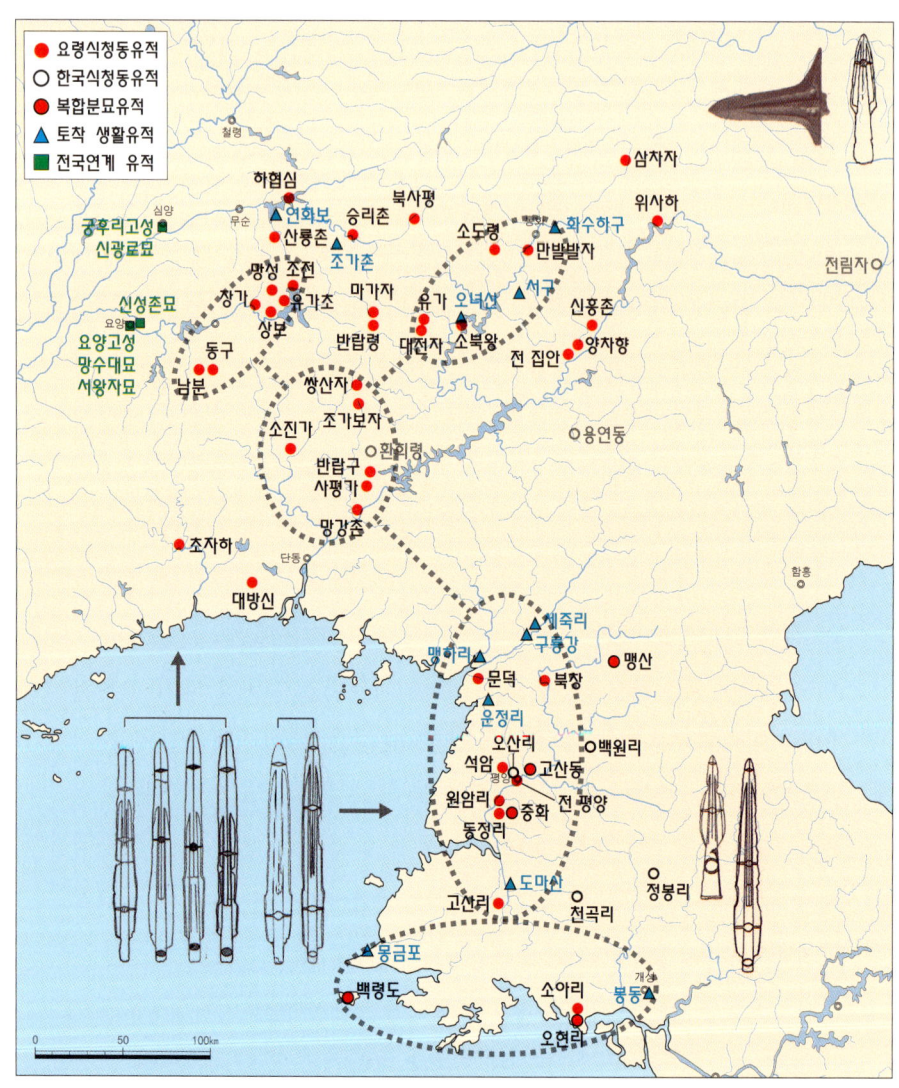

**그림 15** ──── 혼강 유역 세형동검문화 청동 네트워크의 형성(요동 2기 전후)

있다(그림 15). 검신 하부 폭이 상부 폭에 비해 넓은 별주식의 세형동검, 유엽형과 세신형의 동모, 다뉴구획문경, 사격자문 선형동부 등은 이때 처음 등장하는 대표적인 청동유물 기종이다. 앞서 언급하였듯이 이때 청동 네트워크는 단동-관전 일대를 매개지로 본계 일대와 환인-통화 일대 및 평양 일대가 서로 긴밀하게 연결되는 양상으로 확인된다. 또한 요동 지역에서 기원하는 점토대토기문화가 확산되었음도 주목해야 하는 부분이다.

이와 같은 '천산산맥-혼강 유역-북한 지역'을 연결하는 청동 네트워크와 점토대토기문화의 중심에는 어떤 정치체가 자리하고 있었을까? 이미 학계에는 '세죽리-연화보유형'을 대체하는 세형동검문화 개념으로 '상보촌유형'이 제안되어 있고, 남한지역 세형동검문화를 대표하는 개념으로 '괴정동유형'(또는 동서리유형)이 설정되어 있다.[30] 북한 서부 지역은 이와 같은 상보촌유형과 괴정동유형의 세형동검문화가 교차하는 점이지대인데, 이른 시기에는 요동 동부 지역과 관련되는 요소들이 다수 확인된다. 그러므로 상보촌유형의 네트워크가 바로 후기 고조선의 물질문화와 관련되는 것이라고 생각된다.[31] 혼강 유역 내에서는 단동-관전 일대 집단들에 비해 환인-통화 일대 집단들은 뚜렷하게 부상하지 못하였다. 고구려의 형성 과정은 점토대토기문화나 세형동검문화보다 동병철검 등의 한대 철기문화와 신출 토기문화의 정착 과정을 중심으로 논의하는 것이 타당하다.

한편 늦은 시기(요동 3~4기)의 혼강 유역은 합주식의 쌍조형동검이나 동병철검, 철과 등의 양상으로 보아 주변 지역과의 다변화된 관계 속에 철기문화가 점차 발달하는 것을 알 수 있다(그림 16). 천산산맥 일대와의 교류 관계가 쇠퇴하여 분포에서 점차 탈락되는 것에 비해 동요하 상류~휘발하 유역과 연결되는 길림 지역과의 교류 관계는 확대·강화되며, 두만강~연해주 지역과도 교류 관계가 본격화된 것이 주목된

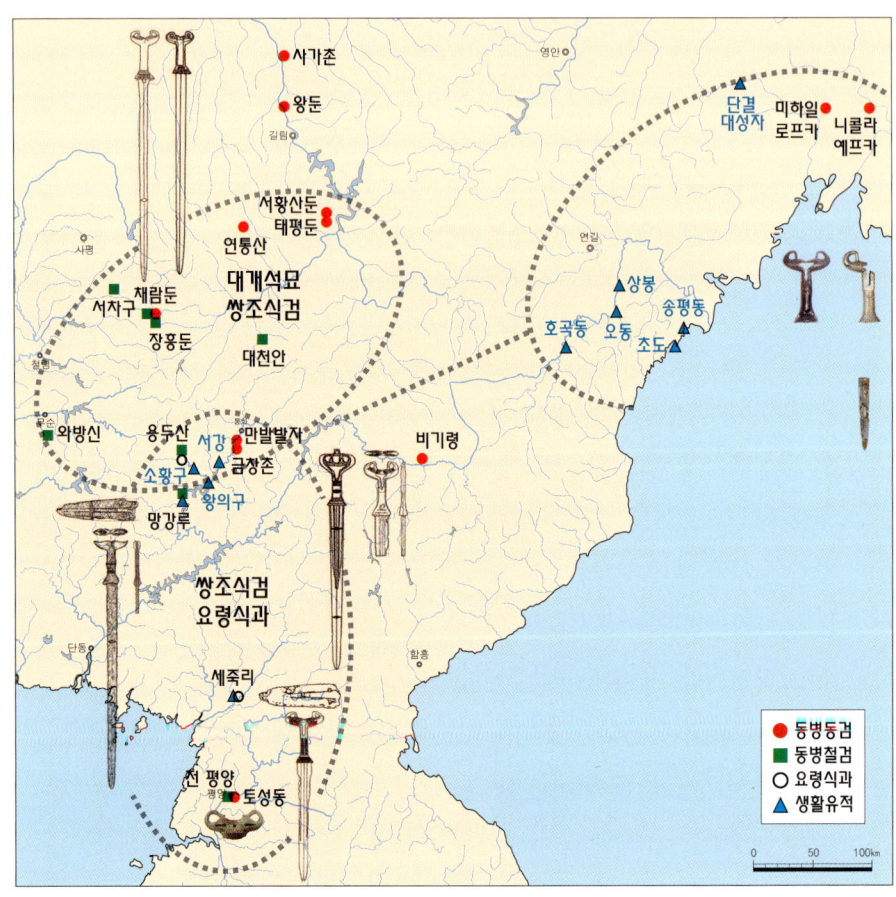

그림 16 ── 동병철검 등장 단계 청동 네트워크의 변동(요동 4기 전후)

다. 이는 혼강 유역의 청동 네트워크가 서쪽과의 관계보다 남북 관계 중심으로 재편되는 한편 동쪽과의 관계 역시 확대 또는 강화되었음을 반영하는 것이라고 생각된다.

먼저 혼강 유역에서 세형동검문화를 대신하여 철기문화가 정착하는 과정은 전국시대 말~서한 초 이후 철부류가 널리 확인되고, 이후 환인-

통화 일대에서 철촉 등이, 신빈~영변 일대에서 철과, 동병철검 등이 등장하는 것을 통해 짐작하여 볼 수 있다. 또한 환인-통화 일대에는 휘발하유역권(청원 임가보, 동풍 석대망 등)과 관련되는 종상파수가 달린 쌍이관과 배신돌기가 특징적인 장각두형토기 등의 토기류가 보이는데,[32] 이는 쌍조형동검·철검 등과 함께 혼강 유역과 휘발하 유역의 교류 관계가 이전보다 강화되었음을 보여준다(그림 17).

다음으로 혼강 유역의 세형동검문화에서 주목되는 것이 두만강~연해주로의 물질문화 교류 관계이다. 과거부터 길림-요동 지역과 관련되는 세형동모, 다뉴동경 등의 청동유물(이즈웨스토프카)이 확인되어 주목되었는데, 최근에는 쌍조형동검(미하일로프카, 니콜라예프카) 등이 주목되고 있다.[33] 다만 세형동모가 혼강 유역과 직접 관련되는 것인지는 현재로는 판단하기 어렵다고 할 수 있다. 쌍조형동검은 영길 왕둔 출토품의 다음 단계이자 평양 토성동 486호묘 출토품에 선행하는 기원전 2세기대 자료이다(그림 12). 이와 같은 것은 검병 형식으로 보아 혼강 유역이나 혼강~대동강권의 청동 네트워크와 관련되는 것일 가능성이 높다. 또한 환인-통화 일대에는 두만강 유역을 대표하는 토기류로 한국 중부 지역의 '중도유형'과도 관련되는 파수부내만구연발이 보이는데, 이는 혼강 유역과 두만강~연해주 지역의 교류 네트워크가 더욱 강화되었음을 보여준다(그림 17).

혼강 유역에서 세형동검문화가 쇠퇴하고 한대 철기문화가 정착하는 것은 결국 고구려가 형성되는 과정이라 할 수 있다. 다만 이는 고조선의 네트워크 하에 포함되어 있었다가 점차 이탈하여 다른 지역과의 독자적인 네트워크를 구축하는 등의 다변화된 성장 전략을 추구했던 혼강 유역 정치체의 일단면을 보여주는 것이라고 생각된다. 이는 역사적

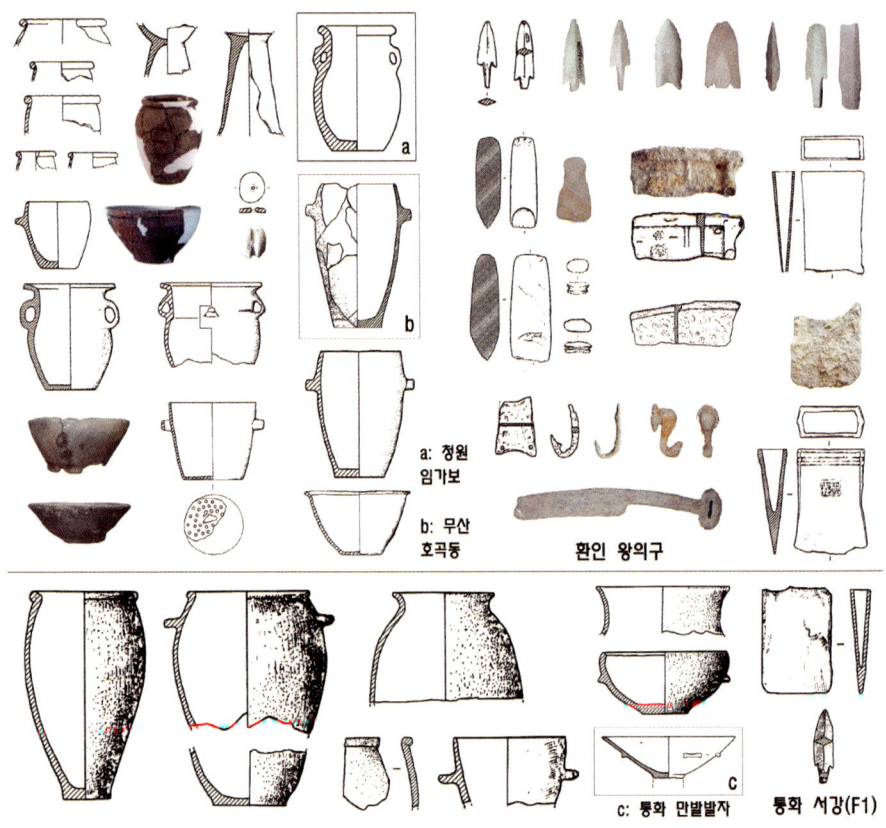

그림 17 ── 혼강 유역(환인-통화 일대) 주요 취락 출토 유물(요동 4기 전후)

인 맥락에서 보면 중국 군현의 확장이나 교섭 강화, 부여-옥저문화와의 교류 증대 등과 밀접하게 관련되는 것일 가능성이 높다.

역사적인 맥락으로 보면, 요동 1~2기의 세형동검문화가 천산산맥에서 혼강 유역으로 확산되는 것은 연국의 요동 진출 과정과도 무관하지 않다. 이때 천산산맥 일대를 기준으로 전국시대 연나라 계통의 물질문화는 대개 그 이서 지역에만 분포하며, 토착 세형동검문화는 주로 그 이동 지역에서 유행하는 것이 근거이다.[34] 이에 비해 요동 3~4기의 천산산맥 중심부가 세형동검문화 범위에서 탈락하고 압록강변에서 중원계통 유적이나 청동유물이 급증하는 것은 전국시대 말~서한 초 이후 유이민과 토착민의 상호작용이나 군현과의 교섭·교류 관계가 증대되는 것을 반영한다. 이와 관련되는 화폐 사용으로 인한 교역 증대는 정치체의 성장 배경으로 작용하였다고 생각된다.[35]

또한 혼강 유역과 주변 지역의 네트워크가 일변하는 것은 요동군의 압록강변 확장이나 창해군의 치폐 등과 연동하여 혼강 유역 집단들과 서한 군현과의 관계 변화를 반영한다. 한대 요동군의 물질문화가 천산산맥을 넘어 봉성-단동 일대까지 확인되는 것은 기원전 2세기대 어느 시점부터 압록강의 하류변이 군현 관할 지역으로 편입되었음을 보여주는 것일 수도 있다. 이와 함께 위만조선을 통제하기 위해 설치하였다는 창해군에 혼강 유역이나 부이강과 그 주변 교통로가 포함됐을 가능성이 높은 점을 고려하면,[36] 혼강 유역의 일부 지역은 이전까지 고조선의 영향력이 미친 지역으로 보는 것이 타당하다.

이때 혼강 유역에는 환인-통화 일대를 중심으로 유적군이 형성되는 것이 주목된다. 통화 서강촌과 환인 왕의구를 비롯하여 부이강과 그 주변에서 유적들이 밀집되는 것은 지역집단이 통합되는 과정을 반영한다. 혼강 유역 정치체는 요동군을 통한 한대 철기문화와는 물론 길림지역의 서황산둔-보산문화 및 연해주지역의 단결-크로우노프카문화와 네트워크를 구축하며 자신들의 성장 기반으로 활용하였다고 생각된다. 다만 이와 같은 것은 요동 4기를 전후하여 확인되는 양상임을 다시 한번 강조한다. 혼강 유역은 이때부터 고구려의 기층문화로 재편되었다고 생각된다.

## 혼강 유역의 세형동검문화와 고조선-고구려

혼강 유역의 청동단검문화 유적들은 대개 무덤유적인데, 매납유적 등도 적지 않게 확인된다. 무덤에는 석축묘제가 발달하여 석관묘와 대개 석묘가 주로 축조되나, 집안-장백 일대와는 달리 환인-통화 일대에는 토광묘도 적지 않게 확인된다. 특히 통화 만발발자 유적에는 특이하게 다장토광묘를 비롯하여 토광묘가 다수 확인되는 것이 특징이다. 또한 출토 유물에도 비파형동검문화 단계에는 주로 토기류와 석기류가 보이지만, 세형동검문화 단계에는 청동유물의 비중이 증가하는 한편, 중원계통 유물들이 혼재하는 것이 특징이다. 통화 만발발자 유적의 양상 역시 이와 유사한데, 다만 금속유물의 양이 적고 구성 역시 빈약하여 상위 유적으로 보기 힘든 면이 있다.

혼강 유역의 물질문화가 세형동검문화 단계부터 보편성과 특수성이 증가하고, 출토 유물 간의 차별성이 확인되는 것은 정치체의 본격적인 형성과도 깊이 연관된다. 특히 '동검-동과-동모'의 청동무기 조합체계와 다뉴동경의 의례 체계가 일부 확인되는 것은 혼강~압록강변 일대 정치체가 일정 수준으로 성장하였음을 보여주는 것이라고 생각된다. 다만 청동유물의 종류와 수량이 한정되어 현재 자료로는 처음부터 중심적인 위치를 차지하고 있었다고 볼 수 없다.

혼강 유역의 세형동검문화는 청동유물 조합이나 중원계통 유물들의 공반 관계를 고려하여 4단계의 변천 과정으로 구분하여 볼 수 있다. 크게 보면 이른 시기(요동 1~2기)와 늦은 시기(요동 3~4기)의 금속유물 조합이나 이와 관련되는 교류 네트워크가 일변하는 양상으로 볼 때, 주변 사회와의 관계 역시 이전과는 달라지기 시작하였다고 생각된다. 처음에는 단동-관전 일대를 중심으로 천산산맥 일대와 관련되는 청동무기와 청동의기를 반출하는 무덤유적이 집중되었으나, 나중에는 환인-통화 일대를 중심으로 취락유적이 집중되는 한편 동요하 상류~휘발하 유역 또는 두만강~연해주 지역과 관련되는 유물들이 출토되고 있어 청동 네트워크가 일변하였음을 알 수 있다.

이른 시기(요동 1~2기)에는 천산산맥 일대와 같은 문화권(상보촌유형)을 형성하여 두 지역 간의 네트워크가 증대·강화된다. 별주식의 세형동검으로 대표되는 청동무기와 다뉴동경, 선형동부 등의 청동유물이나 점토대토기문화의 토기류가 주목된다. 이후 늦은 시기(요동 3~4기)에는 주변 문화와의 교류 관계가 증가하여 중국 군현이나 길림 지역(서황산둔-보산문화) 및 연해주 지역(단결-크로우노프카문화)과 네트워크가 확대·강화된다. 중원계통 청동유물이나 철기 등이 증가하고, 길림 지역과 관련되는 합주식의 쌍조형동검이나 재지적인 철과·철촉 등의 철제무기가 처음으로 확인되며, 배신돌기부 장각두형토기와 주상파수부 내만구연발형토기 등의 외부 토기류도 전해진다.

이와 같은 세형동검문화의 전개 과정에는 고조선의 네트워크 하에 포함되어 있던 정치체가 요동군이 확장되고 부여-옥저문화가 확산되는 때를 이용하여 점차 이탈하여 독자적인 성장 전략을 추구했던 모습들이 반영되어 있다. 창해군의 치폐 과정은 서한 무제시기 위만조선과 그 주변부에 대한 한의 세계 전략 뿐만 아니라 고구려나 옥저 같은 예맥세력 간의 정치경제 네트워크 변화 측면에서 이해해야 할 필요성도 있다.

## 주

1. 吉林省文物考古硏究所·通化市文物管理辦公室 編著, 2019,『通化 萬發撥子遺址 考古發掘 寶庫』, 科學出版社; 遼寧省文物考古硏究所 編著, 2004, 『五女山城』, 文物出版社.

2. 姜仁旭, 2018a,「초기 고조선 네트워크의 형성과 비파형동검문화」,『한국고고학보』 106, 韓國考古學會; 김상민, 2018,「東北아시아 鐵器文化의 擴散과 古朝鮮」,『한국고고학보』 107, 한국고고학회; 이후석, 2014,「요동~서북한지역의 세형동검문화와 고조선」,『동북아역사논총』 44, 동북아역사재단; 조진선, 2014,「중국 동북지역의 청동기문화와 고조선의 위치 변동」,『동양학』 56, 단국대학교 동양학연구원.

3. 이후석, 2017,「상보촌유형의 변천과 성격」,『고고학』 16-2, 중부고고학회.

4. 이후석, 2014,「요동~서북한지역의 세형동검문화와 고조선」,『동북아역사논총』 44, 동북아역사재단.

5. 國家文物局 主編, 2001,「吉林通化萬撥拔子遺址」,『1999 中國重要考古發現』, 文物出版社; 吉林省文物考古硏究所·通化市文物管理辦公室 編著, 2019,『通化 萬發撥子遺址 考古發掘 寶庫』, 科學出版社.

6. 이후석, 2017,「상보촌유형의 변천과 성격」,『고고학』 16-2, 중부고고학회.

7. 滿承志, 1987,「通化縣小都嶺出土大批石范」,『博物館研究』 1987-3.

8. 後藤直, 2007,「東北アジアにおける使用濟み鑄型の及いと鑄型埋納」,『韓半島の靑銅器製作技術と東アジアの古鏡』, 國立慶州博物館·奈良縣立橿原考古學硏究所·アジア鑄造技術史學會.

9. 范犁, 1997,「高句麗先人經歷過銅期時代」,『博物館研究』 1997-2.

10. 蘇輝, 2013,『秦三晋紀年兵器研究』, 上海古籍出版社.

11. 遼寧省文物局 編著, 2017,『遼寧省燕秦漢長城資源調査報告』, 文物出版社.

12. 張福有·孫仁杰·遲勇, 2007,「長白山南麓積壇調査淸理與考證」,『東北史地』 2007-1.

13. 許玉林·王連春, 1983,「遼寧寬甸縣發現秦石邑戈」,『考古與文物』 1983-3.

14　李成珪, 1982,「戰國時代 官營産業의 構造와 性格」,『東方學志』30, 延世大學校 國學研究所.

15　金旭東, 2015,「中國境內鴨綠江流域兩漢時期遺址的文化性質與年代研究」,『慶祝魏存成先生七十歲論文集』, 科學出版社.

16　오강원, 2005,「오녀산과 환인지역의 청동기문화와 사회」,『北方史論叢』3, 高句麗研究財團.

17　이후석, 2017,「상보촌유형의 변천과 성격」,『고고학』16-2, 중부고고학회.

18　이외에도 유적에서 동검용범, 동부용범 등이 출토되었다고 하였으나, 보고서에서는 누락되어 그 전모를 알 수 없는 상황이다.

19　이후석, 2020,「정가와자유형 네트워크의 확산과 상호작용」,『白山學報』118, 白山學會.

20　范犁, 1997,「高句麗先人經歷過銅期時代」,『博物館研究』1997-2; 本溪市博物館 編, 2011,『本溪文物集萃』, 遼寧美術出版社.

21　오강원, 2004,「萬發撥子를 통하여 본 通化地域 先原史文化의 展開와 初期 高句麗文化의 形成過程」,『北方史論叢』창간호, 高句麗研究財團; 오강원, 2005,「오녀산과 환인지역의 청동기문화와 사회」,『北方史論叢』3, 高句麗研究財團.

22　이후석, 2014,「요동~서북한지역의 세형동검문화와 고조선」,『동북아역사논총』44, 동북아역사재단; 조진선, 2014,「중국 동북지역의 청동기문화와 고조선의 위치 변동」,『동양학』56, 단국대학교 동양학연구원.

23　강현숙, 1999,「高句麗 積石塚의 登場에 대하여」,『京畿史學』3, 경기대학교 사학회; 여호규, 2011,「高句麗 초기 積石墓의 기원과 築造集團의 계통」,『역사문화연구』39, 한국외국어대학교 역사문화연구소; 吳江原, 2012,「高句麗 初期 積石墓의 出現과 形成 過程」,『高句麗渤海研究』43, 고구려발해학회.

24　姜仁旭, 2018a,「초기 고조선 네트워크의 형성과 비파형동검문화」,『한국고고학보』106, 韓國考古學會; 김상민, 2018,「東北아시아 鐵器文化의 擴散과 古朝鮮」,『한국고고학보』107, 한국고고학회; 박선미, 2009,『고조선과 동북아의 고대 화폐』, 학연문화사; 이후석, 2014,「요동~서북한지역의 세형동검문화와 고조선」,『동북아역사논총』44, 동북아역사재단; 조진선, 2014,「중국 동북지역의 청동기문화와 고조선의 위치 변동」,『동양학』56, 단국대학교 동

양학연구원.

25  이후석, 2017, 「상보촌유형의 변천과 성격」, 『고고학』 16-2, 중부고고학회.
26  이후석, 2014, 「요동~서북한지역의 세형동검문화와 고조선」, 『동북아역사논총』 44, 동북아역사재단.
27  이후석, 2014, 「요동~서북한지역의 세형동검문화와 고조선」, 『동북아역사논총』 44, 동북아역사재단; 조진선, 2020, 「청동기~초기철기시대의 무기조합과 전쟁유형·사회유형」, 『한국고고학보』 115, 한국고고학회.
28  이양수, 2010, 「銅鏡의 登場과 社會의 變化」, 『청동거울과 고대사회』, 복천박물관; 李淸圭, 1999, 「東北亞地域의 多鈕鏡과 그 副葬墓에 대하여」, 『韓國考古學報』 40, 한국고고학회.
29  姜仁旭, 2018a, 「초기 고조선 네트워크의 형성과 비파형동검문화」, 『한국고고학보』 106, 韓國考古學會; 이청규, 2015, 「다뉴경과 고조선」, 단국대학교 동양학연구원 편, 단국대학교출판부; 이후석, 2020, 「정가와자유형 네트워크의 확산과 상호작용」, 『白山學報』 118, 白山學會.
30  이청규, 2014, 「요동~서북한지역의 초기철기문화와 위만조선」, 『동북아역사논총』 44, 동북아역사재단; 이후석, 2014, 「요동~서북한지역의 세형동검문화와 고조선」, 『동북아역사논총』 44, 동북아역사재단; 조진선, 2014, 「중국 동북지역의 청동기문화와 고조선의 위치 변동」, 『동양학』 56, 단국대학교 동양학연구원.
31  이후석, 2017, 「상보촌유형의 변천과 성격」, 『고고학』 16-2, 중부고고학회.
32  金旭東, 2015, 「中國境內鴨綠江流域兩漢時期遺址的文化性質與年代研究」, 『慶祝魏存成先生七十歲論文集』, 科學出版社.
33  강인욱, 2018b, 「기원전 4~3세기 초기 옥저문화권의 성장과 대외교류」, 『한국상고사학보』 99, 한국상고사학회.
34  이후석, 2017, 「상보촌유형의 변천과 성격」, 『고고학』 16-2, 중부고고학회.
35  박선미, 2009, 『고조선과 동북아의 고대 화폐』, 학연문화사.
36  윤용구, 2011, 「소자하 유역의 중국군현과 교통로」, 『한중관계사상의 교통로와 거점』, 동북아역사재단.

# 만발발자 유적 철기를 통해 본 초기 고구려 철기문화의 등장 배경

## 후기 고조선과 초기 고구려의 철기문화는 같은 맥락 속에 이어지는가

요동(遼東) 지역 철기문화는 전국시대 연(燕)나라 철기의 유입과 함께 점진적인 발전을 거친다. 요동 지역 내 유행하던 현지의 청동제 무기와 연나라의 철제 농공구가 공반되는 양상을 띠지만, 이후 한(漢)나라 문물의 등장과 함께 철제 농공구의 지역 내 변형, 철제 무기류의 등장이 이루어진다. 이는 전한대(前漢代)에 설치된 군치소(郡治所)를 중심으로 한 철기 생산과 지역 거점 단위의 유통을 의미한다. 그럼에도 동시기 천산산맥(千山山脈)의 동쪽인 압록강 유역의 철기는 독자적 형태의 존재, 연나라 계통(燕系) 철기의 변형 등 지역성이 뚜렷해진다.[1] 이같은 현상은 전한대 이후 요동 지역 내 다양한 토착 집단에 의해 철기를 생산하려는 시도가 있다는 것을 알려주며, 시중 노남리·중강 토성리 유적에서 보이는 철기 생산과 관련된 흔적은 그 사례일 수 있다.

그동안 요동 지역 철기문화는 이른바 '세죽리-연화보유형' 속 연나라 철기의 등장과 전개라는 해석이 지배적이었다. 반면 앞서 언급한 것처럼 요동 지역 내 철기문화의 현지화와 지역성, 다양성이라는 관점에서 접근하는 것도 필요하다. 여기서는 요동 지역의 철기문화를 지역성과 다양성을 중심으로 바라보자.

요동 지역 철기문화의 지역성에 대한 연구 가운데 후기 고조선~초기 고구려 철기문화에 대한 고고학적 고찰은 아직 미진하다. 필자 역시 동북아시아 초기철기문화에 대한 연구를 진행하고 있음에도 기원전 2~기원전 1세기 요동 지역의 현지 세력 중 하나인 부여, 초기 고구려 철기문화에 대해서는 구체적으로 다루지 못하였다. 그것은 필자의 역량 부족에 의한 것이기도 하지만, 현재까지 보고된 자료만으로는 초기 고구려 물질 자료의 특징을 도출하기에 자료적 한계가 분명하였다. 기원전 1세기~기원후 3세기대 고구려의 철기 양상이 불투명하다는 이남규의 지적[2]처럼 고조선 후기와 초기 고구려를 연결해주는 자료의 공백이 있었다. 이로 인해 비교적 상세히 보고된 국내성, 오녀산성 등에서 보이는 3~4세기대 철기 양상과 남한 내에서 출토된 고구려 유적과 비교하여 고구려 철기문화를 추정하는 연구가 진행되었다.[3]

한편 북한 학계의 경우 일찍부터 고조선에서 고구려로 이어지는 철기문화의 특징을 살피려는 노력이 진행되었다. 정백운은 한반도 전역을 대상으로 고고학 자료라는 관점에서 전반적인 철기류를 집성하였다. 또한 한반도 철기문화의 기원이 중국 전국시대까지 올라간다는 점을 지적하였다.[4] 이후의 북한 고고학 연구가 이데올로기적 관점에서 시기를 상향하는 방향으로 선회하였다는 점을 고려할 때, 정백운의 연구는 비교적 객관적인 시각이었다. 이러한 연구 경향은 사회과학원고고학연구소에서 출판한 고고학 개론서인 『조선고고학개요』에서도 확인된다.[5] 여기서는 한반도 철기의 사용 시기를 기원전 5~기원전 4세기로 설정하고 있으나 그 근거는 명확하지 않다. 그중에서도 주목되는 연구가 황기덕의 성과이다. 황기덕은 당시까지 철기가 출토된 유적의 시기를 검토함으로써 철기의 사용 개시기를 상향하였다.[6] 유적과 각 층위를 '호곡 5층-호곡 6층-세죽리 상층-노남·토성리 상층-호곡 7층' 순으로 나열하고, 호곡 5층의 시기를 기원전 8~기원전 7세기까지 상향하였다(그림 1). 그럼에도 두만강 유역의 호곡 유적 5층의 시기를 상향하는 것에 비해 압록강 유역의 세죽리 유적과 노남리·토성리 유적의 시기는 비교적 안정적으로 비정하였다. 이처럼 1960년대 이후 북한 연구자들이 철기의 유입과 사용 시기를 더욱 상향하려는 연구 경향을 띠고 있음에도, 압록강 중하류역의 유적을 대상으로는 시기의 편차가 크지 않다. 이것은 후기 고조선과 초기 고구려를 의식한 것이 아닐까 싶다. 압록강, 독로강 유역의 발굴조사를 통해 확인한 시중 노남리, 중강 토성리 유적의 조사에 대한 소개[7]에서 고구려 성립기의 제철 기술과 관련성을 언급한 것도 같은 맥락으로 여겨진다.

한편, 앞서 언급된 통화 만발발자 유적은 후기 고조선~초기 고구려 철기문

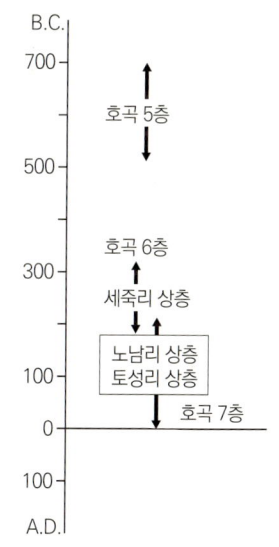

**그림 1** —— 황기덕의 유적 편년표
(小田富士雄 외, 1983 수정)

화의 가설적 연구를 해결할 수 있는 철기 자료를 다수 포함하고 있다. 특히 서쪽 구역에 해당하는 1구역에서 출토된 철기와 관련 유물의 형식학적 분석과 층위별 검증 및 동쪽 구역에서 확인된 적석묘 계통인 99ⅣTWM29와 99TWM41 내 부장된 철기의 비교 분석은, 고조선 후기와 조기 고구려 철기문화의 연관성을 추정하는 근거가 될 수 있다.

따라서 만발발자 유적의 철기류와 일괄 자료를 검토하고, 이중 다수를 차지하는 화살촉을 살펴보도록 하자. 석제 화살촉[이하 '석촉(石鏃)']에서 철제 화살촉[이하 '철촉(鐵鏃)']으로의 재질 변화와 동시에 나타나는 형식학적 변화상을 알아보고 그 시간성을 도출해 보자. 또한 무덤에 부장된 철기류의 특징을 살피며, 요하(遼河)의 동쪽인 천산산맥과 압록강 일대의 주변 유적에서 출토된 철기류와의 비교를 통해 지역 간의 관계성을 추정해 보도록 하겠다. 이 글에서 주로 다루는 유적은 〈그림 2〉와 같다. 이를 통해 후기 고조선과 초기 고구려 철기문화의 독자적 발전 과정의 추이를 살펴 볼 수 있기를 기대한다.

## 만발발자 유적 철기의 출토 양상

### 만발발자 유적 철기의 출토 현황

만발발자 유적 내 출토된 철기는 보고서의 시대 구분에 의하면, 전한 대부터 출토된다. 대개석적석묘(大蓋石積石墓)로 분류된 M41에서 주조철부편(鑄造鐵斧片), 주거지로 볼 수 있는 F4에서 주조철부가 출토되었다. 또한 1구역의 396트렌치(이하 'T○○○'으로 칭함), 2구역의 T436, 3구역의 T555, 6구역 T788의 3층과 4층에서 철촉 중심의 출토 양상이 확인된다. 이후 위진시기(魏晉時期)에 방단적석묘(方壇積石墓) 내에서 주조철부, 철촉, 철제 둥근고리환(이하 '환두부')의 부분이 부장되었으며, 수혈(竪穴)과 구상유구(溝狀遺構: 도랑 형상의 유구)인 H1과 G4 내에서 철환(鐵環: 둥근 고리 모양 철기)과 철정[鐵釘: 철로 된 못 등 봉상철기(棒狀鐵器)], 편자(蹄掌) 등이 출토되었다. 그 밖에도 1, 2, 4구역을 중심으로 2층 내 철기의 출토가 확인되는데, 철촉이 다수를 차지한다. 정(釘)으로 기술된 봉상철기와 편자의 출토가 눈에 띈다. 보고서의 시대 비정으로 본다면, 전한대~양한 교체기는 기원전 2세기에서 기원 전후, 위진시기는 기원후 3~5세기로 볼 수 있는데,[8] 주조철부가 비교적 장기간 부장되었다는 점, 철기 중에서 철촉이 다수를 차지하는 점을 특징으로 볼 수 있다. 주조철부는 모두 같은 형식으로 분류할 수 있는데, 모두 완전한 형태를 갖추기보다는 파편이거나 자루가 삽입되는 부분인 공부(銎部)와 날 부분인 인부(刃部)가 훼손된 채 출토되었다. 철촉은 비교적 다양한 평면 형태를 띠나 경부(頸部: 살대에 삽입되는 부분)가 짧은 것과 긴 것, 인부형이 유엽형(柳葉形: 버드나무잎 모양)인 것과 착두형(鑿頭形: 끌의 머리 모양)인 것이 다수이다.

**표 1** 만발발자 유적 내 철기의 출토 현황

| 구역 | 출토 위치 | 유구 | 기종 | 공반·일괄 유물 | 보고서 시대 구분 |
|---|---|---|---|---|---|
| 1 | 97TWT306② | 지층 | 철촉1 | | 위진 |
| | 97TWT335② | 지층 | 철촉1, 철추(錐)1 | 옥석제 추1, 석제 칼(石刀)1, 토제 어망추1 | 위진 |
| | 97TWT369② | 지층 | 철정(釘)1 | 청동기(銅器)1, 발형토기(鉢)2 | 위진 |
| | 97TWT399② | 지층 | 철촉1 | 청동 숟가락1, 녹각제 착(鑿)1, 숫돌1, 석부(石斧)1 | 위진 |
| | 97TWT396③ | 지층 | 철촉1 | 도잔(陶盞)1, 석제 단검(石短劍)1 | 전한~후한 |
| | 97ⅠTWH1 | 수혈 | 철환(環)1, 철정1 | 소형 관(罐)1, 토제 어망추2, 토제 구슬1, 녹각제 착1, 석제 어망추5, 석촉7, 석착1, 숫돌3 | 위진 |

| | 유구 | 유형 | 유물1 | 유물2 | 시대 |
|---|---|---|---|---|---|
| 2 | 97TWT347② | 지층 | 철촉1 | 평기와1, 현문(弦紋) 토기편1, 어망추1, 석검병(石劍柄)1 | 위진 |
| | 97TWT376② | 지층 | 철촉1 | 어망추1, 평기와1 | 위진 |
| | 97TWT436② | 지층 | 철정1 | 석부2 | 위진 |
| | 97TWT467② | 지층 | 철촉1 | 석촉2 | 위진 |
| | 97TWT499② | 지층 | 철환1 | 골추(骨錐)1, 석촉1, 어망추1, 토제 구슬1, 방추차1 | 위진 |
| | 97TWT436③ | 지층 | 철촉1 | 방추차1 | 전한~후한 |
| | 97ⅡTWF4 | 주거지 | 철부(斧)1 | 발형토기2, 어망추2, 갈판1, 석촉2, 석료(石料)1, 석병(石餠)1, 석구(石球)1, 찍개1, 석기1, 골갑편3 | 전한~후한 |
| | 97ⅡTWG4 | 구상유구 | 편자1 | 어망추29, 도식(陶飾)2, 방추차2, 도정족(陶鼎足)1, 토제 거푸집1, 석제 어망추14, 현무암 덩어리1, 석기1, 석추(石錘)1, 검파두식1, 굵개1, 석촉13, 석부3, 석제 자귀1, 석도(石刀)3, 석착1, 숫돌6, 석병2, 숫돌1, 복골(卜骨)1, 골제 비녀2, 골추10, 골제 구슬2, 이빨장식1 | 위진 |
| | 97ⅡTWH84 | 수혈 | 철정1 | 숫돌1, 토제 어망추3 | 위진 |
| 3 | 98TWT555③ | 지층 | 철촉1 | 석검1, 어망추1, 문식도편(紋飾陶片)1 | 위진 |
| | 98TWT555④ | 지층 | 철정1 | 석촉2, 어망추2, 도월형기(陶鉞形器)1, 현문 토기편1 | 전한~후한 |
| 4 | 98TWT139② | 지층 | 철촉1 | 없음 | 위진 |
| | 98TWT140② | 지층 | 철촉2, 철기2, 철정1, 슬래그1 | 문식도편1, 녹각기(鹿角器)1 | 위진 |
| | 98TWT207② | 지층 | 철촉1 | 없음 | 위진 |
| | 98TWT229② | 지층 | 철촉1 | 석촉1 | 위진 |
| | 98TWT255② | 지층 | 철촉1, 철도1 | 없음 | 위진 |
| | 98TWT256② | 지층 | 철촉2 | 없음 | 위진 |
| | 98TWT257② | 지층 | 철쇄1, 편자1, 철정1 | 도다공기(陶多孔器)1, 석제 추(활석제)1 | 위진 |
| 5 | 99TWM41 (大蓋石積石墓) | 묘장 | 철부1 | 방추차2, 석촉1, 청동기1 | 전한~후한 |
| 6 | 99TWT788③ | 지층 | 철촉1 | 석촉1 | 전한~후한 |
| | 99ⅥTWM29 (方壇積石墓) | 묘장 | 철부1, 철환1, 철촉1 | 방추차1, 연탄자(鉛彈子)2 | 위진 |
| 채집 | | | 철부1, 철검1 | | |

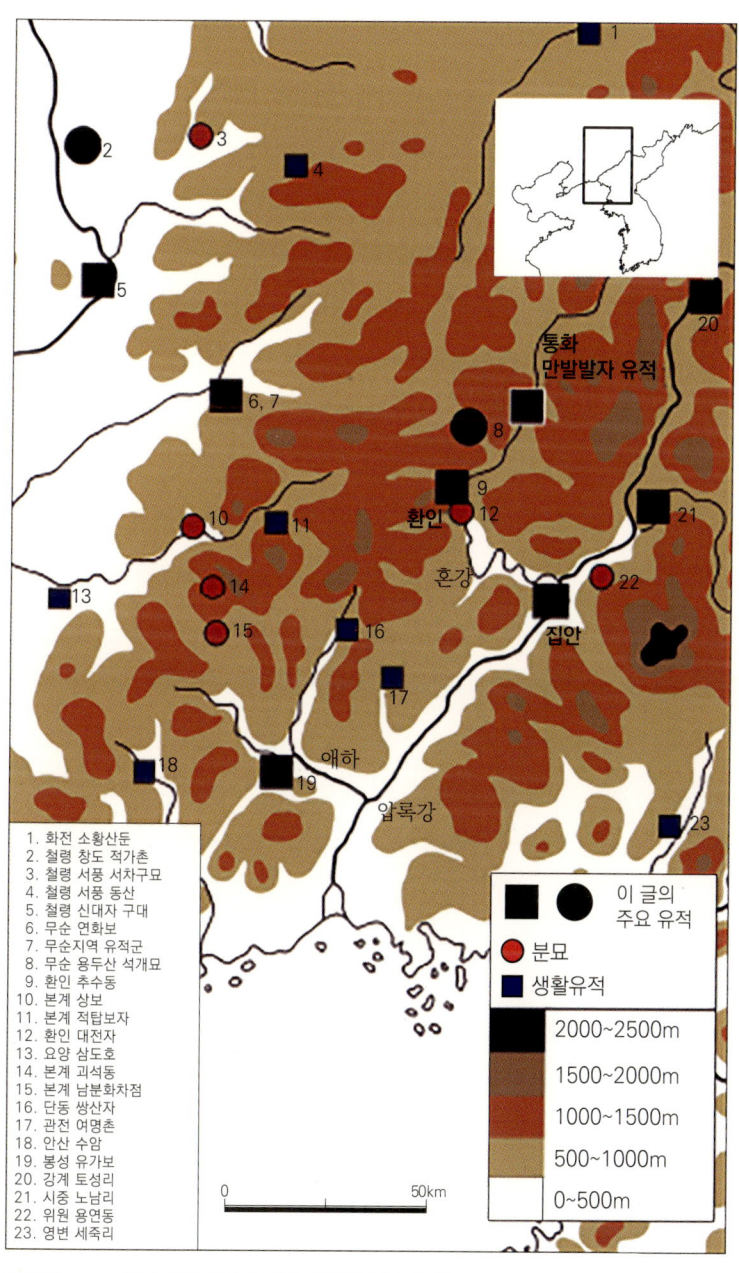

**그림 2** ─── 통화 만발발자 유적의 위치와 주요 유적

## 유구별 철기의 출토 양상

앞서 언급한 것처럼 만발발자 유적의 철기는 대부분 트렌치 내부의 문화층 내에서 출토되었다. 이로 인해 철기가 출토된 평면적 위치와 층위 등만을 확인할 수 있는 정도이다. 전반적으로 유적 내 3층과 일부의 4층이 전한~양한 교체기, 2층은 위진시기로 비정하고 있으나, 층위 간 선후 관계는 인정되지만 시기를 단정하는 근거는 제시되어 있지 않다.

유구 내 출토된 철기를 좀더 구체적으로 살펴보면, 무덤은 유적의 동쪽인 5구역과 6구역에 집중되며, 철기가 출토된 M41호와 M29호도 마찬가지이다. 대개석적석묘로 분류된 M41호는 반지하식의 매장주체부 주변으로 약 20~40cm 적석된 벽면 위에 판재의 개석을 덮은 형태로, 주조철부의 파편 및 화살대와 연결되는 경부가 없는 무경식 석촉, 청동편, 방추차가 함께 출토되었다. 반면 M29호묘의 경우 방형(方形)으로 구획된 방단적석묘로 매장 시설은 지상에 구축되어 있다. 주조철

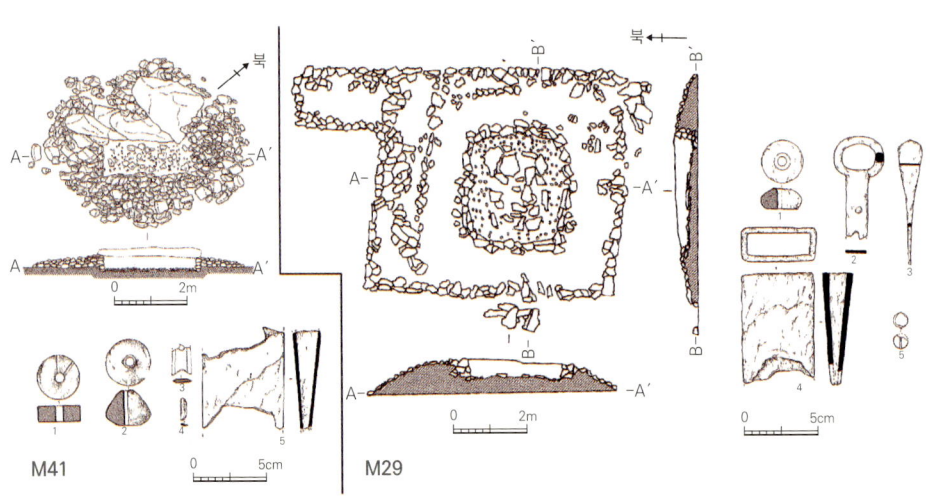

그림 3 ──── 만발발자 유적 무덤에 부장된 철기류

부와 함께 철촉, 결합식으로 보이는 철제 둥근고리 모양의 검 장식, 방추차가 함께 출토되었다. 주조철부와 철촉, 방추차가 공반되는 공통적 요소도 있지만 화살촉의 재질 변화가 주목된다. 적석묘 매장 시설의 위치와 구획성, 화살촉의 재질 변화 등을 고려하면 M41호가 M29호보다 선행한다고 보는 것이 타당할 것이다. 다만 M41에서 출토된 주조철부는 연나라의 문화적 요소로 비정하고 공반된 석촉 등의 석기를 토착 문화로 보면서도 한나라 문화와 토착 문화적 요소가 병존한다고 기술되어 있다.[9] 또한 보고서에서 비정한 시기를 그대로 인정할 것인가, 두 무덤에서 보이는 기종 구성의 특징이 비정된 시기처럼 큰 시차를 두고 있는가 하는 의문이 대두된다.

한편 수혈유구 내 철기가 출토된 사례는 F4, G4, H1이 있다. 모두 2구역에 위치하는데, F4는 전한~양한 교체기, 나머지 G4와 H1은 위진시기로 보았다. 먼저 주거지로 보이는 F4에서는 자루 삽입부, 즉 공부가 결실된 주조철부와 함께 발형토기 2점과 석촉 2점, 석검편 어망추, 재가공한 토제품이 출토되었다. 주조철부는 자루 삽입부에서 날 부분, 즉 인부까지 거의 직선으로 이어지며, 공부에서 인부의 앞쪽 끝부분[이하 '선단부(先端部)']까지 깊게 형성된 것이 특징이다. 화살대와 연결되는 경부가 없는 무경식과 경부가 있는 유경식의 석촉이 출토된다. 또한 미완성된 석검이 보이는 것으로 보아 주조철부와 같은 농공구의 철기화가 이루어진 시기에 해당하지만, 아직 지역 내 석제를 소재로 한 도구를 제작하는 시기로 여겨진다. G4와 H1, H84에서 확인된 철제품은 편자편과 철정, 철환 같은 기종이다. F4와는 다른 철기의 기종 구성을 띤다.

수혈유구 내 출토된 철기는 각각의 근거를 제시하며 시대를 비정하

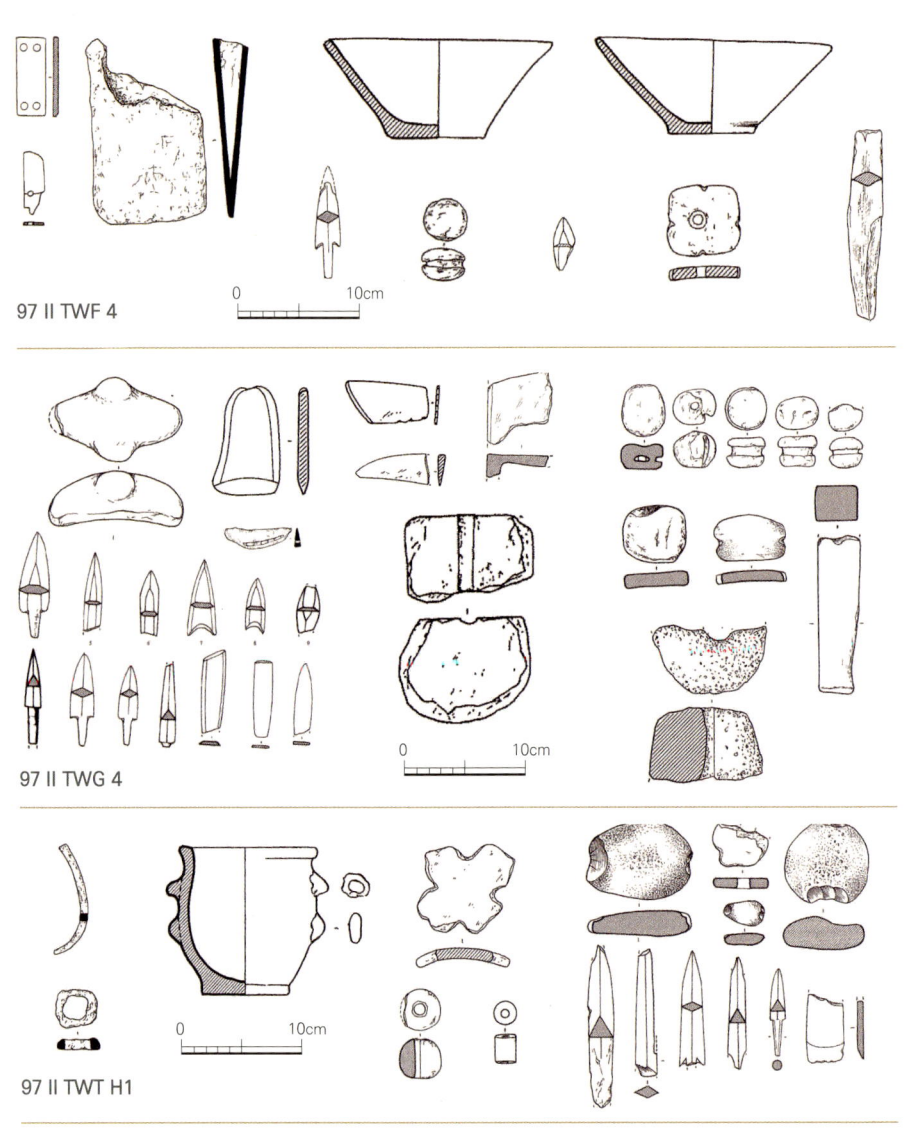

그림 4 ─── 수혈유구 내 출토 철기류

였다. F4에서 출토된 주조철부를 평면 장방형의 연나라의 양식(燕式)으로 분류하고 있음에도, 함께 출토된 골갑(骨甲)을 흑룡강성 영홍(永紅) 유적의 골갑과 비교하여 전한대로 비정하였다. G4의 철제 편자는 집안 JSZM호묘의 편자를 근거로 기원 1세기대로 보았으며, 함께 출토된 어망추를 근거로 오녀산성 4기층인 기원후 4~5세기대로 비정하였다. 또한 H1의 철정과 철환은 오녀산성 4기층과 유사하며, 한나라의 그것과는 다르다고 평가하고 있다. 그럼에도 골갑(F4)과 어망추(G4) 등을 상대 비교하여 시기를 비정한 점은 다소 설득력이 떨어진다. 골갑이 출토된 유적이 속한 문화유형이 전한대라는 점을 근거로 F4의 시기를 전한으로 비정하고 있지만, 흑룡강성이라는 원거리 문화유형과의 상대 비교라는 점에서 인정하기 어렵다. 또한 특정한 유적을 지칭하지 않은 채 어망추의 형태가 위진시기에 해당한다는 근거 역시 다소 부족하다. 앞서 언급한 수혈유구에서 함께 출토된 유물의 면면을 살펴보면, 무경식과 유경식의 철촉이 출토되는 점, 석기를 적극적으로 활용하는 점, 고식(古式)의 검 자루 끝 장식인 검파두식(劍把頭飾)과 소관(小罐)이 출토되는 점 등은 오히려 보고자가 비정한 시대에 한정하기 어려워 보인다.

## 만발발자 유적 철기문화의 시·공간적 변화

### 화살촉을 통해 본 만발발자 유적 철기의 변천 단계

가장 많이 출토된 철기는 화살촉이다. 철기와 함께 공통적으로 확인되는 석촉을 포함하여 석재에서 철재로 재질이 변화되는 시점, 화살촉의 형식 변화 등을 검토하면서 만발발자 유적 내 철기의 등장과 전개를 살펴보자. 또한 고구려 성립기 요동 지역 내에서 보이는 파편 철기의 유통과 재가공이라는 관점에서 주조철부도 함께 재검토해보자.

### 화살촉의 분류와 변화 양상

이번에 보고된 만발발자 유적 내 출토된 철촉 및 철기류와 함께 출토되었거나 같은 층위로 보고된 석촉을 포함한 화살촉을 분류하여 형식 변화를 살펴보았다. 먼저 재질로 석제품과 철제품으로 대별한 후 화살대와 연결되는 경부의 유무 및 길이에 따라 세분할 수 있다.[10] 이를 정리하면 〈표 2〉와 같다.

선행 연구에서 지적된 경부의 유무에 따라 경부가 없는 철촉[이하 '무경촉(無頸鏃)']에서 경부가 있는 철촉[이하 '유경촉(有頸鏃)']으로 변화하는 석촉의 변화 양상[11]이나 경부의 길이가 짧은 철촉(이하 '단경촉')에서 긴 철촉(이하 '장경촉')으로 변화하는 철촉의 양상[12]을 참고하면, '무경석촉→단경석촉→단경철촉→장경철촉'으로 변화되는 것을 추정할 수 있다. 단경석촉1과 2는 유엽형의 평면에 마름모의 단면형을 띠는 것이 다수를 차지하는데, 단경철촉 역시 동일한 특징의 촉신부(鏃身部)가 다수이다. 또한 단경석촉2와 단경철촉은 크기의 차이 없이 재질만 변화하는 듯한 양상을 띤다. 물론 단경철촉의 촉신 중에는 유엽형과

**표 2** 만발발자 유적 출토 화살촉의 분류

| 분류 | | 기준 |
|---|---|---|
| 석촉 | 무경석촉 | 촉신의 길이가 5cm 이하의 경부가 없는 것 |
| | 단경석촉1 | 전체 길이가 5cm 내외로, 경부 길이가 2cm 이하인 것 |
| | 단경석촉2 | 전체 길이가 8cm 내외로, 경부 길이가 2~4cm 내외인 것 |
| 철촉 | 단경철촉 | 전체 길이가 6~8cm 내외이며, 경부 길이가 2~4cm 내외인 것 |
| | 장경철촉 | 전체 길이가 8cm 이상이며, 경부 길이가 5cm 이상인 것 |

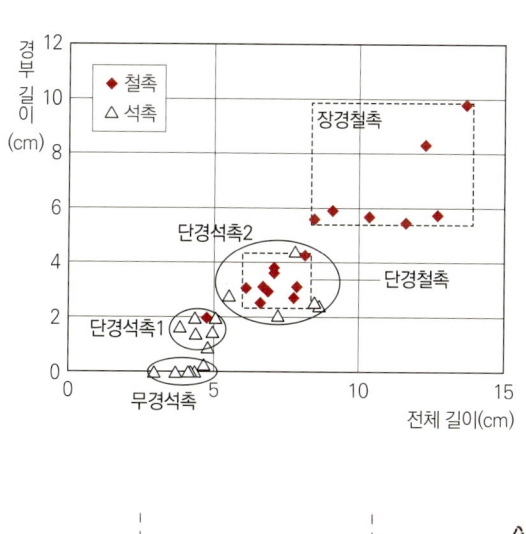

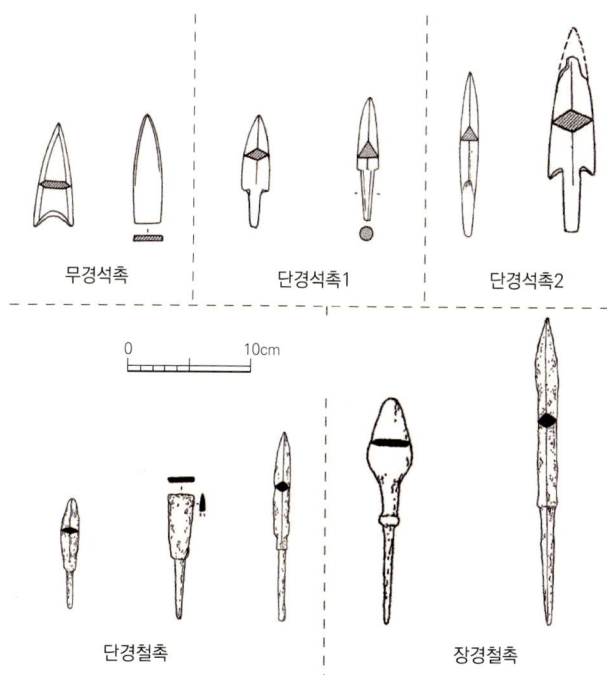

**그림 5** ──── 만발발자 유적 출토 화살촉의 분류

함께 착두형이라는, 석촉에서 보이지 않은 형태가 등장하며 목이 길어지면서 다양한 촉신의 속성을 드러낸다. 다양한 촉신부 속성은 장경화된 철촉에서 주로 나타나는 현상으로, 단경촉의 경우 석촉의 외형적 속성을 유지하였음을 알 수 있다.

**표 3** 만발발자 유적 출토 화살촉의 현황

| 재질 | 연번 | 출토 위치 보고번호 | 길이 | | | 형태 | | 분류 |
|---|---|---|---|---|---|---|---|---|
| | | | 전장 | 경부 | 촉신부 | 평면형 | 단면형 | |
| 석촉 | 1 | 97ⅡTWG4:5 | 3 | 0 | 3 | 역자형 | 육각 | 무경석촉 |
| | 2 | 97ⅡTWG4:35 | 3.7 | 0 | 3.7 | 역자형 | 육각 | |
| | 3 | 97ⅡTWG4:74 | 4.2 | 0 | 4.2 | 역자형 | 육각 | |
| | 4 | 97ⅡTWG4:57 | 4.3 | 0 | 4.3 | 유엽형 | 편평 | |
| | 5 | 97TWT499②:17 | 4.4 | 0 | 4.4 | 유엽형 | 편평 | |
| | 6 | 97ⅡTWG4:51 | 4.7 | 0.25 | 4.25 | 유엽형 | 삼각 | 단경석촉 1 |
| | 7 | 99TWT788③:1 | 4.8 | 0.91 | 4.25 | 유엽형 | 마름모 | |
| | 8 | 97ⅡTWG4:75 | 4.4 | 1.37 | 3 | 유엽형 | 마름모 | |
| | 9 | 97ⅡTWG4:77 | 5 | 1.5 | 3.5 | 유엽형 | 마름모 | |
| | 10 | 98TWT555④:19 | 3.9 | 1.63 | 2.36 | 유엽형 | 마름모 | |
| | 11 | 97ⅠTWH1:14 | 4.4 | 1.98 | 2.88 | 유엽형 | 삼각 | |
| | 12 | 97ⅡTWG4:10 | 5.1 | 2 | 3.18 | 유엽형 | 삼각 | |
| | 13 | 97TWT467②:13 | 7.2 | 2.1 | 8.8 | 유엽형 | 마름모 | 단경석촉 2 |
| | 14 | 97ⅠTWH1:27 | 8.7 | 2.4 | 7.26 | 유엽형 | 삼각 | |
| | 15 | 98TWT555④:9 | 8.5 | 2.54 | 6 | 유엽형 | 삼각 | |
| | 16 | 97ⅡTWF4:3 | 5.5 | 2.8 | 2 | 유엽형 | 마름모 | |
| | 17 | 97TWT467②:12 | 8 | 4.4 | 7.6 | 역자형 | 육각 | |
| 철촉 | 1 | 98TWT140②:2 | 4.8 | 1.9 | 3.2 | 착두형 | 편평 | 단경철촉 |
| | 2 | 98TWT255②:2 | 6.1 | 3 | 3.3 | 착두형 | 편평 | |
| | 3 | 97TWT306②:4 | 6.6 | 2.5 | 3.83 | 유엽형 | 마름모 | |
| | 4 | 97TWT399②:18 | 6.7 | 3 | 3.7 | 유엽형 | 마름모 | |
| | 5 | 97TWT396③:4 | 6.8 | 2.9 | 3.8 | 유엽형 | 마름모 | |
| | 6 | 98TWT229②:2 | 7.1 | 3.6 | 4 | 유엽형 | 편평 | |

| 재질 | 연번 | 출토 위치 보고번호 | 길이 | | | 형태 | | 분류 |
|---|---|---|---|---|---|---|---|---|
| | | | 전장 | 경부 | 촉신부 | 평면형 | 단면형 | |
| 철촉 | 7 | 98TWT140②;1 | 7.1 | 3.7 | 3.8 | 유엽형 | 마름모 | 단경철촉 |
| | 8 | 98TWT207②;1 | 7.1 | 3.8 | 3.7 | 유엽형 | 마름모 | |
| | 9 | 98TWT256②;1 | 7.8 | 2.66 | 5.55 | 착두형 | 편평 | |
| | 10 | 97TWT347②;2 | 7.9 | 3.1 | 4.6 | 유엽형 | 마름모 | |
| | 11 | 97TWT335②;9 | 8.2 | 4.2 | 3.8 | 유엽형 | 마름모 | |
| | 12 | 99TWT788③;4 | 8.5 | 5.6 | 3 | 능형 | 편평 | |
| | 13 | 98TWT256②;2 | 9.1 | 4.9 | 4.2 | 유엽형 | 마름모 | 장경철촉 |
| | 14 | 98TWT139②;3 | 9.2 | 5.9 | 3.8 | 추형 | 마름모 | |
| | 15 | 99VITWM29;2 | 10.3 | 5.57 | 4.42 | 능형 | 편평 | |
| | 16 | 97TWT436③;3 | 11.7 | 5.3 | 6.4 | 추형 | 마름모 | |
| | 17 | 97TWT376②;35 | 12.3 | 8.25 | 4 | 능형 | 편평 | |
| | 18 | 97TWT467②;14 | 12.9 | 5.75 | 7.12 | 추형 | 마름모 | |
| | 19 | 98TWT555③;11 | 13.7 | 9.75 | 4.25 | 착두형 | 편평 | |

화살촉의 변화에 따른 철기문화의 획기와 편년

앞서 언급한 것처럼 석촉은 무경식에서 유경식으로 변화가 상정되지만, 유구와 층위에서 보이는 석촉의 일괄성은 '무경+단경1', '무경+단경2', '단경1+단경2'의 조합으로 뚜렷한 형식 변화를 보여주지 않는다. 그럼에도 만발발자 유적 내에서 출토된 석촉은 97TWT467 2층 출토품과 99TWT788 3층의 사례를 제외하고 철촉과 공반되는 사례가 확인되지 않는다. 이것은 석촉에서 철촉으로 대체되는 현상을 보여주는 근거이기도 하다. 반면 연나라 계통의 주조철부, 철정으로 명기된 봉상의 철기, 편자 등과 함께 출토되거나, 석촉은 대부분 석부나 석착 등의 농공구류와 조합되는 양상을 보인다. H1 내에서 함께 출토된 여러 개의 귀가 달린 호[이하 '다이관(多耳罐)']는 M55의 귀 달린 호[이하 '이관(耳罐)'], M20의 다이관과 비교되며, F4의 소형 발형토기[이하 '소발(小鉢)']

는 M4, M20의 그것과 유사하다. 공반된 토기와 유사성을 보인 M4, M20, M55는 보고서에서 춘추전국시대(春秋戰國時代)의 무덤으로 설정되는데, 석착(石鑿: 석제의 끌) 등의 농공구류가 부장되는 양상이 동일하다. 따라서 석촉과 철기가 공반되는 유구와 층위는 유적 내 가장 이른 단계의 철기문화로 볼 수 있다.

　석촉이 철촉으로 대체되면서 이후 만발발자 유적 내에서 보이는 철기류의 주요 기종은 철촉으로 분명해진다. 단경촉은 유엽형의 평면에 마름모형의 단면을 띠는 촉신부로 획일화된 점이 눈에 띈다. 주조제 철제품 및 봉상철기 등 앞서 보이던 철기류는 거의 보이지 않는다. 함께 출토된 석기 역시 석검이 출토되는 점을 특징으로 한다. 유엽형 이외에도 착두형, 도자형(刀子形, 손칼의 날 형태)의 평면형을 띠는 철촉도 확인되는데, 97TWT140 2층은 유엽형과 착두형의 철촉이 함께 출토된 대표적인 사례이다. 착두형 철촉의 등장과 함께 촉신부 단면형의 변화도 두드러진다. 특히 97TWT140 2층에서 절족이 슬래그(鐵滓)와 함께 철편, 단면 오각형의 용도 미상 철기 등과 함께 출토되고 있어 주목된다. 이를 통해 단경촉이 출토되는 단계에 독자적인 철기 생산을 추정할 수 있다.

　반면 장경촉의 등장과 함께 촉신부나 경부가 길어지는 현상이 두드러진다. 촉신부의 평면형은 착두형, 유엽형, 능형(렌즈형), 추형으로 다양해진다. 능형과 추형을 띠는 장경촉은 오녀산성에서 출토되며, 특히 97TWT139 2층의 장경촉은 오녀산성의 그것과 동일하다. 그럼에도 환도산성이나 국내성 등에서 보이는 광형(廣形), 삼익형(三翼形)의 촉신부나 길이 15cm 이상의 장경촉은 보이지 않는 점이 특징이다.

　이처럼 화살촉의 변화 양상을 기초로 철기문화의 획기를 정리하면,

**표 4** 만발발자 유적 철기문화의 단계 설정

| 단계 | 출토 지점 | 주조 철부 | 기타 철기 | 석촉 무경촉 육각 | 석촉 무경촉 편평 | 석촉 단경촉1 삼각 | 석촉 단경촉1 마름모 | 석촉 단경촉2 삼각 | 석촉 단경촉2 마름모 | 석촉 단경촉2 육각 | 철촉 단경촉 마름모 | 철촉 단경촉 편평형 | 철촉 장경촉 편평형 | 철촉 장경촉 마름모 | 토기 소관(小罐) | 토기 발(鉢) | 토기편 이형토기편 | 토기편 횡문토편 | 토기편 외면 | 석기류 |
|---|---|---|---|---|---|---|---|---|---|---|---|---|---|---|---|---|---|---|---|---|
| 1기 | 97IITWF4 | ○ | | ○ | ○ | | | | | | | | | | | ◎ | | ○ | | 석검편 |
| | 97IITWG4 | | ○ | ● | | ◎ | ◎ | ◎ | | | | | | | | | | | | 석도편/겸파두식 |
| | 97ITWH1 | | ○ | | | ◎ | ◎ | ◎ | | | | | | | | | ○ | | | 석촉편 |
| | 97TWT369② | | ○ | | | | | | | | | | | | | ◎ | | | | 동촉편? |
| | 97TWT555④ | | ○ | | | | ○ | ○ | ○ | | | | | | | | | ○ | | 석부편 |
| | 97TWT436② | | ○ | | | | | | | | | | | | | | | | | 석부 |
| 2기 | 97TWT335② | | ○ | | | | | | | | ○ | | | | | | ○ | | | 석도편 |
| | 97TWT306② | | | | | | | | | | ○ | | | | | | | | | |
| | 97TWT347② | | | | | | | | | | ○ | | | | | | | | ○ | 석검편 |
| | 97TWT396③ | | | | | | | | | | ○ | | | | | | ○ | | | 석검편 |
| | 98TWT207② | | | | | | | | | | ○ | | | | | | | | | |
| | 97TWT399② | | | | | | | | | | ○ | | | | | | | ○ | | |
| 2기 | 98TWT140② | | ○ | | | | | | | | | ○ | | | | | | | | 석검 |
| | 98TWT229② | | | | | | | | | | | ○ | | | | | | | | |
| | 98TWT255② | | | | | | | | | | | ○ | | | | | | | | |
| 3기 | 97TWT376② | | | | | | | | | | | | ○ | | | | | | ○ | 석검편 |
| | 98TWT555③ | | | | | | | | | | | | ○ | | | | | | | |
| | 99TWT788③ | | | | | ○ | | | | | | | ○ | | | | | | | |
| 3기 | 97TWT467② | | | | | | | | ○ | | | | | ○ | ○ | ○ | ○ | | | |
| | 97TWT256② | | | | | | | | | | | | | | ○ | ○ | ○ | | | |
| | 97TWT436③ | | | | | | | | | | | | | | ○ | ○ | ○ | | | |
| | 98TWT139② | | | | | | | | | | | | | | ○ | ○ | ○ | | | |

(● 다수, ◎ 2~3점, ○ 1점)

**표 5** 만발발자 유적의 유구 내 출토된 철기류의 시간성

| 단계 | 무덤 | | 수혈 | | |
|---|---|---|---|---|---|
| | M41 | M29 | F4 | H1 | G4 |
| 선행기 | ○ | | ○ | ○ | ● |
| 1기 | ● | | ● | ● | ● |
| 2기 | | ● | ○ | ○ | ○ |
| 3기 | | ○ | | | ○ |
| 3기 이후 | | | | | ○ |

(● 중심 시기, ○ 추정 시기)

1기는 석촉과 함께 주조철부, 봉상철기 등이 소수 보이는 시기, 2기는 유엽형의 평면 형태를 띠는 단경촉이 주체가 되는 시기, 3기는 장경촉이 등장한 시기로 구분할 수 있다.

1기는 요동 지역 내 연나라 계통 주조철부의 등장 시점, 함께 출토된 다이관과 소발이 유적 내 비교적 이른 시기 무덤에 부장된다는 점, G4 석촉과 함께 출토된 검파두식의 시간성을 고려하면 기원전 3~기원전 2세기로 볼 수 있으나, 그 하한 시기인 기원전 2세기대 전반으로 비정해둔다. M41과 F4, H1, G4에서 출토된 철기와 일괄 유물이 이 시기에 해당한다고 여겨진다. M41호에서 출토된 주조철부편은 무순(撫順) 하협심(河夾心) 유적의 출토품과 유사성이 지적된 바 있는데,[13] 무순 하협심 M2의 연대는 기원전 3세기대로 비정된다. 그럼에도 G4가 구상유구라는 점을 고려하면, 비교적 오랫동안 지속적인 폐기가 이루어졌을 수 있어 유구의 시기 폭이 클 수 있다는 점을 감안하여야 한다. 또한 G4에서 출토된 편자편이 1기에 포함된다고 단정할 수 없다.

2기는 요동 지역 철촉이 출토되는 시점을 봉성(鳳城) 유가보자(劉家堡子) 유적에 출토된 공부가 변형된 주조철부와 함께 출토된 두형토기

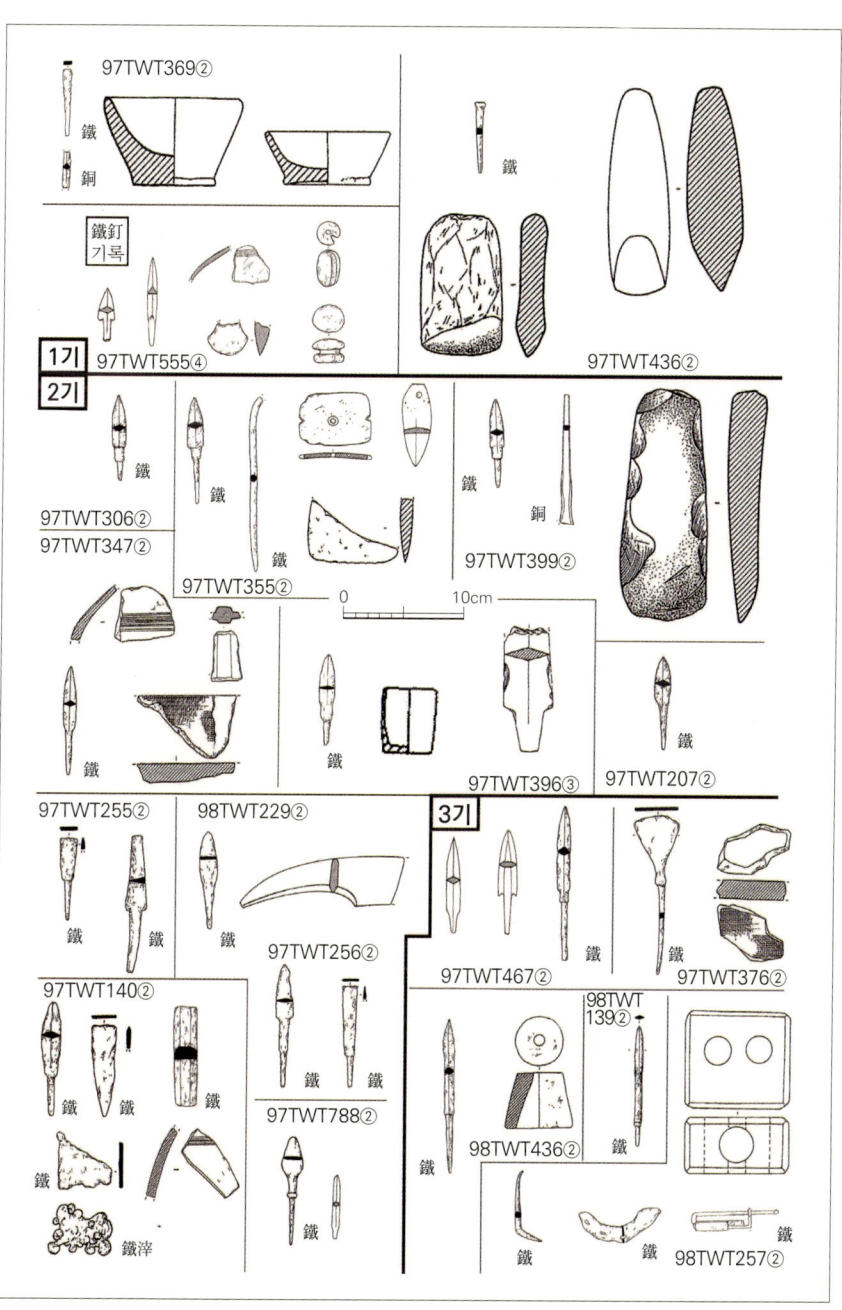

그림 6 ——— 만발발자 유적의 단계별 철기류와 일괄 유물

(豆形土器: 굽다리접시와 유사)의 형식, 환인(桓仁) 추수동(抽水洞) 유적에서 함께 출토된 포전(布錢), 명도전(明刀錢), 반량전(半兩錢)의 조합을 고려하면 기원전 2세기 중후엽을 상한으로 둘 수 있다. 또한 착두형 철촉의 등장과 편평형의 단면 형태를 띠는 철촉의 등장 시점을 고려하면 기원 전후까지로 비정해둔다. M29의 연나라 계통 주조철부와 철촉 역시 2기에 해당할 것으로 여겨진다.

3기에서 보이는 장경촉은 고구려의 도성인 오녀산성, 국내성, 환도산성 등에서 자주 보이는데, 착두형과 유엽형을 띠는 세장형 장경촉은 환인 지역에서 다수를 차지한다.[14] 그럼에도 다수의 철도(鐵刀)나 철모(鐵矛) 등 이기류가 출토되지 않는 점을 고려하면 기원후 3세기를 넘지 않을 것으로 여겨진다. 3기의 연대는 기원후 1~2세기대 정도로 비정해둔다.

### 만발발자 유적의 시기별 공간 변화

만발발자 유적의 보고서에는 각 구역별 그리드와 트렌치의 위치, 유구의 위치를 제공하고 있지만, 전체적인 지형 내 구역별 그리드나 유구의 위치를 정확히 확인하기는 어렵다. 다만 유적 중앙을 가르는 도로를 기준으로 서쪽과 동쪽을 각각 서부와 동부로 나누고, 서부에는 Ⅰ~Ⅳ구역, 동부에는 Ⅴ~Ⅷ구역을 구획하였다. 그리드 번호가 계속 이어지는 것을 보면, 조사 당시 그리드 설정 기준 역시 같았을 것으로 생각된다. 이종수는 보고서의 기술 내용을 근거로 발굴 구역의 위치를 항공사진에 표시한 바 있는데,[15] 이를 참고하여 항공사진과 보고서의 구역별 그리드를 같은 스케일로 맞추어 위치를 잡아보았다.[16]

〈그림 7〉과 같이 추정한 유적 내 구획된 그리드와 유구의 분포를 살

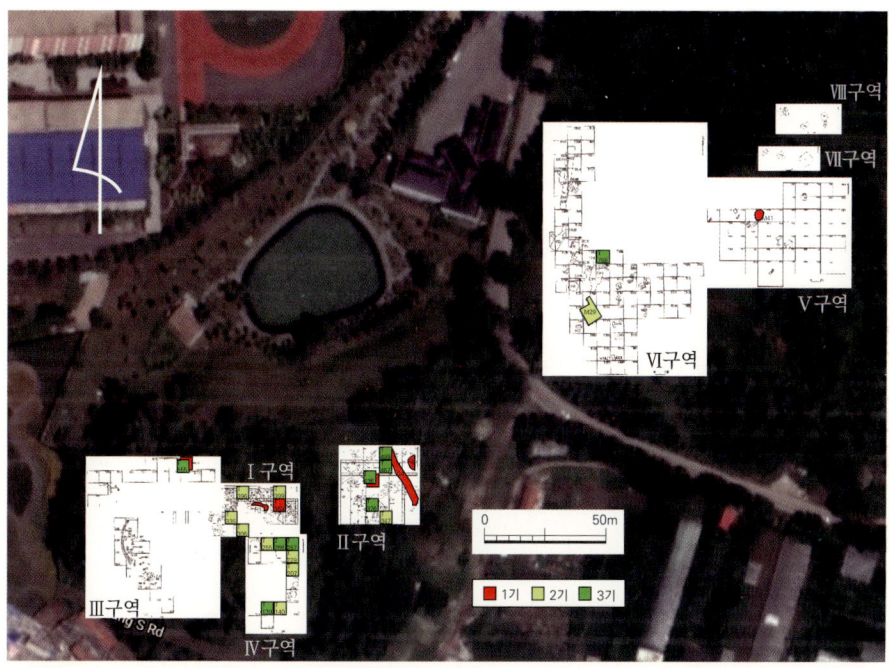

그림 7 ── 만발발자 유적의 시기별 공간 변화

펴보면, 먼저 서부에는 구상유구의 안쪽으로 생활유구가, 동부에는 무덤이 집중되는 양상이 눈에 띈다.[17] 도로 양쪽의 두 구릉 내에 다른 성격의 유구가 조성된 점을 통해 유적 형성 이후에도 꽤 오랜 기간 동안 생활 공간과 무덤 공간이 구분되고 있음을 알 수 있다. 무덤은 서부보다 동부에 집중되는데, 청동기시대의 무덤인 토광묘(土壙墓) 계통은 서부의 일부 지역과 동부의 Ⅵ구 서쪽 그리드에 집중된다. 이후 석관묘(石棺墓), 대개석묘(大蓋石墓), 대개석적석묘 등 석제를 이용한 무덤은 Ⅵ구역의 동쪽에서부터 Ⅴ구역까지에 분포하는 경향을 띤다. 이후 Ⅴ구역의 북쪽인 Ⅶ구역과 Ⅷ구역으로 전한대의 적석묘 계통이 확인된다. 1

기인 M41은 동부 안쪽에 해당하는 Ⅴ구역으로 앞서 언급한 무덤의 조성 양상에 거의 맞아떨어지는 반면, 2기로 비정한 M29의 위치는 Ⅵ구역의 서쪽으로 무덤 공간에 속하지만 서에서 동쪽으로 시간성을 보이는 다른 무덤과는 다른 맥락으로 보인다.

시기별 철기의 출토 위치를 살펴보면, 1기의 철기와 관련 유구는 서부의 정상부에 열을 지어 형성되었는데, 서부의 동쪽 사면에 위치한 구상유구인 G4와 그 주변에서 철기가 출토되는 양상을 띤다. G4의 출토 유물 중에서도 토제 거푸집편, 석제 지석(숫돌) 등의 존재가 주목된다. 2기의 철기는 서부의 구릉 정상부에 해당하는 Ⅰ구역과 그 남사면인 Ⅳ구역에 집중된다. 특히 Ⅳ구역의 경사면 하단부로 추정되는 T140의 2층에서 출토된 슬래그와 철편은 Ⅳ구역 내 철기 생산 유구의 존재를 추정케 한다. 반면 3기의 철기는 1~2기의 출토 범위를 아우르고 있다. 그중에서도 서부의 동쪽 일대에 집중되는 듯한 양상을 보인다.

이처럼 만발발자 유적의 시기별 공간의 점유는 무덤과 생활유적 모두 일정한 패턴이 있을 것으로 보이지만,[18] 철기가 출토된 유구만을 대상으로는 구체적인 의미를 밝힐 수 없다. 다만 하나 주목되는 점은 늦어도 2기의 어느 시점에 T140의 2층에서 보이는 슬래그와 철편, G4의 토제 거푸집편, 석제 지석은 철기 생산과 관련되었을 가능성을 염두에 둘 수 있다는 점이다. 기원전 2세기 요동 지역 내에서 재가공과 관련된 주조제품이 출토되는 점, 기원전 1세기 시중 노남리 유적 등 독자적인 제련 공정의 존재를 추정할 수 있다는 점을 고려한다면, 만발발자 유적에서 보이는 유물 구성 역시 같은 맥락의 산물일 수 있다고도 여겨진다.

# 천산산맥 이동 지역 후기 고조선~초기 고구려 철기문화의 전개

## 천산산맥 이동 지역 철기문화의 확산

전국시대 후기 연나라 철기문화는 동북아시아 각지로 확산된다. 이때 확산된 연나라의 철기의 분포는 요령 지역 전역뿐만 아니라 길림성을 비롯한 한반도 남부 지역에 이른다. 이 시기는 문헌기록[19]으로 연나라 소왕(昭王: 기원전 311-279)대의 사건임을 고려해 기원전 3세기경으로 비정되고 있다. 요동 지역으로 확산된 연나라 철기는 천산산맥 이동 지역에서 다수 출토되며, 요동군의 치소(治所)인 양평(襄平: 현재의 요양시 일대)과 그 주변에서 철기가 출토된 사례는 많지 않다. 요서 지역과 달리 철기가 유입 단계부터 부장품으로 인식되고 있는데, 연나라에서 생산한 철기(燕産鐵器)와 명도전 등 연나라 물질문화와 토착 계통의 청동검, 토기류가 함께 출토되는 경향을 보인다. 그럼에도 주조철부 2점이 세트로 부장되는 현상은 연나라의 부장 풍습의 영향으로 본다.[20]

이 같은 요동 지역 내 철기의 부장 양상을 통해 연나라 철기문화가 요서 지역과 다른 방식으로 철기문화의 확산이 이루어졌다는 것을 시사한다. 요동 지역의 부장 철기는 연나라에 의해 위신재로 사여되면서 연나라의 철기 부장 풍습을 따르고 있다고 볼 수 있으며, 연나라의 철기가 부장되는 무덤의 위치를 고려하면 연나라의 수도와 거리를 둔 요동군의 입장에서는 여타의 지역과 다른 영역 지배 방식을 두었을 가능성도 있다. 즉 토착 세력과의 연대를 강화함으로 영역을 유지하는 간접적인 지배 방식이었을 것이다.

이후 한나라가 성립되면서 동북아시아는 점진적으로 한나라 철기문화의 영향권으로 들어선다. 그 과정에서 철기문화의 지역성이 더욱 강화되는데, 한나라 철기문화의 영향을 직접적으로 받은 천산산맥 서쪽인 요서와 요동반도에서는 인부가 넓어진 한나라의 철부(ⅠA-6형 철부[21])와 철삽(鐵鍤) 등 한나라 철기 일색인 반면, 천산산맥 이동 지역인 압록강 중하류와 혼강(渾江) 일대, 요하 상류의 철기는 다소 이질적인 특징도 확인된다. 두 줄의 돌대가 있는 주조철부(ⅠA-3형 철부: 이하 '이조돌

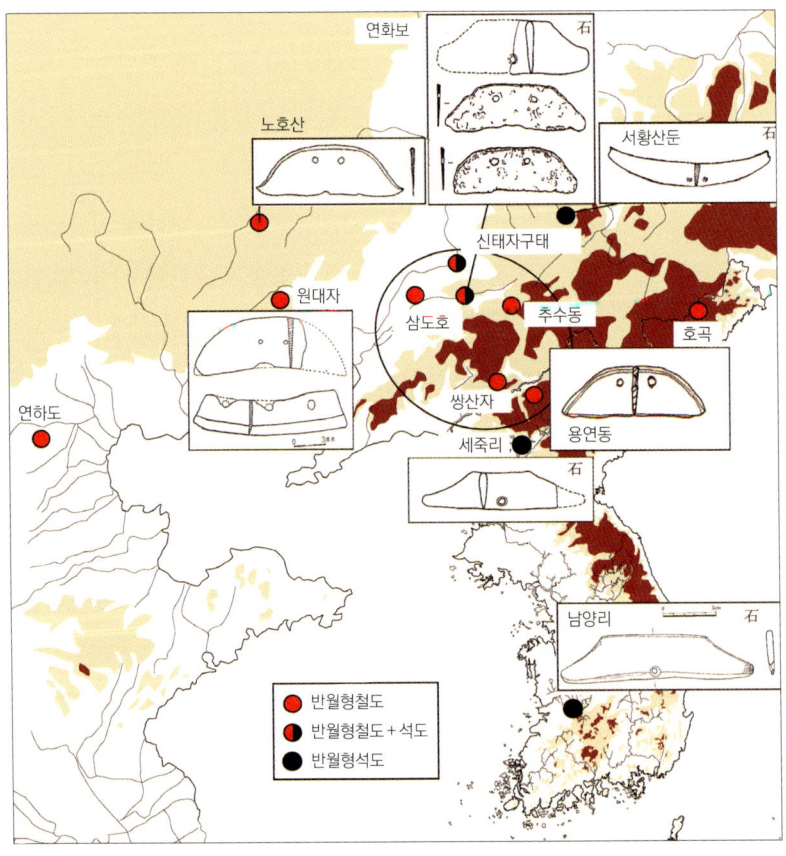

**그림 8** ── 반월형 철도의 분포 범위(김상민, 2020)

대 주조철부')의 공부가 변형된다는 점, 다량의 반월형 철도가 출토된다는 점, 철기의 재가공 흔적이 관찰된다는 점, 봉상철기와 주조철편이 출토된다는 점은 천산산맥 이동 지역에서 보이는 특징이다. 특히 반월형 철도는 요서의 조양 원대자 유적에서 보이지만, 주로 천산산맥 동쪽으로 분포한다. 관전 쌍산자 유적에서는 다량의 반월형 철도가 출토되고 있어, 압록강 유역이 반월형 철도 생산의 중심지였다는 것을 추측하게 한다. 또한 주조철부의 분포를 보더라도 변형된 이조돌대 주조철부는 압록강 중하류역 일대를 중심으로 분포한다. 이러한 분포 양상을 참고한다면, 한나라 철기가 생산되고 유통되던 시기에 비한식(非漢式) 철기의 생산과 유통 범위는 압록강 하류역과 그 주변이었던 것으로 추정된다.

결국 기원전 2세기경 요령 지역 내 철기문화의 지역적 차이는 철기 생산 기술의 보유와 관련된 것이다. 천산산맥 이동 지역은 비교적 한나라 철기 생산 거점과 거리를 두고 있어 한나라 철기문화의 직접적인 영향을 받지 않았다. 당시 철기문화의 중심지였던 한나라의 직접적인 영향이 없었음에도 토착적인 비한식 철기가 존재한다는 점은 지역 내 철기 생산이 존재하였기 때문이라고 볼 수 있다. 기원전 3세기경 연나라로부터 유입된 철기를 그들만의 기술로서 생산해보려는 시도가 있었을 것이다. 압록강 중하류역을 중심으로 철기의 재가공이 시도되고 반월형 철도가 등장하는 등의 특징은, 연나라의 철기를 모방하여 지역 내에 제작 기술이 보유되었기 때문으로 판단된다. 천산산맥 이동 지역의 비한식 철기에 대한 구체적인 분석은 필요하겠지만, 기원전 2세기경 비한식 철기가 분포하는 압록강유역권은 후기 고조선의 철기문화권일 가능성이 크다.

한편 낙랑군 설치 이후 한나라 철기문화는 요동 지역과 한반도 서북부 지역까지 확산된다. 이전 시기보다 한나라 철기문화가 확산되었을 것으로 판단되지만, 천산산맥 이동 지역과 한반도 서북부 지역 내 철기를 전형적인 한나라 철기문화로 보기는 어렵다. 요양 삼도호 유적처럼 취락 내 철겸(鐵鎌), 철삽, 철서(鐵鋤), 철초(鐵鍬) 등 다양한 농공구류가 출토되고 있지만, 무덤 내 부장되는 양상은 많지 않다.

압록강 중류역의 고고학 자료에 대해서는 아직까지 구체적인 실체를 알 수 없으나, 시중 노남리 유적으로 대표되는 철기 생산 유적이 존재한다. 노남리 유적에서는 고구려계 토기가 출토되어 고구려 철기문화의 일부로 보기도 한다. 그 시기를 단정하기는 어렵지만, 기원전 2세기부터 천산산맥 이동 지역에서 보이는 토착적인 비한식 철기의 등장과 함께 철기 생산과 관련된 적극적인 근거가 되는 유적임에 틀림없다.

### 혼강 유역 철기문화의 등장과 초기 고구려

초기 고구려의 등장과 관련하여 천산산맥 이동 지역에서 압록강과 혼강이 합수되는 집안 일대는 중요한 거점이다. 압록강 중류역은 도성과 수많은 적석총을 통해 오랫동안 고구려의 중심지였던 것을 알 수 있다. 국내성으로 대표되는 압록강 중류역이 도약하는 배경은 혼강 유역 지역 세력의 성장에서 찾을 수 있다. 환인 대전자(大甸子) 유적, 오녀산성, 통화 만발발자 유적은 일찍부터 초기 고구려와 관련된 유적으로 주목받았다. 환인 지역의 과도적 금속문화의 담당자가 곧바로 적석총을 축조하는 원고구려 사회로 발전하여 고구려 성립의 한 축이 되었으며, 압록강 중류역의 적석묘 축조 집단의 담당자가 후기 금속문화(철기문화)와 관련이 깊다고 보았다.[22] 환인과 집안의 상호 간의 계승 관계에 대한 구체적인 근거는 제시하지 못하고 있음에도 철기문화의 등장과 함께 압록강 중류역에서 빠르게 성장하였다는 것이다. 이처럼 혼강 유역 지역 세력 간의 상호계승성을 구체적으로 언급하지 못하는 원인은 혼강 유역의 지역 세력이 성장하는 배경을 철기문화로 보고 있지만, 실제로 해당 유적 내 보고된 철기의 수량이 적어 그 특징을 추출하기 어렵기 때문이다. 이번에 보고된 만발발자 유적의 자료를 포함하더라도 혼강 유역 내 철기문화의 특징이 미약하여 지역 간의 상호관계를 찾기는 쉽지 않다. 다만 무덤 내 부장된 주조철부와 앞서 분석한 철촉을 통해 몇 가지 견해를 제시할 수 있다.

첫째, 만발발자 유적의 주조철부는 인부나 공부가 훼손된 채 부장되는데, 여타 요동 지역 무덤의 경우 거의 온전한 형태의 철부가 부장된다. 이 같은 훼손된 주조철부는 기원전 2세기 요동 지역 취락 내 보이는 현상으로, 봉성 유가보자 유적에서 훼손된 주조철부가 출토된 사례가 많다. 만발발자 유적의 주조철부를 잔존 양상과 인각(刃角)의 상관성을 고려해 복원하면 길이 약 11cm 내외, 인부 폭 6cm 내외의 소형으로 볼 수 있다. 동북아시아 주조철부를 길이와 인부 폭을 고려해 살펴보면 〈그림 9〉와 같은데, 철령 적가촌묘, 본계 괴석동 유적, 연하도 채집품과 계량적 유사성이 가장 높다. 또한 완주 갈동 6호묘의 그것과도 비교될 수 있다. 관련 유적에서 출토된 주조철부는 각각 확산 단계 2~3기[23]의 과도기에 해당하는 기원전 3세기 전후이다. 만발발자 유적의 훼손된 주조철부가 기원전 3세기 전후 소형 주조철부의 확산과 함께 유입된 것인지, 기원전 2세기대 요동 지역 취락 내 보이는 훼손된 주조철부의 유통에 의한 것인지 단정할 수 없다. 다만 만발발자 유적은 천산산맥 이동 여타의 지역과 달리 주조철부를 비롯한 철기가 완전한

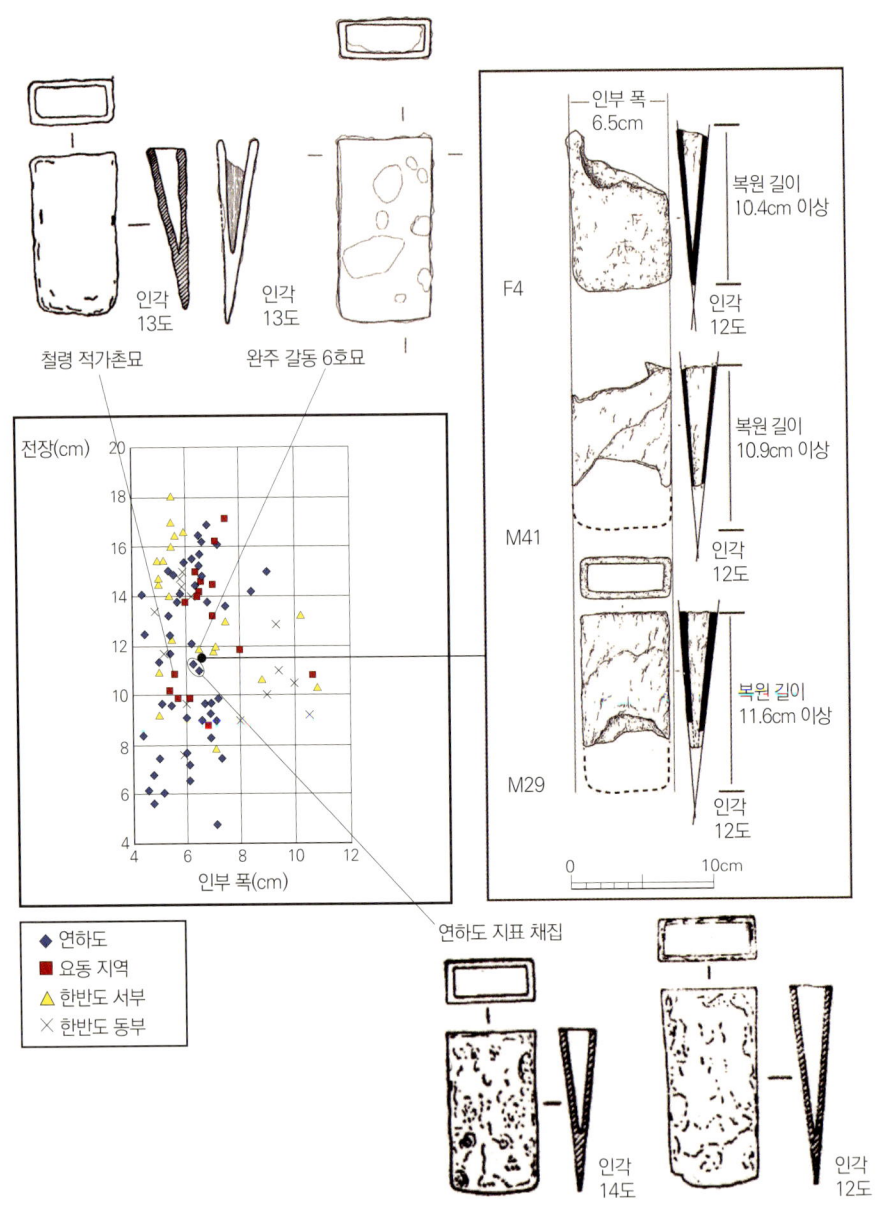

그림 9 ──── 요동 지역 일대 주조철부와의 비교 검토

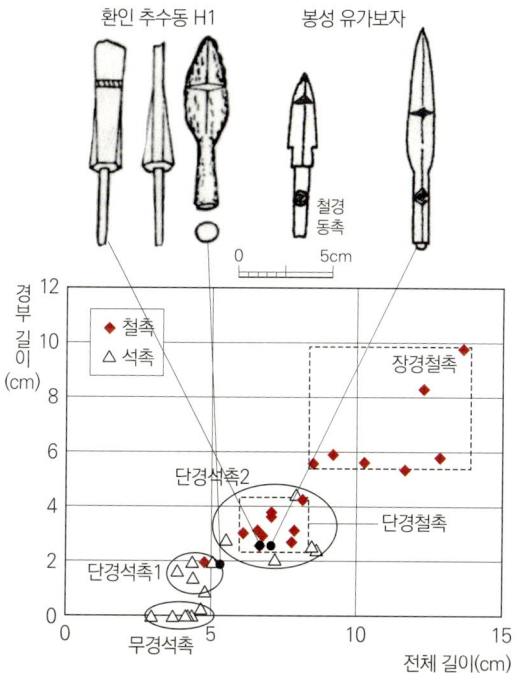

**그림 10** ─── 주변 지역 철촉과의 비교 검토

형태로 보이지 않는다는 점에서 철기가 유입되는 시점이 비교적 늦었을 수 있다. 훼손된 주조철부를 부장하는 양상은 철기의 희소성을 드러내는 것으로 보인다.

둘째, 만발발자 유적 내 출토된 화살촉에는 동촉이나 철경동촉(鐵頸銅鏃)이 보이지 않는다. 요동 지역의 취락에서는 철령 구대 유적, 무순 연화보 유적, 요양 삼도호 유적 등에서 다양한 종류의 동촉, 철경동촉이 확인된다. 구대 유적의 경우 '삼익형 동촉+반월형 석도+주조철부'가 출토된 위쪽의 층위 내에서 '철경동촉+반월형 철도+판상철기'가 출토되고 있어, 재질에 따른 기종의 대체와 형식 변화를 추정할 수 있다.

97TWT467 2층에서 함께 출토된 단경석촉1, 단경석촉2, 장경촉은 석촉에서 철촉으로의 급진적 변화를 추정하게 한다.

만발발자 유적 내 철기문화의 획기로 주목하였던 단경철촉은 유엽형과 역자형이 출토되는데, 이 같은 단경철촉의 출토 사례는 요동 지역 내에서도 희소한 편이다. 만발발자 유적과 같은 수계인 환인 추수동 유적 H1에서 출토된 두 철촉 역시 같은 인부형을 띠는 단경철촉이다. 또한 압록강 하류인 봉성 유가보자 유적에서도 유엽형의 인부를 띠는 단경철촉이 출토된 바 있다. 혼강 중상류와 애하(靉河) 유역의 착두형과 유엽형을 띠는 단경철촉이 출토되는 현상은 요동 지역 내에서도 지역 간에 다른 철기가 유행할 수 있다는 것을 의미한다. 즉 착두형과 유엽형의 단경철촉은 전술한 비한식 철기의 하나로 볼 수 있다. 그리고 두 유적에서 보이는 철촉의 유사성은 혼강 유역과 애하 유역의 지역 집단 간에 상호교류의 존재를 추정한다. 다만 유가보자 유적에서 출토된 철기가 더욱 다양한 기종 구성을 보이고 있으며, 철경동촉이나 차축구(車軸具) 등 한나라에서 유행하던 기종이 포함되고 있어 더욱 선진적이었다고 볼 수 있다.

한편 집안 오도령구문(五道領溝門) 유적에서는 다수의 청동기와 함께 2점의 착두형 철촉이 출토되었다. 이를 근거로 기원전 3세기경 집안을 중심으로 한 압록강 중류역이 원고구려 사회의 기본적 모습을 갖추었다고 보고 있으며, 오도령구문의 적석묘 축조 집단이 이미 철기의 존재를 인지하고 있었을 가능성이 지적되기도 한다.[24] 오도령구문 유적의 철촉은 〈그림11-13〉이 길이 15cm(인부 길이 4cm), 〈그림11-14〉가 길이 12cm(인부 길이 3cm)로 모두 장경철촉에 속한다. 이른바 고구려식이라고도 하는 전형적인 착두형 장경철촉이라는 점에서 보고된

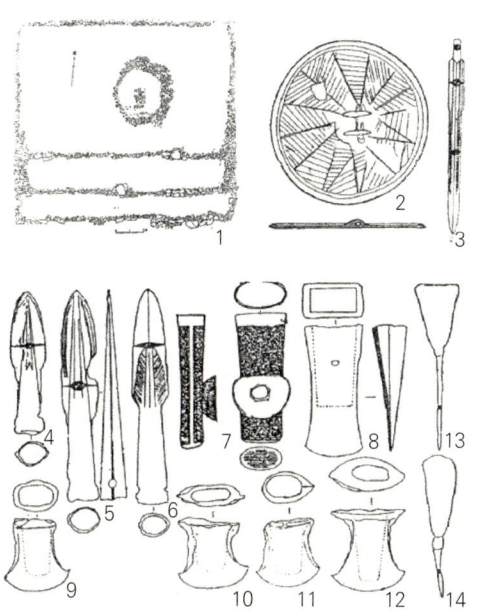

**그림 11** ──── 집안 오도령구문 유적의 유구와 유물
(集安縣文物保管所, 1981; 이남규, 2005 재인용)

청동기와의 관련성을 생각하기 어렵다.[25] 보고서에 의하면 민공(民工)이 청동기를 발견한 이후 유구를 조사하면서 추가된 유물을 함께 보고한 것으로 적석총과 청동기, 철기의 일괄성을 알 수 없다는 것은 분명하다.

만발발자 유적과 추수동 유적의 단경철촉에 착두형의 촉신이 보인다는 점에 주목한다면, 오히려 혼강 중상류 지역의 철기문화가 초기 고구려에 영향을 주었을 것으로 추정된다.

만발발자 유적에서 출토된 몇 안 되는 철기 중 훼손된 주조철부와 철촉을 중심으로 혼강 유역 철기문화를 상호비교할 수 있는 유적은 환인 추수동 유적과 봉성 유가보자 유적이다. 두 유적은 모두 김상민의 요동 지역 취락 2기에 해당하는 기원전 2세기경으로 편년된다.[26] 혼강 유역 내 철기문화의 본격적인 도입은 기원전 2세기경으로 볼 수 있을 것이다. 다만 환인 추수동 유적의 2층에서는 변형된 이조돌대를 띠는 주조철부, 철도, 철도자, 철촉이 함께 출토되었으며, 같은 문화층 내에서 명도전, 포전, 반량전이 확인된다. 무문계 재지토기와 마제석기류가 다수 출토되는 등 철기를 포함한 지역색이 강한 지역임에도 중국계 화폐를 혼용하고 있는 점[27]에 주목한다면, 환인 지역의 경우 비교적 이른 시기부터 연나라 철기문화를 인지하고 있었을 것으로 보인다.

또한 최근 하문식에 의해 소개된 왕의구(王義溝) 유적[28]에서는 연나라산 주조제 농공구편과 함께 철촉, 철조(鐵釣: 철제 낚싯바늘), 한나라 철관(鐵官)에서 제작한 주조철부 등이 확인된다. 2007년에 보고된 환인 왕의구 유적[29]의 유물 기종과 거의 대응하고 있다.[30] 또한 최근 중국 언론을 통해 공개된 왕의구 유적 4차 조사 출토품 중에도 인부가 결실된 주조철부를 포함한다. 철기류의 면면을 보면, 연나라의 주조철겸(주조제 쇠낫)과 철부, 공부에 돌대가 돌아가는 주조철부[31]와 철촉, 철관에서 제작된 주조철부라는 구성을 통해 왕의구 유적 내 철기의 생산지에 대한 다양성을 추정할 수 있다. 공반 유물에서도 고구려 성립 이전 유행하던 재지적 특징의 절두형 봉상파수이 심발(切頭形棒狀把手耳深鉢: 끝부분을 반듯하게 자른 봉 형태 손잡이 귀를 가진 깊은 바리)이나 원형계 점토대토기와 함께 기벽이 얇아진 외래적 특징의 발이 함께 보인다. 또한 주조제 철기가 훼손된 채 출토되는 특징 역시 만발발자 유적과의 관련성을 짐작하게 한다.

왕의구 유적의 유물로 보고된 자료의 일괄성에 대해서는 다소 의문이지만, 적어도 만발발자 유적을 포함한 혼강 중류역에서 보이는 철기

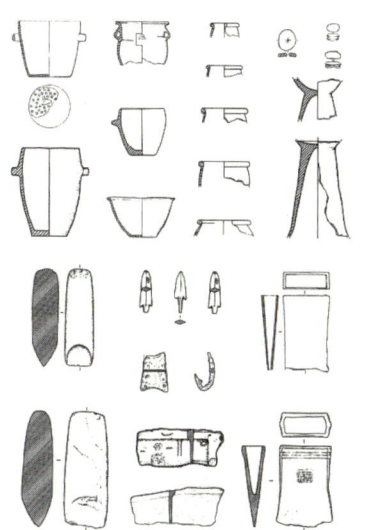

4차 조사 출토품
(中國新聞網 2020년 1월 20일)[32]

**그림 12** ──── 왕의구 유적 출토 유물(왼쪽: 하문식, 2019 재인용)

문화의 다양성을 보여주는 사례로 평가할 수 있다.

이처럼 만발발자 유적에서 보이는 철기류의 특징은 혼강 중류역의 철기문화와 맥을 같이하며, 특히 훼손된 주조제 철기류(재가공)의 등장과 함께 시작된 혼강 중류역의 철기문화는 유엽형 단경철촉의 출현과 더불어 독자적인 철기문화를 구축하였을 것으로 판단된다. 아직 단언할 수 없지만, 기원전 2세기경 혼강 중류역의 환인 일대를 중심으로 형성되기 시작한 철기문화의 다양성과 그 속에서 발견할 수 있는 지역색이 환인 지역을 중심으로 한 초기 고구려의 정체성을 형성하는 계기가 된 것이다. 이른바 위만조선의 지역정치체 중 하나였던 혼강 중류역 지역 집단의 확장 과정에서 초기 고구려의 성립이 이루어졌을 가능성도 있다.

## 후기 고조선과 초기 고구려 철기문화의 관계성

요동 지역 철기문화의 전개 과정 속에서 후기 고조선과 관련하여 주로 언급된 대상은 전형적인 연나라 철기에서 변용된 주조 제품의 존재이다. 전형적인 이조돌대는 보이지 않고 퇴화되거나 돌대의 수가 부정형한 사례, 원제작된 주조품의 외형을 변형하거나 수리하여 재활용한 사례 등을 근거로 하였다. 연나라 철기의 변용을 알려주는 대표적인 유적이 안산(鞍山) 수암(岫岩) 유적이다. 수암 유적에서는 연나라(燕産) 철기, 변형된 연나라 계통 철기, II-2형 철부·철서와 같은 한나라(漢式) 철기가 공반되어 연나라 철기문화에서 한나라 철기문화로의 변화 과정을 살필 수 있다.[33] 요동 지역 내 연나라 철기의 전통적인 요소가 남아 있는 지역성에 대해 무라카미 야스유키는 "한 왕조가 성립된 이후 무제(武帝, 기원전 141~87)에 의해 철관이 설치되기 이전에는 연나라 장성(長城) 내 후방 지원적인 생산 공방으로부터 공급된 연나라 계통의 철기가 한나라인(漢人) 경영의 거점에 분여되어왔다"라는 견해를 제시하였다. 이것은 연나라 멸망 이후 요동 지역이 한 왕조에 의해 '연국(燕國)'으로 봉건되어 그 봉건제 속에서 연나라의 기술이나 공인 조직이 그대로 잔존하였다는 것을 의미한다고 볼 수 있다. 이와 같은 양상은 한 무제가 중앙정부체제의 일환으로 철관을 설치하는 등 관리 시스템을 강화하고 다시 지방 생산 조직의 다변화를 꾀하면서 급변한다. 요동 지역이 전한 초기 봉건제 속에서 관리되었던 기간 동안에 후기 고조선계 세력을 비롯한 지역 세력은 적극적으로 철기 생산 기술의 발전을 꾀하였을 것이다. 기원전 2세기대 천산산맥 이동과 압록강 중하류역에서 보이는 토착적인 비한식 철기의 등장은 그러한 관점에서 중요하다.

혼강 유역과 압록강 중하류역은 시간과 지역의 차이는 있지만 청동기시대부터 공동의 유물 복합을 기본축으로 한다. 그중 혼강 중상류권역은 여러 지역의 유물 요소가 다양하게 복합되어 독특한 지역성을 형성하고 있는 점이 특징적이다.[34] 환인 추수동 유적과 만발발자 유적에서 출토된 철기가 혼강 중상류권역 철기문화를 대표할 수는 없지만, 기원전 2세기대 이후 물질 자료에서도 토착적 요소와 외래적 요소가 공존한다. 그리고 외래적 요소에 한나라 철기의 특징은 포함되지 않는다. 환인의 북서쪽에 위치한 신빈(新賓) 용두산(龍頭山) 석개묘는 고구려 초기 적석묘의 기원으로 보기도 한다.[35] 용두산 석개묘를 고구려 초기 적석묘의 기원으로 보는 점에 대해서는 이견이 없으나,[36] 부여 등 비한식계 문화와 관련된 것임은 틀림없다. 신빈 일대의 소자하(蘇子河) 유역에서 용두산 석개묘와 관련한 주거지가 발견되었는데, 최근 황지(荒地) 소괴석(小塊石) 유적,[37] 용두산 유적, 조가(趙家) 유적 등에서도 주조철부를 중심으로 한 철기가 출토된 점이 확인된다. 소자하 유역의 취락 내에서 보이는 철기는 연화보 문화와의 관련성이 지적된 바 있다.[38]

오녀산성 3기층에서 철삽으로 대표되는 한나라 철기가 출토되는 것으로 보아 기원 전후가 되어서 한나라 철기문화의 본격적인 영향이 있었다고 볼 수 있다. 그렇다면 혼강 중상류권역의 지역 세력이 후기 고조선과 관련되었다고 단언할 수는 없지만, 연나라 철기문화의 영향을 받은 지역 세력 중 하나로 볼 수 있을 것이다.

한편 애하 유역의 봉성 유가보자 유적에서 출토된 철기류는 혼강 중류역권과 유사한 특징을 보이는데, 철경동촉이나 차축구 등 한나라의 철기도 보이지만 주조철부 공부의 변형과 파손된 양상, 단경철촉의 존

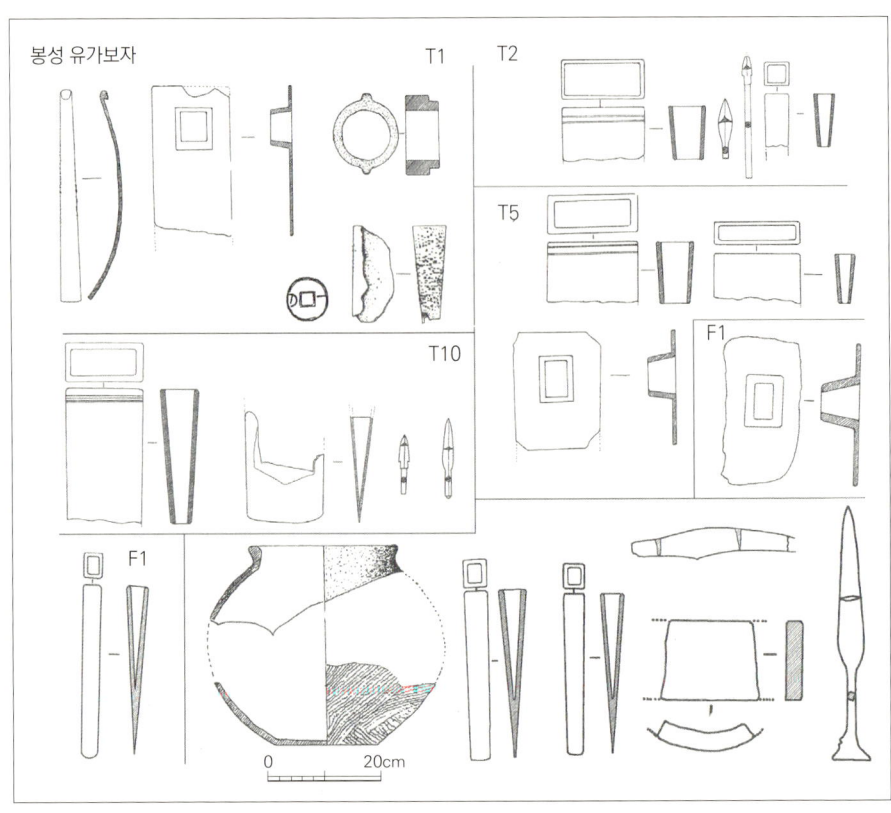

**그림 13** ──── 봉성 유가보자 유적 철기와 일괄 자료(김상민, 2020)

재, 내경하는 인부를 가진 철도 등 추수동 유적과 만발발자 유적에서 보이는 철기의 특징과 유사성도 확인된다.

압록강을 사이에 두고 보이는 두 지역 간의 문화적 친연성은 초기철기시대 각 지역 수장들 간의 다양한 교류에 의해 더욱 촉진되었을 것이다. 기원전 3~기원전 2세기에는 연나라, 진나라, 한나라라는 중국 세력이 본인들의 지배 방식에 따라 주민 이주나 군사 주둔 등의 방식으로 요동 지역을 압박함에 따라 토착 세력 간의 공동 대응이라는 노력

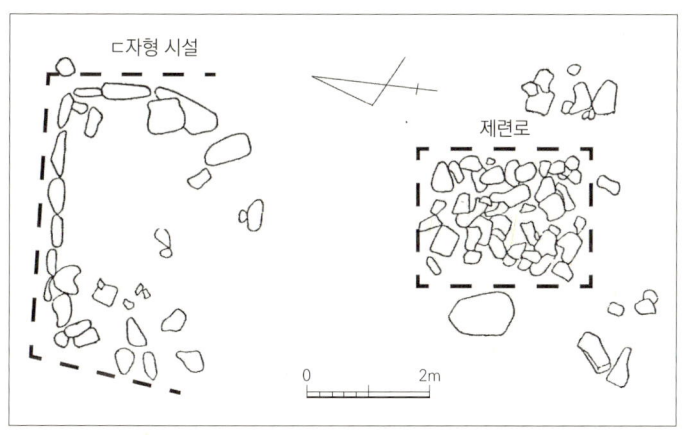

그림 14 ── 시중 노남리 유적의 제철 관련 시설

이 있었을 것이며, 그 과정에서 문화적 친연성이 더욱 급속도로 진행되었을 것이다.[39]

압록강 유역 내 지역의 집단 간 교류 등 문화적 친연성이 높아지기 시작하는 기원전 2세기 중후엽에 철기 생산과 관련된 유적이 등장한다. 동 시기 철기 생산 유적은 시중 노남리 유적과 중강 토성리 유적이 존재하는데, 보고자는 두 유적에서 보이는 공통점을 강조하며 동일한 성격의 제철 유적으로 보았다. 제철로의 형태는 명확하게 알 수 없지만 노(爐)는 석재와 점토를 혼합하여 구축하였다. 장방형 석축은 점토 덩어리와 철광석을 포함하고 있으며 석축의 중앙부에서는 강하게 피열(被熱)된 흔적이 확인된다. 석축의 주변으로 점토 덩어리와 철괴, 슬래그, 재가 층을 이룬다. 토성리 유적 역시 노남리 유적의 제철로와 동일한 구조라고 언급되지만, 도면이나 사진 등은 제시되지 않았다. 그럼에도 노남리 유적보다 그 규모가 크고 슬래그의 양이 많다는 점을 강조하며 대규모 제련 공방으로 추정하였다.[40]

두 유적은 석재와 점토를 혼합하여 노를 구축하였다는 점, 괴련철을 생산하였다는 점에서 중국 대륙의 제련로와 다른 특징을 띤다고 볼 수 있다. 아직 노의 구체적인 형상은 복원할 수 없지만, 적어도 기원전 2세기 후엽에는 재지적인 제련 기술이 존재하였던 것으로 추정할 수 있다.[41]

이처럼 압록강 유역과 그 주변에서 보이는 '지역 집단 간의 교류 증가·문화적 친연성 강화'와 '철 생산 기술의 공유·독자적인 철기 생산'이라는 현상은 압록강 중류역 지역 집단이 성장하는 계기가 되었으며, 초기 고구려 문화의 등장 배경이 되었을 것이다.

초기 고구려의 철기문화는 압록강 중하류권역과 혼강 유역에 존재하던 지역 집단의 상호교류 및 연합적 대응 과정에서 형성된 것으로, 각 지역 집단이 보유한 비한식계 철기문화를 바탕으로 성장한다. 각 지역 내에서 보이는 비한식계 철기문화를 후기 고조선과 관련된 것으로 비정할 수 있는지는 아직 단정하기 어렵다. 그렇지만 기원전 3세기를 전후하는 시점부터 천산산맥 이동 지역에서는 지역색을 띠는 철기가 등장하기 시작하였고, 지역 단위로 점진적으로 발전하였다는 것은 분명하다. 이처럼 지역 단위로 발전해오던 철기문화는 당시 중원의 사회 정세 변화에 영향을 받아 지역 간의 연합된 대응 속에서 공유되고, 그 과정에서 지역 간 물질문화의 유대가 강해졌을 것이다.

더불어 진한 교체기라는 혼란 속에서 가장 절실히 요구되었을 철과 철기 생산 기술이 지역 집단 간 공유되기 시작하면서 나타난 현상이, 철기 생산 전문 거점(시중 노남리·중강 토성리)의 등장일 것으로 추정된다. 철기 생산 전문 거점의 등장은 압록강 유역 철기문화를 더욱 급격하게 발전시켰을 것이며, 특정 집단의 사회적 발전을 촉진시키는 계기가 되었을 것이다. 이처럼 초기 고구려의 철기문화는, 기원전 2세기

대부터 시작된 천산산맥 이동 지역의 후기 고조선 세력 간의 상호관계 속에서 압록강 중류역과 혼강 유역을 중심으로 두각을 나타내기 시작하는 것으로 추정된다.

## 초기 고구려 철기문화의 완성에 대하여

이 글에서는 통화 만발발자 유적의 철기를 재검토하여 천산산맥 이동 지역에 보이는 철기문화의 지역성이 갖는 의미, 그중에서도 초기 고구려 철기문화의 등장 배경을 추정해 보았다. 이를 위해 만발발자 유적에서 출토된 철기를 분석하여 그 특징을 살핀 후 천산산맥 이동 지역에서 출토된 철기를 대상으로 비교해가며 관련성을 찾아보았다.

만발발자 유적에서 보이는 철기문화는 철기의 등장 이후 두 번의 분기를 거친다. 시간성은 기원전 3~기원전 2세기 전반, 기원전 2세기 중엽부터 기원 전후, 기원후 1~2세기로 설정된다. 이 같은 시간성에 기초하여 천산산맥 이동 지역과 관련 자료의 비교를 통해서 도출한 결과는 다음과 같다.

초기 고구려의 철기문화는 압록강 중하류권역과 혼강 유역에 존재하던 지역 세력의 상호교류 및 연합적 대응 과정에서 형성된 것으로, 각 지역 세력에서 보이는 비한식계 철기문화를 바탕으로 성장한다. 기원전 3세기를 전후하는 시점부터 천산산맥 이동 지역에는 토착적인 특징을 보이는 철기가 등장하기 시작하고, 각 지역 단위로 재가공을 포함한 철기 제작이 이루어진다. 초기 고구려 철기문화와 관련이 깊은 혼강 중상류 지역과 애하 유역 철기의 특징과 유사성은 지역 단위 철기문화의 지역 간 교류 강화에 의해 나타나는 현상이다.

즉 진한 교체기라는 혼란 속에서 가장 절실히 요구되었을 철 생산과 철기 생산 기술을 압록강 유역의 지역 세력 간에 공유하기 시작하면서 나타난 결과물이, 시중 노남리 유적과 같은 철기 생산 전문 거섬의 등장인 것이다. 천산산맥 이동 내 후기 고조선 지역 세력 간의 상호관계가 강화되면서 초기 고구려의 철기문화가 완성된 것으로 추정된다.

# 주

1　김상민, 2017, 「요령지역 철기문화의 전개와 한반도 초기철기문화」, 『동북아 역사논총』 55, 101~102쪽.

2　이남규, 2018, 「고구려 제철문화의 특성」, 『고구려발해연구』 62, 고구려발해학회, 30쪽.

3　박장식, 2004, 「高句麗의 鐵器製作 技術體系에 대한 硏究」, 『고구려연구』 18집, 고구려연구회; 차순철, 2004, 「오녀산성 출토 고구려 단야구에 대한 검토」, 『북방사논총』 2호, 고구려연구재단; 김보람, 2017, 「고구려 철촉의 편년 연구」, 『馬韓百濟文化』 30; 이남규, 2018, 「고구려 제철문화의 특성」, 『고구려발해연구』 62, 고구려발해학회.

4　정백운, 1957, 『조선 금속문화 기원에 대한 고고학적 자료』, 조선민주주의인민공화국과학원출판사, 39쪽; 정백운, 1958, 「우리나라에서 철기 사용 개시에 관하여」, 『문화유산』 3, 과학원출판사, 57쪽.

5　사회과학원고고학연구소, 1977, 『조선고고학개요』, 153~154쪽; 박진욱, 1988, 『조선 고고학 전서(고대편)』, 과학백과사전종합출판사, 128~131쪽.

6　황기덕, 1981, 「우리나라에서 철생산의 시작」, 『역사과학』 4, 과학백과사전출판사, 30쪽.

7　정찬영, 1973, 「기원 4세기까지의 고구려묘제에 관한 연구」, 『고고민속론문집』 5, 사회과학출판사, 57~60쪽; 정찬영, 1983, 『압록강, 독로강류역 고구려 유적발굴보고』, 과학백과사전출판사, 51~52·103쪽

8　보고서에서는 중국 고대사의 국명으로 시기를 구분하고 있다. 이 보고서를 구체적으로 소개한 이종수는 보고서의 연대를 참고하여 전한대~양한 교체기(기원전 2세기~기원 전후), 위진시기(기원 3~5세기)로 제시하였다.
이종수, 2020, 「고구려 문화 기원의 寶庫-「通化 萬發撥子遺址 考古發掘 報告」」, 『야외고고학』 37, 149~156쪽.

9　吉林省文物硏究所, 2019, 『通化萬發撥子遺址考古發掘報告』, 科學出版社, 524~525쪽.

10 그 밖에도 촉신부의 평면형과 단면형에 따라 좀더 세분할 수 있을 것으로 여겨지나, 만발발자 유적의 자료만을 대상으로 세분하는 것은 한계가 있다. 향후 천산산맥 이동의 압록강 중하류 지역의 유적을 대상으로 자료를 수집하여 세분하고자 한다.

11 손준호, 2007, 「마제석촉의 변천과 형식별 기능 검토」, 『한국고고학보』 62, 99~101쪽.

12 김보람, 2017, 「고구려 철촉의 편년 연구」, 『馬韓百濟文化』 30, 170~173쪽.

13 하문식, 2020, 「초기 고구려의 기층문화 연구③: 通化 萬發撥子 유적의 무덤」, 『東洋學』 81, 83쪽.

14 최종택, 2020, 「Ⅵ. 고구려의 유물」, 『고구려 고고학』, 진인진, 318쪽.

15 이종수, 2020, 「고구려 문화 기원의 寶庫-「通化 萬發撥子遺址 考古發掘 報告」」, 『야외고고학』 37, 134쪽.

16 〈그림 7〉의 구역별 그리드의 위치는 시기별 공간성을 확인하기 위해 방격법을 전제로 그리드의 방향과 보고서상의 거리 등을 고려하여 임의로 구역 위치를 비정한 것이다. 분명히 실제 구획된 그리드와는 오차가 클 것으로 여겨진다. 이는 유적 내 철기가 출토되는 위치의 공간 변화를 살피기 위한 참고자료임을 분명히 밝혀둔다.

17 서부의 Ⅲ구역 내 보고서상 명대(明代)로 분류된 무덤이 존재하기는 하지만, 유적의 형성부터 위진시기까지는 서부와 동부의 공간적 성격을 서로 다르게 인식하였던 것으로 여겨진다.

18 이 글에서는 철기가 출토된 유구를 중심으로 시기에 따른 공간 변화를 살폈다. 무덤의 경우 토광묘-석관묘-대석개묘-대석개적석묘 등 어느 정도 유형화된 구조의 분포를 염두에 두고 시간성에 따른 분포를 살필 수 있었지만, 생활유구의 경우 철기가 출토된 유구의 시기에 따른 분포만 보았다. 향후 만발발자 유적에 대하여 다양한 물질문화를 포함하여 종합적으로 이해할 수 있게 되기를 기대한다.

19 『三國志』 卷30, 「魏書」 30 烏丸鮮卑東夷傳. "…燕乃遣將秦開攻其西方, 取地二千餘里, 至滿番汗爲界…."

20 村上恭通, 2003, 「黃海をめぐる鐵技術・文化の展開」, 『東アジアと日本の考古學』 Ⅲ, 同成社, 84~85쪽.

21  철기류의 형식은 김상민의 분류안을 적용한다.
    김상민, 2020, 『동북아 초기철기문화의 성립과 고조선』, 서경문화사, 50~52쪽.
22  지병목, 2005, 「高句麗 成立期의 考古學的 背景-묘제의 변화과정을 중심으로」, 『고구려의 국가형성』, 고구려연구재단, 91~92쪽.
23  김상민, 2020, 『동북아 초기철기문화의 성립과 고조선』, 서경문화사, 329쪽.
24  지병목, 2005, 「高句麗 成立期의 考古學的 背景-묘제의 변화과정을 중심으로」, 『고구려의 국가형성』, 고구려연구재단, 93쪽.
25  오도령구문 유적의 철기와 청동기의 일괄성에 대해 중국과 일본 연구자의 경우 동 시기로, 북한과 국내 연구자는 부정적으로 보는 경향이 있다. 이와 관련된 연구사는 이남규(2005)에 의해 정리된 바 있는데, 그는 가능성은 인정하면서도 신중해야 한다고 보았다.
26  김상민, 2017, 「요령지역 철기문화의 전개와 한반도 초기철기문화」, 『동북아역사논총』 55, 95쪽.
27  古澤義久, 2010, 「中國東北地方·韓半島西北部における戰國·秦·漢初代의 方孔円錢의 展開」, 『古文化談叢』 64, 157쪽.
28  하문식, 2019, 「초기 고구려의 기층문화 연구①: 소자하와 부이강 유역의 유적」, 『白山學報』 115, 268~269쪽.
29  樊聖英, 2007, 「桓仁縣王義溝高句麗時期遺址」, 『中國考古學年監』, 文物出版社, 187~188쪽.
30  2007년 번성영에 의해 소개된 환인 왕의구 유적에 대한 설명에 "철기는 이미 대다수가 온전치 않고, 표면의 부식이 심한 상태이다. 그러나 구분이 가능한 기형으로는 겸(鎌), 도(刀), 부(斧), 조(釣), 촉(鏃), 정(釘) 등이 있다."라고 기술되어 있다. 樊聖英, 2007, 「桓仁縣王義溝高句麗時期遺址」, 『中國考古學年監』, 文物出版社, 188쪽.
31  왕의구 4차 조사에서 출토된 주조철부는 대형으로 공부(銎部)에 단(段)과 같은 돌대가 돌아가는 형태이다. 기존 주조철부 분류안(김상민, 2020)의 ⅠA-4형에 해당한다. 이 같은 형식의 주조철부는 그간 부여 합송리, 장수 남양리 유적 등 한반도 서남부 지역의 금강 유역권에서 확인된 바 있다. 정식 보고가 아니므로 자료의 신뢰성을 담보할 수 없어 아쉽지만, 향후 추가된 보고를 통해 한반도 서남부 지역과의 관계성을 연구하는 자료가 될 것으로 기대

된다.

32  www.sohu.com/a/368091046_199807 2020년 11월 15일 접속.
33  김상민, 2020, 『동북아 초기철기문화의 성립과 고조선』, 서경문화사, 333쪽.
34  吳江原, 2012, 「高句麗 初期 積石墓의 出現과 形成過程」, 『高句麗渤海研究』 43, 39쪽.
35  肖景全, 2010, 「新賓旺淸門鎭龍頭山石蓋墓」, 『遼寧考古文集』 2, 科學出版社, 161쪽.
36  吳江原, 2012, 「高句麗 初期 積石墓의 出現과 形成過程」, 『高句麗渤海研究』 43, 40~42쪽.
37  2010년도 무순박물관 자료조사에서 새롭게 발견된 연화보 유적 철기류와 함께 신빈 하북만구(河北灣溝) 유적과 소괴석 유적의 자료를 실견한 바 있다. 세죽리-연화보유형의 철기로 육안상으로 탈탄(脫炭) 처리되어 외면이 코팅된 듯한 현상과 장방형 철초의 결실된 기부를 재가공한 현상 등을 확인한 바 있다. 관련된 내용은 아래의 논고에 보고되었다.
小林靑樹 외, 2011, 「遼東における靑銅器鐵器の調査と成果」, 『中國考古學』 十一.
38  하문식, 2019, 「초기 고구려의 기층문화 연구①: 소자하와 부이강 유역의 유적」, 『白山學報』 115, 275쪽.
39  吳江原, 2012, 「高句麗 初期 積石墓의 出現과 形成過程」, 『高句麗渤海研究』 43, 35쪽.
40  정찬영, 1973, 『압록강, 독로강류역 고구려유적발굴보고』, 과학백과사전출판사, 57~60쪽.
41  김상민, 2020, 『동북아 초기철기문화의 성립과 고조선』, 서경문화사, 373쪽.

# 만발발자 유적을 통해 본 고구려 토기의 기원과 형성

## 고구려 토기의 기원 문제

2004년 중국과 북한 소재 고구려 유적의 세계문화유산 등재와 더불어 『五女山城(오녀산성)』, 『國內城(국내성)』, 『丸都山城(환도산성)』, 『集安高句麗王陵(집안 고구려 왕릉)』을 비롯한 주요 고구려 유적의 발굴조사 보고서 간행, 2002~2007년까지 5년간 중국 정부 주도로 진행된 동북공정(東北工程)과 남한 학계의 대응, 그리고 1990년대 후반부터 본격적으로 시작된 남한 고구려 유적의 발굴조사 및 보고서 간행 등으로 인해 최근의 고구려 고고학 조사 및 연구는 더없이 활발하다.

  이와 관련하여 고구려 토기에 대해서도 그 이전 시기에 비해 보다 정밀하고 종합적인 연구가 시도되고 있다. 그럼에도 고구려 건국 전후에 해당하는 토기 자료가 절대적으로 부족하여, 고구려 토기의 기원과 형성 과정에 대한 문제는 고구려 성립과 관련하여 매우 중요함에도 대세론적인 연구에 머무르고 있는 상황이다.

최근 보고서가 발간된 통화(通化) 만발발자(萬發撥子) 유적[1]은 신석기시대부터 청동기시대와 초기 철기시대를 거쳐 고구려, 그리고 명대(明代)까지 시기를 달리하는 다양한 종류의 유구와 유물이 확인되면서 이 지역 고고문화의 발전 과정을 밝히는 데 중요한 자료를 제공하고 있다. 특히 청동기시대부터 고구려까지 무덤과 생활유구가 공존하고 있어 고조선에서 고구려로 이어지는 문화적 계통 관계를 밝힐 수 있다는 점에서 기대를 모으고 있다.

따라서 만발발자 유적 보고서에 수록된 고구려 토기를 고구려가 발원한 혼강(渾江) 유역 및 압록강 중상류 지역에서 출토된 토기와 비교·검토해 보고, 이를 통해 고구려 토기의 기원 혹은 형성 과정의 단서를 찾아보도록 하자.

## 만발발자 유적 출토 고구려 토기

### 제4기 문화층의 토기

만발발자 유적에서 고구려 토기와 관련하여 주목할 문화층은 제4기와 제5기이다. 수량과 기종은 많지 않으나, 생활유적과 무덤에서 출토된 토기는 모양에서 차이가 확인된다.

제4기의 생활유적 출토 토기[2]로는 파수부 호(罐), 심발(罐), 발(盌)과 완(盌), 잔(杯), 두형토기(豆)와 비실용기로서 각종 소형토기가 있다. 무덤 출토 토기는 파수부 호(壺)와 파수부 심발(罐)이 있다.

제4기 생활유적에서 출토된 토기는 기종 구성이 다양하지 않지만, 기본적으로는 청동기시대(제3기)의 토기 전통을 유지하고 있다. 태토는 모래가 혼입된 점토가 대부분이지만, 니질도 일부 확인된다. 조질태토에는 운모나 활석분(滑石粉)이 혼입되기도 한다. 색조는 적갈색, 황색, 흑갈색, 회색인데, 갈색 계통이 대다수이다. 파수는 청동기시대와 마찬가지로 대상 혹은 돌기형이 부착된다.

보고서에 수록된 토기 기종은 우리나라의 분류 기준과 차이가 있어 기준을 그대로 적용할 수는 없겠지만, 내용 검토를 위해 간략하게 소개하도록 한다.

우선 관(罐)은 네 유형으로 구분된다. ①유형(파수부 호)은 약간 길쭉한 돌기형파수(帶鏊耳)와 종방향 대상파수(竪橋耳)가 부착된 것이다. 제3기의 토기와 형태적으로 큰 차이가 없고, 경부는 조금 길어지며, 동체 상단부의 파수가 약간 짧아지는 정도이다. ②유형(장경호)은 약간 외반되는 구연부 아래에 소형의 종방향 파수가 부착된 것으로, 역시 청동기시대의 전통을 계승하고 있다. ③유형(심발)은 방형의 구순을 가진 구연부와 동체부 상단에 작은 돌기형파수가 부착된 것이다. ④유형은 파수가 부착되지 않은 것이며, 세부 형태도 같지 않다. 이들 중 ③과 ④유형은 제4기에 새롭게 등장한 기형이다.

완(盌)은 굽(臺足)이 부착된 것과 평저인 것으로 나뉜다. 대부완(대족완)은 제3기의 전통을 계승한 것이고, 평저완은 새롭게 출현하였다. Ⅱ구역 4호 주거지에서 출토된 평저완(표 2)은 보산문화(寶山文化)[3]의 영향을 받은 것으로 추정하기도 한다.[4]

두형토기(陶豆)는 제3기에도 확인되지만, 나팔형(喇叭形) 대각(臺座)의 끝이 좀더 외반한다는 점에서 차이가 있다. Ⅱ구역 구상유구에서 출

**표 1** 만발발자 유적 출토 토기 속성표[5]

| 속성<br>기종 | | 표면색 | | | | 태토 | | 성형 | 정면 | | | | 문양 | 파수 | | | | | | | | 계 |
|---|---|---|---|---|---|---|---|---|---|---|---|---|---|---|---|---|---|---|---|---|---|---|
| | | 적갈 | 황갈 | 흑갈 | 회색 | 협사 | 니질 | 수제 | 말광 | 마연 | 소면 | 암문 | | 반이+수이 | 반이2 | 횡이2 | 맹이2 | 수교이 | 반이 | 맹이 | 횡교이 | |
| 4기<br>생활<br>유구 | 파수부 호(罐) | 1 | 1 | | | 2 | | | | | 1 | | 2 | | | | | | | | | 2 |
| | 파수부 장경호(小罐) | 1 | 1 | | | 2 | | | | | | | | | | | | 2 | | | | 2 |
| | (장동)호(罐) | | 1 | | | | 1 | | | | | | | | | | | | | | | 1 |
| | 심발(小罐) | | 1 | | 1 | 2 | | | | 1 | | | | | | | | | 1 | | | 2 |
| | 소형심발(小杯) | | | | 1 | 1 | | | | | | | | | | | | | 1 | | | 1 |
| | 발(盌, 罐) | 1 | 1 | | | 2 | | | | 2 | | | | | | | | | | | | 2 |
| | 완(盌) | | 2 | 3 | | 2 | 1 | | 1 | 1 | 3 | | | | | | | | | | | 5 |
| | 컵형토기(盅) | 1 | | | | 1 | | | | | | | | | | | | | | | | 1 |
| | 소형컵형토기(盅) | 1 | | | | 1 | | 1 | 1 | | | | | | | | | | | | | 1 |
| | 잔(杯) | 1 | | | | 1 | | | | 1 | | | | | | | | | | | | 1 |
| | 소형잔(小杯) | 1 | | | | | 1 | 1 | | 1 | | | | | | | | | | | | 1 |
| | 두형토기(豆) | | | 3 | | 3 | | | | 2 | 1 | | | | | | | | | 2 | | 3 |
| | 소형원저토기<br>(小圓底器) | 1 | | | | 1 | | | 1 | | | | | | | | | | | | | 1 |
| 4기<br>무덤 | 파수부 장경호(壺) | 2 | 1 | 2 | | 3 | 2 | | | | | | | 1 | 3 | | | | | 1 | | 5 |
| | 파수부 심발(罐) | 1 | 6 | 1 | | 4 | 4 | 1 | | | | | 6 | | | | 1 | | | | | 8 |
| | 제4기 합계 | 9 | 16 | 9 | 2 | 24 | 10 | 4 | 1 | 5 | 9 | | 2 | 7 | 3 | | 2 | 3 | 2 | 1 | | 36 |
| 5기<br>생활<br>유구 | 장동호(壺) | | 1 | | | 1 | | 1 | 1 | | | | | | | | | | | | | 1 |
| | 파수부 장경호(壺) | | 1 | | | 1 | | 1 | | | | | | | | | | | 1 | | | 1 |
| | 동이(罐) | | | | 1 | 1 | | | | | | | | | | | | | | | | 1 |
| | 완(盌) | | 2 | 1 | | 1 | 2 | 1 | 1 | | | | | | | | | | | | | 3 |
| | 두형토기(豆) | | 1 | 1 | | 1 | 1 | | 1 | 1 | | | | | | | | | | | | 2 |
| | 소형심발(小罐) | | 1 | 1 | | | | | | | | | | | | | 1 | 1 | | | | 2 |
| | 소형잔(小杯) | | | 4 | | | 1 | 3 | 1 | | | | | | | | | | | | | 4 |
| | 종지(小盤) | 1 | | | | 1 | | | | | | | | | | | | | | | | 1 |
| | 제5기 합계 | 1 | 9 | 4 | | 3 | 11 | 3 | 3 | 1 | 1 | 1 | | | | | 1 | 1 | 1 | | | 14 |

**표 2** 제4기 생활유적 출토 토기(축척 부동)

| 기종 | 도면 | 도면 |
|---|---|---|
| 파수부 호<br>(罐) | 도3-4-1-1 | 도3-4-1-2 |
| 파수부 장경호<br>(小罐) | 도3-4-80 | 도3-4-69 |
| 심발<br>(小罐) | 도3-4-33-1 | 도3-4-91-1 |
| 발<br>(盌) | 도3-4-1-6 | 도3-4-55-1 |
| 완<br>(盌) | 도3-4-5-1 | 도3-4-26-2 |
| 호(罐, 왼쪽)<br>잔(杯, 오른쪽) | 도3-4-1-5 | 도3-4-5-3 |
| 두형토기(豆) | 도3-4-91-2 | 도3-4-5-2 |

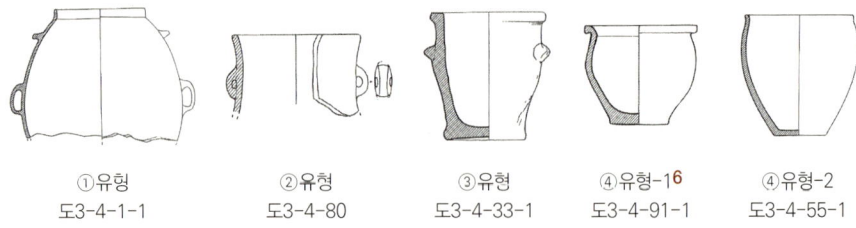

| ①유형 | ②유형 | ③유형 | ④유형-1 | ④유형-2 |
| --- | --- | --- | --- | --- |
| 도3-4-1-1 | 도3-4-80 | 도3-4-33-1 | 도3-4-91-1 | 도3-4-55-1 |

**그림 1** ──── 제4기 문화층 출토 관(罐)의 네 유형(축척 부동)

토된 두형토기(표 2)는 기벽이 직선적이어서(斜直壁) 청동기시대부터 유행하던 곡선형의 기벽을 가진 배신(弧腹豆盤)과는 차이를 보이는바, 보산문화의 영향을 받아 출현한 신기종으로 보고 있다. 배신부 외면에는 퇴화되어 흔적만 남은 가로형 손잡이(盲耳)가 남아 있다.

손으로 제작한 소형토기(手製小陶)는 높이가 2cm 내외로, 제3기에서도 확인되는 컵형토기(盅)[7]와 완 외에 두형토기, 원저토기,[8] 잔(小杯), 심발(小杯) 등의 새로운 기형이 확인된다. 잔(小陶杯)은 다시 두 유형으로 나뉘는데, ①유형은 직선적으로 경사진 컵 형태이고, ②유형은 그림 1-③유형의 축소 형태이다.

제4기의 무덤에서 출토되는 토기(표 3)는 (심)발과 (장경)호로 모두 파수가 부착되어 있는 점에서 특징적이다. 생활유적에서는 발견되지 않는 기형으로, 부장용으로 별도 제작된 것으로 추정된다.

매장주체부가 지하에 마련된 석관묘(C유형)와 석곽석관묘, 대개석적석묘는 (심)발과 장경호의 세트 부장을 기본으로 한다. 3개 유형의 무덤 모두 화장이 이루어졌고, 4개의 돌기형파수가 부착된 심발(四鋬耳罐)과 4개의 가로형 손잡이가 부착된 호(四橫耳壺)가 공통적으로 부장되어 있으므로, 각 무덤의 축조 시기는 큰 차이가 없다고 판단된다.

**표 3** 제4기 무덤 출토 토기(축척 부동)

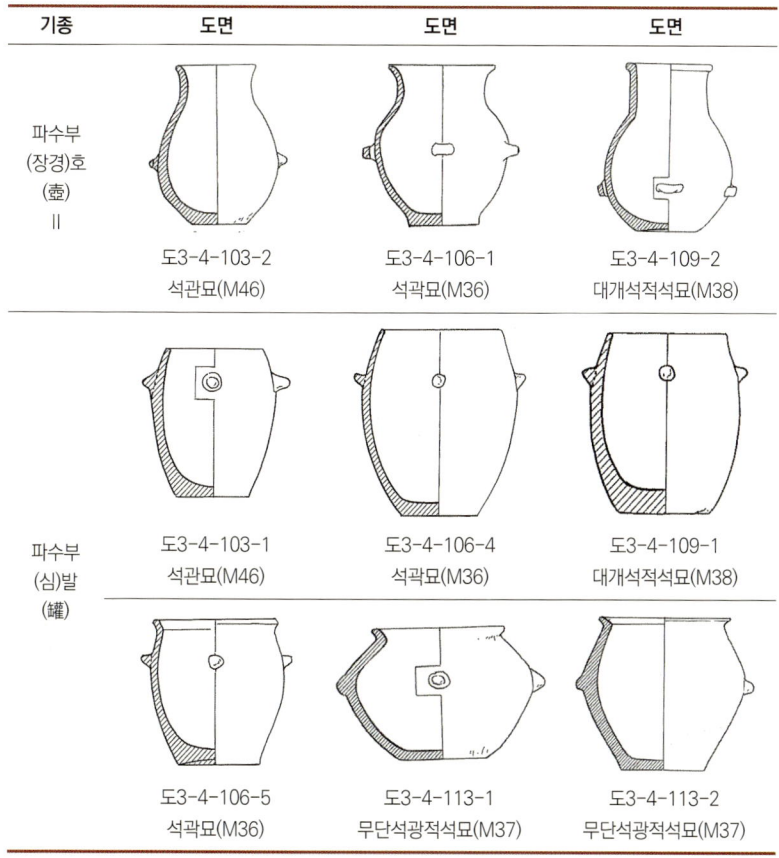

　　4개의 파수가 부착된 심발과 호는 신빈(新賓)의 왕청문(旺淸門) 용두산(龍頭山) 석개묘(石蓋墓) 1호묘와 2호묘에서도 출토되었는데(그림 2), 안테나식 철검이나 말종방울 등의 유물로 볼 때 용두산 고분군의 조성 연대는 기원전 3세기 이후로 추정된다.[9] 이들 토기 역시 높이가 10~15cm 정도밖에 되지 않아 실생활용이 아닌 명기(冥器)로 제작되었음을 알 수 있다.

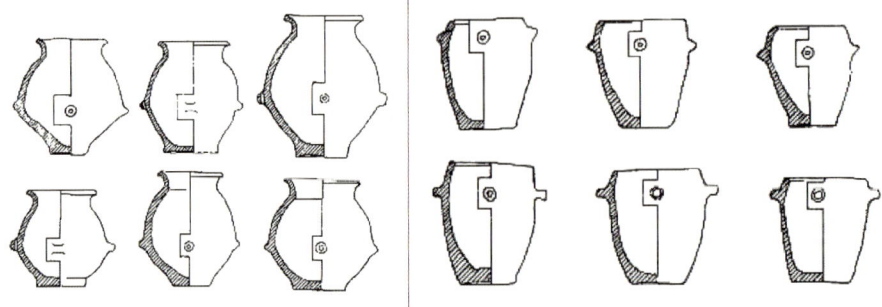

그림 2 ─── 신빈 용두산 2호 석개묘 출토 토기(肖景全, 2010: 도4, 6)

매장주체부가 지상에 마련된 무단석광적석묘(37호묘)는 앞서 언급한 ③유형의 묘제보다 후행하는 것으로, 무덤에서는 4개와 2개의 돌기형파수가 부착된 심발(표 3)이 출토되었다. 환인 풍가보자(馮家堡子) 고분군의 5호묘(대개석적석묘)와 8호묘(대개석묘) 출토 토기(그림 8, 그림 9)와 형태적으로 유사하다. 유적의 연대는 기원전 2세기경으로 추정된다.

한편 만발발자 유적의 제4기 문화층에서 출토된 토기의 상당수는 청동기시대 후기에 해당하는 제3기 문화층 출토 토기와 형태적으로 유사하다. 만발발자 유적의 제3기 토기는 기본적으로 마성자문화(馬城子文化)[10]권에 바탕을 두고 있는 것으로 보인다.

제3기의 생활유적에서 주로 확인되는 기형은 (심)발(罐), 호, 완 등이며, 이 밖에도 두형토기, 시루, 옹형토기, 대부발(圈足鉢), 미송리형토기(弦紋壺), 정(鼎), 력(鬲) 등이 있다. 이 시기에는 대상파수가 유행하는데, (심)발과 호에는 횡방향 대상파수(橫橋耳), 종방향 대상파수(竪橋耳), 매의 부리 모양(鷹嘴鋬耳) 혹은 일반적인 돌기형파수(鋬耳), 흔적만 남은 맹이(盲耳) 등의 파수가 부착되는 경우가 많다. 대상파수는 횡방향에 비해 종방향이, 돌기형파수(반이)는 길이가 짧은 것이 시기가 늦다. 상단부에 돌기형파수, 복부에 대상파수가 부착되는 발(그림 3 ①, ⑤)은 비교적 큰 편으로, 무덤에서는 쉽게 볼 수 없는 실생활 용기이다. 완은 굽이 달린 것(假圈足)이 다수를 차지하는데, 통굽은 드물고 들린 굽이 대부분이다. 두형토기는 나팔형 대각에 얕은 호형(弧形)의 기벽을 가진 접시(盤) 형태와 구멍이 뚫린 대각에 비교적 깊은 접시 형태로 나뉜다. 이 밖에도 제4기와 마찬가지로 손으로 빚은(手捏法) 소형 토기들이 발견된다.

제3기의 무덤으로는 토광묘, 석관묘, 대개석묘가 있는데, (심)발, 호, 완 등이 일정한 조합을 이루며 부장된다. 호는 경부에서 동체부로 전환

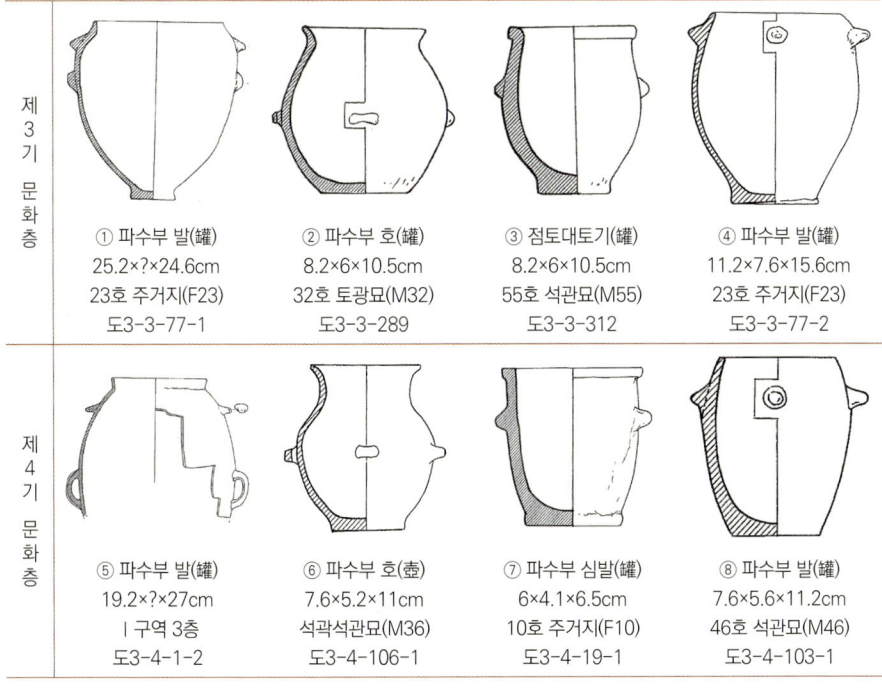

**그림 3** ―― 제3기와 제4기 문화층 출토 토기의 형태 비교(축척 부동)

되는 지점에 1조의 돌대(凸棱)가 돌아가는 것(그림 4 ③)이 많다. (심)발과 호에는 파수가 부착되는데, 횡방향 및 종방향 대상파수가 다수를 차지한다(그림 4). 다만 집장토광묘(20호묘와 21호묘)에서는 종방향 대상파수부 호 외에 돌기형파수(乳丁耳)가 부착된 발도 상당수이다. 호의 저부에는 얕은 통굽(그림 4 ③, ④)이 형성되어 있으며, 발과 완에는 통굽 혹은 들린 굽(그림 4 ①)이 부착된 것이 상당수이다. 이 밖에도 B유형 석관묘에 속하는 55호묘에서는 원형점토대토기(그림 3 ③) 1점이 발견되었다.

이상에서 살펴본 바에 따르면, 제3기 청동기시대의 토기는 기본적으로 굽(臺足)이 형성된 저부가 많은 반면, 제4기 초기 철기시대에는 점차 평저로 변한다(그림 3). 그리고 외반 구연의 파수부 호(그림 3 ②, ⑥)는 동체부가 구체화(球體化)되면서 목이 길어지는(長頸化) 양상이 확인된다. 또 청동기시대 토기에서 다수 확인되었던 횡방향 대상파수는 제4기가 되면 거의 보이지 않는다.

결과적으로 만발발자 유적의 제4기 문화는 기본적으로는 청동기시대의 마성자문화로부터 이어지는 재지적 전통에 북쪽(길림)에서 내려

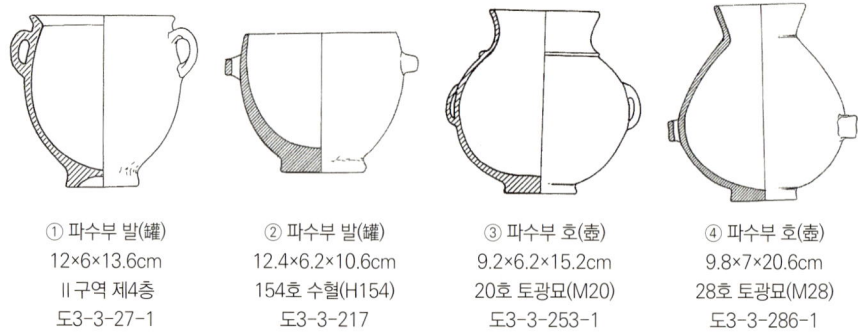

① 파수부 발(罐)　② 파수부 발(罐)　③ 파수부 호(壺)　④ 파수부 호(壺)
12×6×13.6cm　12.4×6.2×10.6cm　9.2×6.2×15.2cm　9.8×7×20.6cm
Ⅱ구역 제4층　154호 수혈(H154)　20호 토광묘(M20)　28호 토광묘(M28)
도3-3-27-1　도3-3-217　도3-3-253-1　도3-3-286-1

**그림 4** ── 제3기 문화층 출토 대상파수부 토기(축척 부동)

온 보산문화(양천문화)의 영향으로 두형토기 등이 추가되고, 이후 철기 문화가 유입되면서 변화가 발생한 것으로 보인다. 무덤에는 실생활 용기가 아닌 명기로 제작된 토기가 부장되며, 이는 용두산 석개묘나 환인 풍가보자 고분군 등의 출토품과 유사하다. 토기의 형태나 묘제, 그리고 다른 유물의 양상을 종합적으로 고려하면, 제4기의 연대는 기원전 2세기를 중심으로 기원전 3세기 말부터 기원전 1세기까지로 추정된다. 즉 만발발자 유적의 제4기 토기는 혼강과 압록강 중상류 일대의 청동기시대 후기부터 초기 철기시대에 걸쳐 적석계 무덤을 조영하던 토착 집단이 고구려로 통합되기 이전의 상황을 보여주고 있어, 고구려 국가 성립기 통화지역 고구려 기층문화의 한 단면을 시사한다는 점에서 중요한 의미가 있다.

### 제5기 문화층의 토기

제5기 문화층의 생활유적 출토 토기(표 4)는 그 종류가 많지 않다. 기본 기종으로는 호(壺), 동이(罐), 완, 두형토기[11] 등이 있고, 비실용기로서의 소형토기는 완, 심발, 잔(小陶杯), 종지(小陶盤)가 있다. 무덤(방단적석묘)에서는 토기가 출토되지 않았다. 제5기의 토기는 니질태토를 기본으로 하며, 잔석립이 혼입된 것도 있다. 색깔은 황색과 흑색이 다수를 차지한다. 기면은 정면(抹光)하거나 마연(磨光)한 것도 상당수이며, 소성 온도가 높아 기벽이 비교적 단단하다.

   호는 2개체가 보고되었다.[12] 장동호(표 4)는 고구려 중기 이후에 등장하는 기형으로, 경부에 사격자 암문(暗文)이 시문되어 있는 것을 볼 때 5세기 중후반대의 것으로 추정된다.

   동이(표 4)는 1개체가 출토되었다. 외반 구연에 구단부는 별다른 처리 없이 마무리하였다. 동이 역시 고구려 중기에 등장하는 대표적인 생활용기 중 하나인데, 경부에서 견부로의 꺾임 정도가 약한 것으로 보아, 4~5세기대로 편년할 수 있다.

완은 평저인 것과 통굽이 있는 것으로 나뉜다. 굽이 부착되어 있는 완(표 4 도3-5-16-1)은 청동기시대부터 유행하던 것으로, 청동기시대 후기의 28호 토광묘에서 출토된 완과 유사하다. 저부에 약하게 굽이 형성되어 있는 완(표 4 도3-5-1-3, 4)은 제5기에 새롭게 등장한 기형으로, 동체부의 기벽이 비교적 곧게 경사진 것(斜直腹)이 특징이며, 저부가 비교적 두텁다. 남한 지역 출토 고구려 중후기의 완은 구경과 저경의 차이가 크지 않아 안쪽면의 바닥 부분이 편평한데, 만발발자 유적 출토 완은 내면이 경사져 있어 고구려 중기보다는 고구려 건국 전후 혹은 이에 가까운 시기로 추정된다. 이 밖에도 제4기로 보고된 평저완(표 4 도3-4-1-7)은 형태나 제작 기법으로 볼 때 초기 철기시대보다는 고구려 중기에 해당할 가능성이 높다.

소형 토기 중에는 파수부 심발이 확인된다. 동체부에는 퇴화되어 흔적만 남은 파수(盲耳)와 돌기형파수(鋬耳)가 부착되어 있다. 제4기의 돌기형파수가 부착된 발과 종방향파수가 부착된 발에서 발전한 것으로, 동체부의 크기가 작아 파수는 기능을 상실하고 흔적만 남은 것으로 보인다. 실용기로 보기 어려운 소형으로, 고구려 중기보다는 고구려 건국 전후기에 해당하거나 이를 충실히 모방한 의례용 토기로 추정된다.

이 밖에도 직육면체 토기(陶多孔器)가 확인되는데, 이 역시 고구려 중기 이후에 등장하는 기형이다. 줄을 꼬는 도구[13]로 보기도 하나, 그 기능은 아직까지 불분명하다. 인근의 자안산성(自安山城)이나 무순(撫順) 고이산성(高爾山城)을 비롯하여 연천 호로고루 등에서 출토되었고,

**표 4** 제5기 문화층 출토 토기(축척 부동)

| 기종 | 도면 | 도면 |
|---|---|---|
| 장동호(壺, 왼쪽)<br>동이(罐, 오른쪽) | 도3-5-1-1 | 도3-5-36-1 |
| 완<br>(盌) | 도3-5-1-3 | 도3-5-1-4 |
| | 도3-5-16-1 | 도3-4-1-7 |
| 소형<br>파수부 심발<br>(小罐) | 도3-5-16-18 | 도3-5-26-1 |
| 소형 잔<br>(小杯) | 도3-5-9-11 | 도3-5-16-5 |
| 종지(小盤, 왼쪽)<br>직육면체토기(多孔器, 오른쪽) | 도3-5-16-7 | 도3-5-19-1 |

만발발자 유적을 통해 본 고구려 토기의 기원과 형성

발해 유적에서도 상당수 확인된다.

　이상의 내용을 종합하면, 제5기 문화층에서 출토된 토기는 그 수량이 많지는 않지만 고구려 성립기부터 고구려 중후기까지 고구려 전 시기를 아우르고 있음을 알 수 있다. 청동기시대 후기부터 이어져 내려오는 재지 전통을 충실히 따르고 있는 고구려 건국 전후의 토기는 굽이 형성된 완과 파수부 심발 등이고, 중기 이후의 전형적인 고구려 토기는 장동호, 동이, 직육면체 토기 등이다. 환인 오녀산성이나 남한 지역 고구려 유적 출토 토기와 비교해볼 때 장동호와 동이는 대략 5세기대로 추정되며, 직육면체 토기는 고구려 후기로 편년될 가능성이 있다. 다만 제5기에 들어 고구려 유적과 유물의 수량이 다른 문화층에 비해 그 비중이 크지 않은 점은 고구려 건국 이후 만발발자 유적 거주 집단이 중심 세력으로 성장하지 못했음을 시사한다.

## 압록강-환인 일대에서 출토된 토기와의 비교

만발발자 유적은 II구역의 청동기시대 토광묘(M1~M4호)를 제외한 모든 무덤이 유적의 동쪽 사면에 분포하고 있다. 청동기시대 후기부터 고구려시기까지 이 일대에 거주하던 집단은 주거 공간과 무덤 공간을 분리하였다. 석관묘는 구릉의 중부 남사면에, 대개석묘와 적석묘 계통은 산 정상부에 중복 없이 입지하고 있어, 앞서 조성된 무덤에 대한 인식이 계속 유지되고 있었음을 보여준다. 기원전 2세기를 전후한 시기에는 C형 석관묘와 석곽석관묘, 대개석적석묘가 공존하였으며, 고구려 건국 시기인 기원 전후에는 무기단석광적석총(무단석광적석묘)이 축조되었고, 고구려 중기로 접어들며 점차 발전하여 계단석광적석총(방단적석묘)이 등장한 것으로 판단된다.

특히 초기 철기시대로 비정되는 제4기의 무덤에는 파수부 (심)발(罐)과 파수부 (장경)호(壺)가 세트로 부장되었는데, 이 토기는 일상생활용이 아니고 명기로 제작된 것이다. 심발과 호가 함께 부장되는 풍습은 흉노를 포함한 중국 동북 지역과 한반도에서 발견되는 이 시기의 공통적인 특징이다. 화장 역시 중국 동북 지역에서 청동기시대부터 고구려 초기까지 확인되는 보편적인 장례 풍습이다.

이에 고구려 토기의 기원과 형성 과정을 살펴보기 위해서는, 만발발자 유적의 제4기 문화층 토기와 비슷한 시기의 주변 유적 출토 토기를 함께 검토해볼 필요가 있다. 고구려가 건국한 환인 일대에서 가장 이른 시기의 적석총으로는 망강루 고분군이 있고, 이보다 앞선 시기의 주요 유적으로는 장백 간구자 고분군과 환인 풍가보자 고분군을 꼽을 수 있다. 만발발자 유적과 유사한 시기의 생활유적은 환인 추수동(抽水洞) 유적과 왕의구(王義溝) 유적 등이 있다.

### 장백 간구자 고분군

장백 간구자 고분군[14]은 현재까지 알려진 압록강 유역의 적석총 중에서 가장 이른 시기에 해당하는 유적으로, 길림성 장백현 십사도구(十四道溝) 간구자촌의 하곡 충적대지 위에 입지한다. 여러 기의 무덤이 연접하고 있는 것이 특징이며, 모두 52기의 무덤이 발견되었다. 고구려의 연접묘는 방형 평면인 적석총의 한 변에 잇대어 무덤을 추가하는 방식으로 조성되지만, 간구자 고분군은 중앙부에 있는 원형 평면 적석묘의 둘레를 돌아가며 4~6개의 반원형 평면 적석묘가 연접하고, 다시

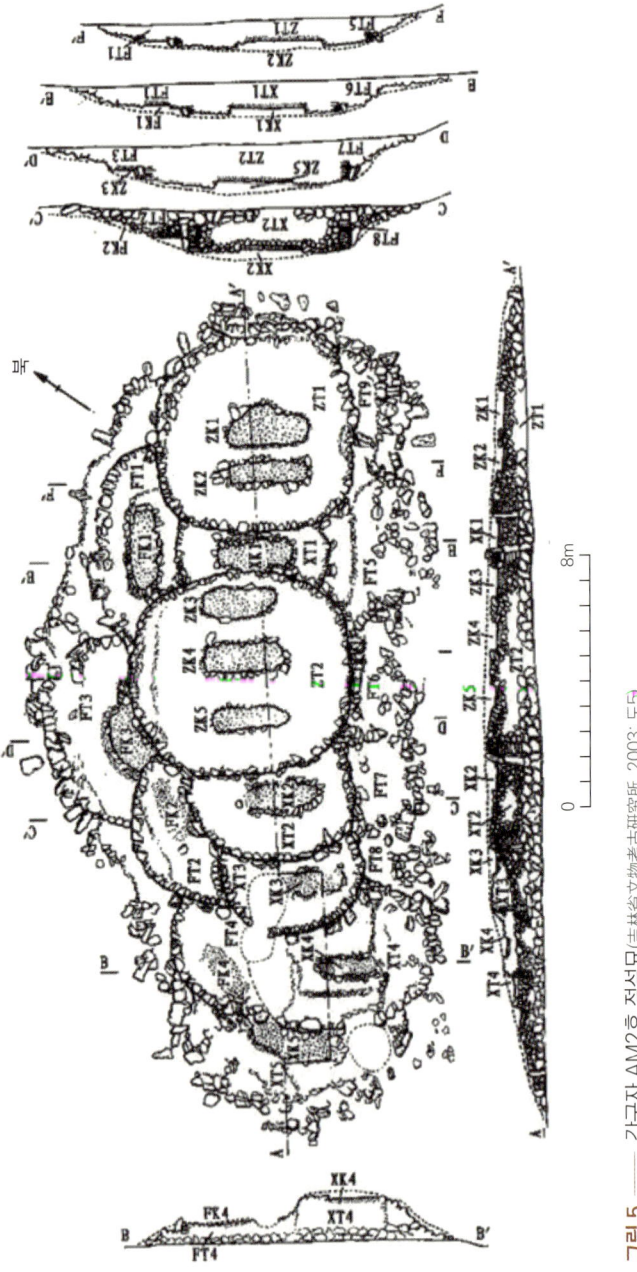

그림 5 ──── 간구자 AM2호 적석식묘(吉林省文物考古硏究所, 2003: 도5)

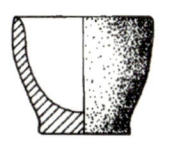 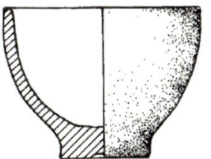 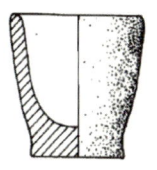 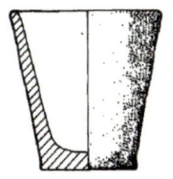

① 완(천복관, 도11-1)  ② 완(천복관, 도12-6)  ③ 잔(심복관, 도11-3)  ④ 잔(심복관, 도12-3)
7×4.6×5.8cm　　　　6.5×5.6×9.5cm　　　　6.8×5×7.2cm　　　　8.9×4.8×9.2cm

**그림 6** —— 간구자 고분군 출토 토기(吉林省文物考古硏究所, 2003)

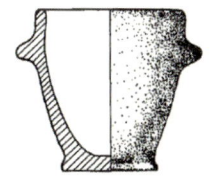 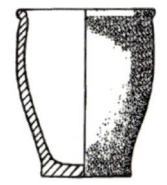 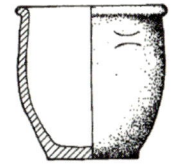

① 심발(심복관, 도12-1)　② 심발(심복관, 도12-2)　③ 심발(천복관, 도12-8)
9.6×6.4×10cm　　　　　9.7×6.5×11.8cm　　　　9.9×6×10cm

**그림 7** —— 간구자 고분군 출토 토기(吉林省文物考古硏究所, 2003)

동일한 방식으로 무덤을 추가하면서 많게는 십수 기가 이어진 집단묘이다. 연접 적석총의 전체 평면은 원형, 반원형, 부채꼴로 나뉜다. 묘광 평면은 장방형이나 타원형이며, 바닥에는 작은 냇돌을 한층 얇게 깔았다. 인골은 화장 후에 매장하였으며, 깨진 돌로 봉하고 뚜껑을 덮었는데, 목질 장구는 사용하지 않았다.

유적에서는 전국시대 말기부터 진한시기에 유행한 화폐인 반량전(半兩錢), 일화전(一化錢) 등과 함께 철제 괭이(鐵钁)와 도자(鐵刀) 등이 출토되었다. 오수전(五銖錢)을 비롯한 동한시기의 화폐가 출토되지 않아, 고분군은 전국시대 말기에서 서한, 즉 기원전 3세기경부터 후한대에 조영된 것으로 판단된다. 간구자 고분군은 비록 집단묘이기는 하나,

기본 단위 적석묘의 구조와 철기의 부장, 그리고 유적의 시공간적인 위치 등에서 고구려 초기 적석총으로 이어지는 주요한 연결고리로 이해되고 있다.

간구자 고분군에서 출토된 토기는 기본적으로 부장을 위해 소형으로 제작하였으며, 모래가 혼입된 조질태토(夾砂陶)에 갈색 계통이 주를 이룬다. 손으로 제작하여 토기의 두께와 규격은 일정하지 않다. 문양은 확인되지 않으며, 대체로 기벽을 잘 정면(抹光)하였다. 토기(罐)는 39점이 출토되었는데, 발굴 보고자는 동체부의 깊이에 따라 깊은 것(深腹)과 얕은 것(淺腹)으로 구분하였다. 토기 중 일부는 만발발자 유적 제4기와 제5기의 소형 토기류(컵형토기, 잔) 및 완과 형태적으로 유사하다.

### 환인 풍가보자 고분군

풍가보자 고분군[15]은 요령성 환인현 화래진(華萊鎭) 풍가보자촌 주변의 대지에 위치한다. 3구역에 걸쳐 모두 35기 가량의 무덤이 분포하고 있는데, 2006년과 2007년에 걸쳐 14기의 무덤이 조사되었다. 무단석광적석묘(M3호~M8호, M10호~M13호), 방단석광적석묘(기단석광적석총 M2호), 방단석실적석묘(기단석실적석총: M1호, M9호)와 무단석실적석묘(무기단석실적석총: M14호)가 확인되었다.

무단석광적석묘를 다시 대개석묘(개석식 지석묘: M6호~M8호), 대개석적석묘(M3호, M5호), 무단석광적석묘(M4호)로 세분하기도 한다. 대개석적석묘와 무단석광적석묘의 구분은 뚜껑돌의 존부(存否)에 따른 것인데, 대개석묘가 가장 이른 시기에 축조되었다. M3호묘(대개석적석묘)와 M4호묘(무단석광적석묘)는 무덤의 형식은 다르지만, 같은 구역에 배치되어 있을 뿐만 아니라 만발발자 유적 제4기에도 두 묘제가 병존

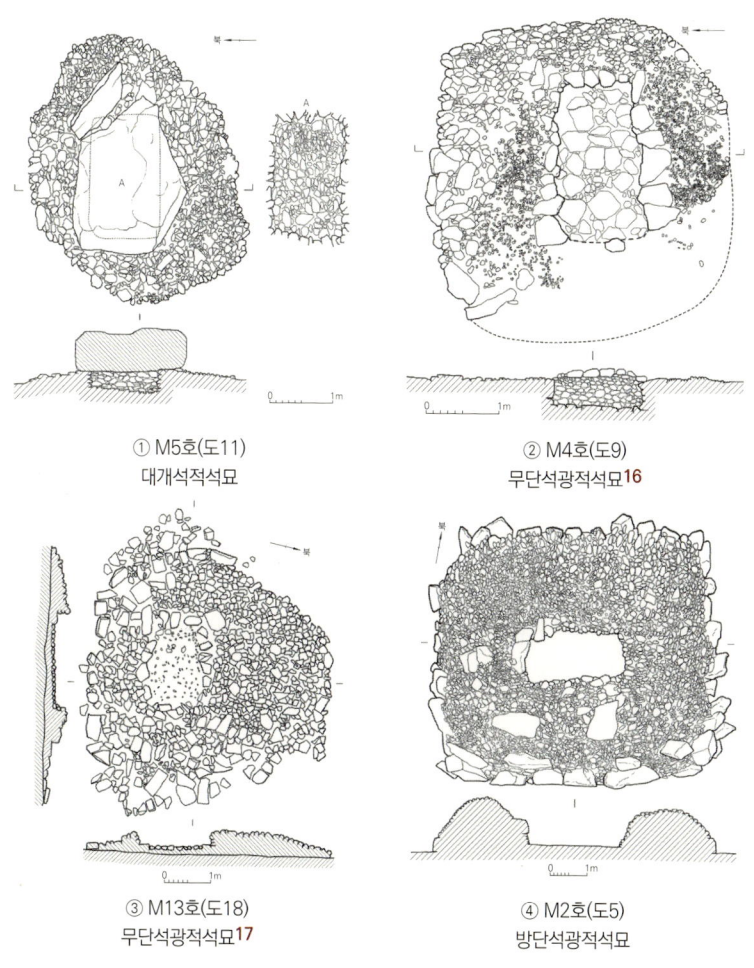

**그림 8** ─── 풍가보자 유적의 각종 고분 유형(遼寧省文物考古硏究所 외, 2016)

하고 있어서 고구려 적석총의 기원과 관련되었을 것으로 추정된다. 방단석광적석묘와 방단석실적석묘, 무단석실적석묘는 모두 고구려 건국 이후의 묘제이다. 결국 풍가보자 고분군은 고구려 건국 이전 시기부터 고구려시기의 묘제가 모두 확인되고 있다는 점에서 고구려 적석총의

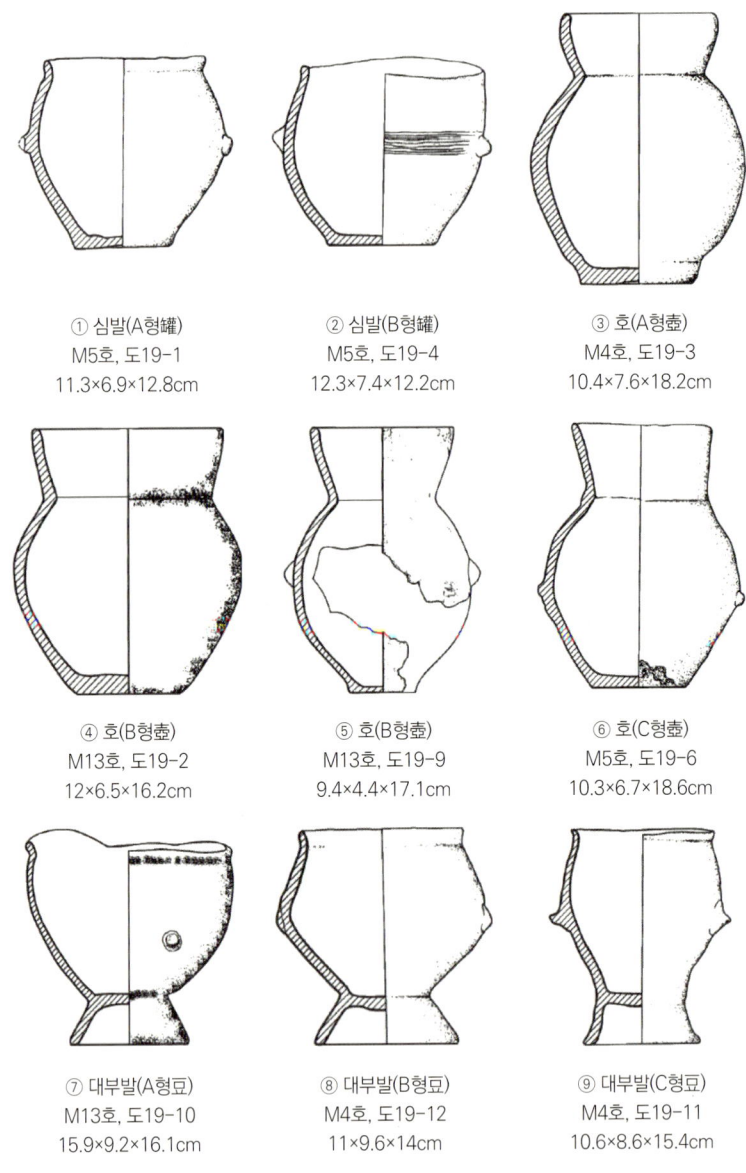

① 심발(A형罐)
M5호, 도19-1
11.3×6.9×12.8cm

② 심발(B형罐)
M5호, 도19-4
12.3×7.4×12.2cm

③ 호(A형壺)
M4호, 도19-3
10.4×7.6×18.2cm

④ 호(B형壺)
M13호, 도19-2
12×6.5×16.2cm

⑤ 호(B형壺)
M13호, 도19-9
9.4×4.4×17.1cm

⑥ 호(C형壺)
M5호, 도19-6
10.3×6.7×18.6cm

⑦ 대부발(A형묘)
M13호, 도19-10
15.9×9.2×16.1cm

⑧ 대부발(B형묘)
M4호, 도19-12
11×9.6×14cm

⑨ 대부발(C형묘)
M4호, 도19-11
10.6×8.6×15.4cm

**그림 9** ──── 풍가보자 유적의 무단석광적석묘 출토 토기(遼寧省文物考古研究所 외, 2016)

기원과 형성 과정을 이해하는 데 매우 중요하다.

풍가보자 고분군에서 출토된 토기(그림 9)는 18점으로, 모두 고구려 건국 이전 시기의 무덤인 무단석광적석묘에서 출토되었다. 기종은 심발(罐), 호(壺), 대부발(豆)이고, 손으로 제작하였으며, 갈색 계통이 대다수를 차지한다.

발굴보고에는 심발(罐)을 구연 형태에 따라 3개 유형으로 나누었다. A형과 B형은 구연부와 경부에서 보이는 형태적 차이를 근거로 분류하였으며, C형은 원형점토대토기이다. M8호묘에서 출토된 심발(그림 10 ①)은 4개의 돌기형(유두형)파수가 부착되어 있는데, 만발발자 유적의 제4기 무덤에서 출토된 파수부 심발과 그 형태가 유사하다. M5호묘에서 출토된 심발(그림 10 ②) 역시 만발발자 유적 M37호묘(무단석광적석묘) 출토 파수부 심발과 형태가 유사하다.

장경호(壺)는 경부의 형태적 특징에 따라 3개 유형으로 세분하였다. 발형(鉢形)의 목이 A형(그림 9 ⑦), 호형(弧形)의 목이 B형(그림 9 ④, ⑤), 직선적으로 경사진(斜直形) 목이 C형(그림 9 ⑥)이다. 호는 대체로 미세한 사립이 혼입된 태토(夾細砂)로 제작하였는데, 불균등한 소성이 관찰되며, 기벽은 대체로 잘 정면(抹光)하였다. 풍가보자 고분군에서 출토

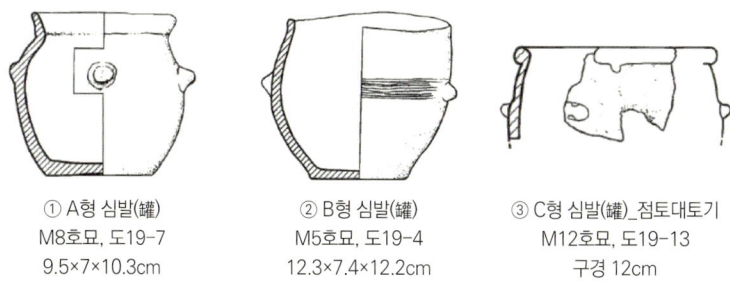

① A형 심발(罐)
M8호묘, 도19-7
9.5×7×10.3cm

② B형 심발(罐)
M5호묘, 도19-4
12.3×7.4×12.2cm

③ C형 심발(罐)_점토대토기
M12호묘, 도19-13
구경 12cm

**그림 10** ─── 풍가보자 고분군 심발(罐)의 유형(遼寧省文物考古硏究所 외, 2016)

된 장경호와 두형토기로 보고된 대부발은 청동기시대 후기로 편년되는 만발발자 유적의 제3기 출토품과 형태적으로는 유사하지만 파수의 부착 여부는 차이가 있어 기원전 3세기대로 추정된다.

### 환인 추수동 유적

추수동 유적[18]은 요녕성 환인현 사도하자향(四道河子鄕) 대전자촌(大

그림 11 ── 추수동 유적 출토 유물(武家昌·王俊輝, 2003: 도4)

甸子村)에 위치한다. 북쪽의 산사면에 입지하는데, 1994년 발굴조사를 통해 주거지 2기와 수혈 5기가 발견되었다. 주거지는 평면 형태 원형(F1호)과 방형(F2호)이 있으며, 1호 주거지는 반수혈이지만 2호 주거지는 지면에 석축으로 기초를 삼았다. 명도전(明刀錢) 280매와 철기가 출토되어 초기 철기시대에 해당하는 유적임을 알 수 있다.

추수동 유적에서는 모래가 혼입된 갈색토기와 승문이 타날된 회색토기, 대상파수(橋狀耳)나 고리형파수(環耳), 두형토기 등이 출토되었다. 토기에 대하여 더 이상의 정보는 찾을 수 없다.

### 환인 왕의구 유적

왕의구 유적[19]은 환인현 북전자향(北甸子鄕) 북전자촌 인근의 작은 산비탈에 위치한다. 혼강(渾江)의 주요 지류인 부이강(富爾江)의 강안 절벽 위에 해당한다. 2006년과 2007년 조사 당시 방형 주거지 25기, 수혈(회갱) 22기, 구상유구(회구) 3기, 무덤 3기가 발견되었다. 이후 요령성문물고고연구원(遼寧省文物考古硏究院)에서 실시한 2019년도 4차 조사[20]에서는 주거지 1기, 수혈 3기, 구상유구 1기가 추가로 확인되었다. 철제 낫(鎌), 괭이(钁), 도끼(斧) 등이 출토되어 만발발자 유적의 제4기와 유사한 시기임을 알 수 있다.

왕의구 유적에서 13호와 17호 주거지의 연대가 상대적으로 이르며, 나머지 23기의 주거지는 동일한 시기에 조성된 것으로 밝혀졌다. 2007년도 1호 주거지에서는 벽체를 점토로 쌓고 뚜껑돌을 올린 쪽구들이 발견되었는데, 내부에서 한쪽에만 파수가 부착된 적갈색 심발(單耳杯) 1점과 황갈색 시루(甑) 1점, 그리고 토제 어망추와 방추차, 마제석촉 등이 출토되었다.

① 왕의구 유적 전경(ⓒ遼寧省文物考古硏究院)　② 1호 주거지 출토 유물(ⓒ遼寧省文物考古硏究院)

**그림 12** ──── 환인 왕의구 유적(2020)

　취락유적에서 출토된 토기는 대체로 모래가 혼입된 태토(夾砂陶)이며, 니질토기는 극소수이다. 색조는 주로 황갈색, 적갈색, 회갈색이고, 마연된 토기는 거의 없다. 심발(罐), 시루, 완(盌), 두(豆), 발(鉢), 잔(杯) 등의 기종이 주를 차지하고 있으며, 점토대토기와 승문회색토기도 소량 확인된다. 봉성(鳳城) 유가보자(劉家堡子) 유적, 무순 연화보(蓮花堡) 유적, 환인 추수동 유적과 유사한 양상이다.

　두형토기(그림 13 ①)는 청동기시대 후기에서 초기 철기시대에 주로 확인되는 유물로, 보산문화와 밀접하게 관련된 것으로 이해된다. 점토대토기(그림 13 ②-2, 그림 12 ②) 역시 초기철기시대에 중국 동북 지역

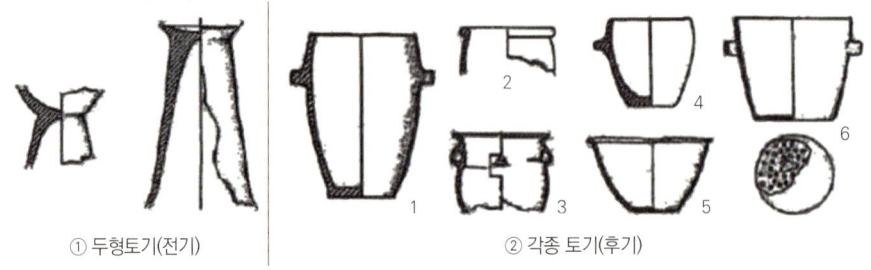

① 두형토기(전기)　　　　　② 각종 토기(후기)

**그림 13** ──── 환인 왕의구 유적 출토 토기의 시대적 구분(王志剛, 2016: 도1-16)

과 한반도에서 유행하던 기종이다. 이 밖에도 봉상형파수(棒狀耳)가 부착된 토기(그림 13 ②-1)는 두만강 유역에서 초기 철기시대부터 고구려 시기까지 지속적으로 유행하던 것이다.

한편 왕의구 유적에서는 인근의 산두자(山頭子) 1호묘(대개석적석묘)와 함께 무단석광적석묘와 방단광실적석묘가 확인되었다. 이들 무덤에서는 종방향 대상파수가 부착된 심발(竪耳罐) 1점(그림 13 ②-3)이 출토되었는데, 오녀산성 3기와 하고성자토성의 H1 수혈, 무순 청원(清原)의 임가보(任家堡) 석관묘 그리고 국내성 성벽과 성 내부에서 출토된 이른 시기의 심발과 동일한 형태이다. 진쉬둥(金旭東)은 왕의구 유적 후기 문화층에 해당하는 유물의 양상을 '왕의구유형(王義溝類型)'으로 지칭하며 서한 중기에서 동한 초기로 편년하고 있다.[21] 왕즈강(王志剛)은 왕의구유형의 상한을 서한 중기, 즉 고구려 건국 이전으로 보는 것에는 찬성하지만, 그 하한을 3세기 말에서 4세기 초까지로 파악하고 있다.[22] 하한을 늦춰 잡는 것은 오녀산성 3기의 하한 때문인데, 함께 출토된 동이(그림 13 ②-5)가 고구려 중기에 등장하는 기종이므로 그 하한은 4세기까지도 내려 볼 수 있다.

이상에서 살펴본 것처럼 왕의구 유적에는 초기 철기시대에 유행하던 토기와 함께 고구려 토기가 출토되어, 환인 지역의 초기 철기시대 토기 전통이 고구려까지도 이어졌음을 보여준다.

### 환인 망강루 고분군

망강루 적석총[23]은 환인현 아하향(雅河嚮) 석합달촌(石哈達村)의 북쪽 산의 구릉, 혼강의 강안 절벽 바로 위에 위치한다. 2004년에 6기의 적석총을 발굴조사하였는데, 모두 타원형 평면의 무기단석광적석묘로

1호묘·4호묘(15×13×1.6m)·6호묘(13.5×13×1.5m)가 상대적으로 크다. 4호묘는 암반을 얕게 파고 돌을 깐 다음 지상에 시신을 안치하였고, 나머지는 모두 지상에 돌을 깔고 시신을 안치한 뒤 다시 돌을 덮어 매장을 마감하였다.

고분군에서는 토기를 비롯하여 유리구슬 목걸이 장식(珠飾), 금제 귀걸이 장식(金製耳飾), 청동방울, 청동차관(車輨), 운주(雲珠), 철제 괭이(钁), 철제 제갈(馬銜), 철제 낚싯바늘, 철촉, 이전(耳璡) 등 다양한 유물이 출토되었다. 특히 금제 귀걸이 장식이나 유리 목걸이 장식, 청동방울, 이전 등은 부여와 관련한 것으로 알려져 있다. 망강루 고분군은 기원전 1세기대로 편년되는 고구려 국가 성립기의 적석총으로, 유적의 중요성에 비해 유구의 내용과 출토 유물에 대한 자세한 정보가 제대로 알려져 있지 않아 연구가 어려운 실정이다.

망강루 고분군 출토 토기는 4개의 파수가 부착된 장경호가 주류를 차지한다. 1호묘에서는 심발이 확인되고, 대각이 달린 것도 있다. 장경

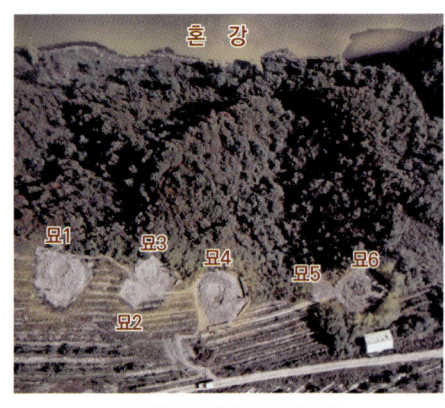 

① 유적 전경(오녀산성박물관)   ② 망강루 출토 유물(요녕성박물관)

**그림 14** ── 환인 망강루 고분군의 유적 전경과 출토 유물

호의 기본 형태는 만발발자 유적의 제4기 무덤 출토 토기와 유사하지만, 파수의 형태나 부착 위치는 다르다. 망강루 고분군 출토 장경호의 파수는 대체로 동체부 중앙에 부착된 반면, 만발발자 유적 출토 장경호는 동체 하단부에 있다. 또한 만발발자 유적 출토품은 돌기형파수를 기본으로 하나, 망강루 고분군은 횡방향 대상파수가 기본이라는 점에서도 차이를 보인다.

또 망강루 고분군에서 출토된 사이장경호는 유수(楡樹) 노하심(老河深) 고분군의 중층(2기) 혹은 서풍(西風) 서차구(西岔溝) 고분군 출토 토기와도 기형과 제작 기법 면에서 유사하며, 부여 계통과 밀접하게 연

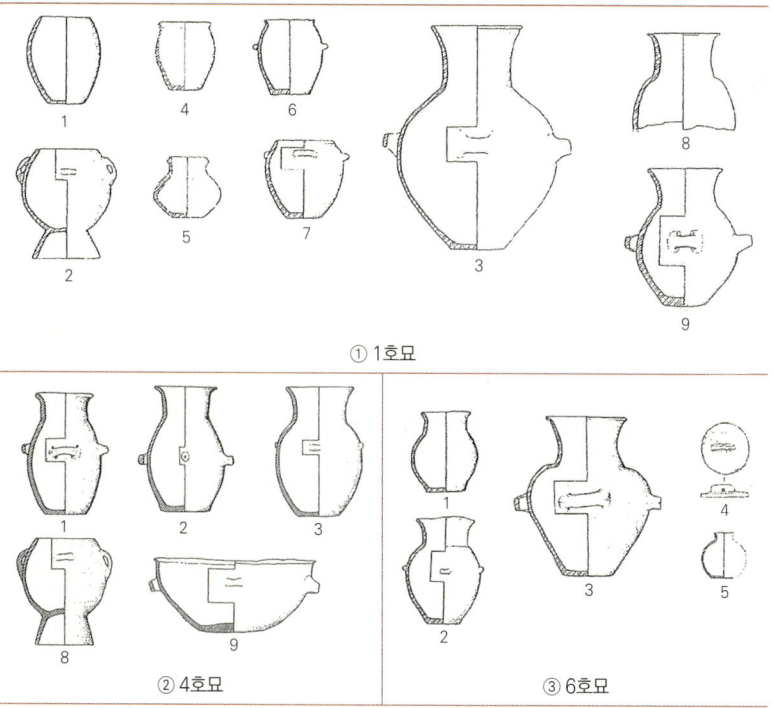

그림 15 —— 환인 망강루 고분군 출토 토기(孫顥, 2012: 도3-3)

관된 것으로 알려져 있다.[24] 신빈 용두산 석개묘에서도 유사한 형태의 사이장경호가 출토되었는데, 특히 2호묘에서는 안테나식 손잡이를 가진 동병철검(銅柄鐵劍)이 출토되어 서풍 서차구 고분군과도 연관되었음을 알 수 있다. 동병철검은 망강루 고분군에서도 출토된 것으로 전해지고 있다.[25] 형태적인 특징만으로 보면 '서차구 고분군-용두산 고분군-망강루 고분군' 순으로 편년해볼 수 있다.

한편 망강루 고분군 출토 토기는 오녀산성의 양상과는 차이를 보인다. 오녀산성에서는 종방향 대상파수가 부착된 심발 토기가 주를 이룬다. 만발발자 유적에서도 확인되는 것처럼, 생활유적과 무덤이라는 성격 차이에서 기인한 것일 수도 있다.

### 환인 오녀산성 유적

오녀산성[26]은 환인 시가지에서 동북쪽으로 약 8.5km 떨어진 오녀산(해발 806m)에 위치한다. 오녀산의 정상부는 남북 길이 600m, 동서 너비 110~200m가량의 넓은 평탄지이며 사방이 험준한 절벽으로 둘러싸여 있는데, 산성은 정상부와 완만하게 경사진 동쪽 산비탈을 이용하여 축조하였다. 제1기 문화층은 신석기시대 후기, 제2기 문화층은 청동기시대 후기, 제3기 문화층은 고구려 전기, 제4기 문화층은 고구려 중기에서 후기,[27] 제5기 문화층은 금대에 해당한다. 제3기 문화층은 II, IV구역과 III구역의 대형 건물지 부근에서 주로 확인되는데, 1호 대형 초석 건물지(J1)와 수혈(H5, H10, H11), 평면 형태가 원형계 혹은 말각장방형인 수혈 주거지(F35, F36, F47, F57)가 이에 해당한다. 주거지에는 노지(F35)나 간단한 부뚜막 시설(F47)만 설치되었으며 쪽구들은 발견되지 않았다.

| ① 심발(罐) | ② 심발(罐) | ③ 심발(罐) | ④ 파수부 배(杯) |
| F47호, 도77-4-4 | F57호, 도79 | H10호, 도83-5 | H11호, 도83-3 |
| 18.4×9.2×23cm | 11×6.8×16cm | 12×8×14cm | 6.6×6×8.6cm |

| ⑤ 파수부 발(罐) | ⑥ 파수부 발(罐) | ⑦ 파수부 발(罐) | ⑧ 파수부 동이(盆) |
| 3기 문화층, 도84-8 | 3기 문화층, 도84-3 | F47호, 도77-4-3 | F47호, 도77-4-5 |
| 구경 10cm | 구경 14cm | 구경 16cm | 구경 38cm |

**그림 16** ── 환인 오녀산성 출토 고구려 전기 토기(遼寧省文物考古研究所, 2004)

3기 문화층 출토 토기(그림 16)의 최소 개체수는 25점이다. 모두 가는 모래가 섞인 조질태토로, 니질태토는 확인되지 않는다. 토기는 손으로 빚어 제작하였고, 평저를 기본으로 한다. 색조는 황색(황갈색) 계통과 회색(회갈색) 계통이 거의 비슷한 비중을 차지하고 있다. 확인된 기종으로는 심발, 호, 동이, 합, 그리고 컵형토기가 있으며, 심발류가 압도적인 비중을 차지한다. 또한 2개 혹은 4개의 파수가 경부 바로 아래에 부착된 토기가 많이 확인되고 있는데, 특히 종방향 대상파수가 부착된 심발이 가장 큰 비중을 차지하고 있다. 종위 대상파수부 심발은 인근의 환인 왕의구 유적이나 집안 국내성 등에서 확인되고 있으나, 만발발자 유적이나 환인 망강루 적석총 등에서는 발견되지 않아 추후 논의가 필요하다. 다만 파수부 발 또는 파수부 동이 등은 토기의 형태나 파수의 특징을 고려해 볼 때, 만발발자 유적을 비롯한 청동기시대 후기의 토기 전통과 상통하는 것으로 볼 수 있다.

## 고구려 토기의 기원과 형성

고구려 토기의 기원 및 형성 과정에 대해서는 자료가 단편적인 상황이기 때문에 본격적인 논의가 이루어지지 못하였다. 그간의 연구 결과를 종합하면, 고구려의 국가 형성은 혼강과 압록강 중상류 일대를 중심으로 거주하면서 적석묘를 조영하였던 초기 철기시대의 재지 세력을 기반으로 하였음이 분명하다. 주몽이 부여 출신이라고 하지만, 토광묘를 기반으로 하는 부여의 묘제 전통은 고구려에서 전혀 확인되지 않는다. 다만 고구려 초기 적석총인 환인 망강루 고분군의 적석총에서 부여계 유물이 출토되고 있는 점에서 외부에서의 유입 가능성도 배제할 수는 없다.

박순발은 기형의 측면에서 압록강 중류 지역 및 혼강 유역 일대 청동기시대 토기인 공귀리유형 및 미송리형 토기에서 고구려 토기 연원의 단초를 찾을 수 있다고 보았다.[28] 고구려 토기의 특징적 요소인 대상파수(교상파수)의 연원을 청동기시대 토기에서 찾은 것으로, 청동기시대에 처음 등장하는 횡방향 또는 종방향의 대상파수가 초기 철기시대까지도 지역적 전통으로 이어져 내려오면서 고구려에까지 영향을 준 것으로 파악한 것이다. 그리고 고구려 토기에서 확인되는 니질태토와 마연기법(磨硏技法) 등의 요소는 전국시대 말에서 한나라 초기의 회도(灰陶) 제작 기법과의 연관성이 확인되는 바, 세죽리-연화보 유형의 철기문화가 요동 지역으로 전래되는 과정에서 고구려에 영향을 준 것으로 이해하였다. 즉 고구려 토기는 청동기시대부터 이어진 재래의 지역적 전통을 바탕으로 철기문화와 함께 새롭게 들어온 토기 제작 기술이 결합되어 형성되었다고 파악한 것이다.

최종택은 박순발의 견해에 대체적으로 동의하면서도, 고구려 형성기의 토기는 사립이 섞인 조질태토가 대부분이므로 니질태토로 일반화하기보다는 니질화(泥質化)라는 용어가 적절하다고 하였다. 또 북한의 자강도 시중군 노남리 유적의 상층에서 출토된 토기를 표지유물로 하는 노남리형 토기를 고구려 토기의 초현형(初現型)으로 제시하면서, 노남리 유적이 청동기시대부터 고구려까지 오랜 시간에 걸쳐 사용되었기 때문에, 상한 연대는 기원전 2세기까지 올려 볼 수 있으나 하한 연대에 대해서는 검토의 여지가 있다고 하였다.[29]

지금까지도 고구려 초기 토기의 출토 사례가 많지 않은데, 이른 시기의 고구려 토기는 잔석립이 혼입된 태토를 사용하였으며, 앞서 언급된 주요 특징 중의 하나인 니질태토와 마연기법은 확인되지 않는다. 오히려 마성자 동굴유적을 시작으로 요동 북부와 동부 지역에 널리 퍼진 청동기시대 토기에서 니질태토와 마연기법 혹은 기벽을 다듬어 윤을 내는 이른바 말광기법(抹光技法)이 관찰된다. 이는 만발발자 유적에서도 마찬가지이며, 청동기시대 이후 초기 철기시대가 되면 토기는 잔석립이 혼입된 태토로 제작된다.

이처럼 환인 오녀산성을 위시한 국가 성립기 고구려 유적의 토기에서는 니질태토와 마연기법이 확인되지 않고 있어서 이 두 요소를 재지적 전통의 계승이라고 보기는 어렵다. 이뿐만 아니라 철기문화의 도입과 함께 한반도에 전해진 토기 제작 기술, 즉 니질화된 태토, 타날기법, 가마의 사용 등과 같은 새로운 기술적 요소 역시 고구려 초기 토기에서는 발견되지 않으므로 직접적인 영향 관계를 상정할 수 없다.

사실 고구려 토기의 기원과 형성을 밝히기 위해서는 자료의 보완이 필요하지만, 그 열쇠를 쥐고 있는 중국과 북한에서 자료의 밀도 있는 공개가 이루어지지 않아 연구의 진전이 쉽지 않은 상황이다. 이번에 만발발자 유적의 발굴조사 보고서 발간에 맞춰 혼강 유역의 초기 철기시대와 고구려 초기 유적의 토기를 대상으로 비교·검토를 한다면 그 실마리를 찾을 수 있지 않을까 기대하였으나, 보고서 검토 결과 만발발자 유적에서 출토된 고구려 초기 자료가 거의 없음을 확인하였다.

이에 이 글에서는 고구려 건국의 핵심 지역이며 고구려 초기 토기의 기준으로 삼을 수 있는 환인 오녀산성 제3기 문화층과 망강루 고분군 출토품을 중심으로 그 인근에 분포하고 있는 초기 철기시대 및 고구려 초기 유적에서 출토된 토기를 함께 검토함으로써, 재지적 전통이 고구려 토기 형성에 어느 정도의 영향을 미쳤는지를 살펴보았다.

고구려 건국 전후 시점에 조성된 여러 유적에서 출토된 토기를 비교한 결과, 우선 생활유적과 무덤 출토 토기는 형태와 용도 면에서 유의미한 차이가 발견되었다. 초기 철기시대의 여러 유형의 적석계 무덤에서는 부장용으로 별도 제작된 소형 토기가 출토되고 있는데, 생활유적 출토 토기와는 다른 특징을 지닌 (장경)호와 (심)발의 세트 구성이라는 점도 주목된다. 생활유적과 무덤에서 보이는 차이는 오녀산성과 망강루 고분군에서도 마찬가지이다. 고구려 초기에도 초기 철기시대와 마찬가지로 실생활용 토기와 의례용 토기를 구분하였을 가능성이 있다.

오녀산성에서 집중적으로 출토된 종방향 대상파수가 부착된 심발은 혼강과 압록강 일대 고구려 전기 토기에서 가장 많이 보이는 대표적인 기종으로, 환인 왕의구 유적과 하고성자토성, 집안 국내성 등에서도 출토되고 있다. 반면 만발발자 유적에서는 이 토기가 발견되지 않았고, 파수가 부착되지 않은 심발과 소형 장경호에 부착된 작은 종방향 대상파수가 확인되었다. 물론 오녀산성 출토 심발은 고구려가 발원한 혼강과 압록강 중상류 유역에서 확인되는 초기 철기시대 토기와 기형적인 면에서 큰 차이가 있어, 그 연원에 대해서 추가적인 연구가 필요하다.

오녀산성에서 출토된 횡방향 대상파수가 부착된 발이나 동이 역시 환인과 통화 등지에 분포하고 있는 초기 철기시대 토기와는 직접적인 연관성을 분명하게 인지할 수 없었고, 토기의 전체적인 형태나 파수는 오히려 청동기시대 후기의 토기 전통과 연결되어 있다고 판단된다.

이처럼 고구려 초기에 가장 핵심적인 역할을 담당한 오녀산성에서 출토된 고구려 토기는 파수나 일부 기형에 청동기시대부터 이어지는 재지적 전통의 요소가 계승되었으며, 종방향 대상파수부 심발과 같은 일부 기종은 고구려 성립과 함께 새롭게 출현한 것으로 이해할 수 있다.

반면 고구려 초기 적석총을 대표하는 환인의 망강루 고분군에서 출토된 토기는, 만발발자 유적의 제4기 초기 철기시대 적석계 무덤 출토품과도 상당히 유사하다. 또 대상파수를 제외한다면 환인 풍가보자 고분군 출토품과도 기형적인 면에서 유사하여, 오녀산성과 달리 혼강 유역의 재지적 전통과 연결되어 있음을 알 수 있다.

그런데 망강루 고분군 출토 파수부 장경호(사이장경호)는 서풍 서차구 고분군이나 유수 노하심 고분군 등과 같은 부여 관련 유적 출토품과도 형태적으로 유사한 것으로 알려져 있다.[30] 망강루 고분군에서 출토된 금제 귀걸이 장식이나 동령, 유리제 이전 및 동병철검 등은 서차구 고분군이나 노하심 고분군에서도 모두 확인되고 있어, 이 토기 또한 부여의 영향을 받았을 가능성도 무시할 수 없다. 신빈 용두산 석개묘에서도 동병철검과 함께 유사한 토기가 확인되고 있으므로, 고구려 토기 성립의 계통 문제에 있어 또 하나의 중요한 단서가 된다.

## 꾸준한 연구의 축적을 기대하며

통화 만발발자 유적은 신석기시대부터 청동기시대와 초기 철기시대 및 고구려까지의 문화층이 확인되고 있어, 고조선에서 고구려로 이어지는 문화적 계통 관계를 밝힐 수 있는 매우 중요한 유적으로 평가받고 있다. 이에 이 글에서는 만발발자 유적의 출토 토기를 중심으로 고구려가 발원한 혼강과 압록강 중상류 유역의 초기 철기시대에서 고구려 초기에 이르는 토기 자료를 함께 검토함으로써, 고구려 토기의 기원과 형성 과정의 단서를 찾아보고자 하였다.

그 결과 우선 만발발자 유적의 발굴조사 보고서에 수록된 자료만으로는 고구려 토기의 기원 문제를 명확히 밝히기 어렵다는 점을 재차 확인할 수 있었다. 초기 철기시대로 편년되는 제4기 문화층의 출토 토기는 기본적으로 청동기시대의 토기 전통을 계승하면서도, 청동기시대와 달리 저부의 굽이 사라지면서 점차 평저화되는 양상이 관찰되었다. 그리고 청동기시대 토기에서 많이 확인되던 횡방향 대상파수도 초기 철기시대가 되면 거의 보이지 않았다. 또 제4기의 적석계 무덤에서 (심)발과 (장경)호의 세트 부장이 공통적으로 관찰되었는데, 이는 실용기에 비해 크기가 작아 부장용으로 별도 제작한 것이라고 판단된다. 이 적석계 무덤들은 묘제의 유형이 다름에도 유사한 형태의 토기가 공통적으로 부장되고 있음이 확인되었는데, 이들 무덤에서 출토된 토기는 청동기시대 후기부터 이어져 내려오는 전통을 계승하고 있었다. 지상에 매장주체부를 갖추었다는 점에서 고구려 적석총과 맥을 같이하는 무단석광적석묘에서도 동일한 토기가 출토되고 있어, 이러한 재지적 전통이 고구려 건국 이후까지도 계속된 것으로 보인다. 그러나 고구려 건국 이후에는 유적과 유물의 집중도가 현저히 감소하였는데, 이러한 현상은 만발발자 일대에 거주하였던 집단이 고구려 건국 과정에서 중요한 역할을 담당하지 않았음을 시사한다.

한편 이 글에서는 고구려 초기 토기의 기준이라 할 수 있는 환인 오녀산성 제3기 문화층과 망강루 고분군의 출토 토기를 만발발자 유적을 포함한 고구려 건국 전후 시점 유적의 출토 토기와 비교하여, 청동기시대 후기~초기 철기시대에 형성된 재지적 전통, 즉 기본적인 형태와 파수 등의 요소가 고구려 토기에도 부분적으로 이어지고 있음을 확인하였다. 다만 생활유적에서 주로 발견된 종방향 대상파수 부착 심발은 초기 철기시대의 토기 제작 전통과 직접적인 연결고리를 찾기 어려웠다.

기존에는 고구려 토기가 한나라를 위시한 중원의 영향을 받아 성립한 것으로 이해되기도 하였으나, 고구려 초기 토기는 주로 잔석립이 혼입된 태토를 이용하여 제작하였기에 니질태토와 마연기법은 거의 찾아볼 수 없었다. 오히려 이러한 특징은 마성자 동굴유적을 시작으로 요동 지역 전체에 널리 퍼진 청동기시대 토기에서 관찰되며, 초기 철기시대나 고구려 초기의 토기는 잔석립이 혼입된 태토로 제작되고 있어 재지적 전통의 계승이라고 보기 어렵다. 이뿐만 아니라 철기문화의 도입과 함께 한반도에 전해진 니질화된 태토, 타날기법, 가마의 사용 등과 같은 새로운 기술적 요소 역시 고구려 초기 토기에서 확인되지 않으므로 이 역시 직접적인 영향 관계를 상정하기 어렵다.

반면 망강루 고분군을 비롯한 혼강 유역의 적석계 무덤에서는 청동기시대 후기와 초기 철기시대의 전통을 계승한 토기가 고구려 초기까지도 일정 부분 이어지고 있음이 확인되었다. 그런데 망강루 고분군의 여러 유물은 부여와도 밀접하게 관련되어 있으므로 해석에 주의가 필요하다.

고구려 국가 형성기의 문화적 계통 문제는 토기뿐만 아니라 묘제와 금속기 등 다양한 물질문화를 종합적으로 다뤄야 함이 당연하지만, 이 글에서는 토기에 집중하여 살펴보았다. 고구려 토기의 기원과 형성 과정은 고구려 연구에 있어서 중요한 과제인 만큼 앞으로도 꾸준한 연구가 필요하다. 현재까지의 자료를 종합하면, 고구려 토기는 혼강과 압록강 중상류 일대에 거주하고 있던 집단이 청동기시대 후기부터 이어지던 토기 제작 전통을 일부 계승하고 부여를 비롯한 외부의 영향을 받아 형성된 것으로 이해하는 것이 합리적이라 하겠다.

# 주

1  吉林省文物考古研究所·通化市文物管理辦公室, 2019, 『通化萬發撥子遺址 考古發掘報告』, 科學出版社.

2  중국의 토기 기종 분류 방식이 우리나라와 달라, 보고서를 그대로 인용하는 경우가 아니라면 국문은 우리나라의 분류 기준에 따른 명칭을, ( ) 안은 보고서의 명칭을 따랐다.

3  보산문화는 천산산맥의 북쪽과 길림 합달령 일대에서 대략 기원전 5세기에서 기원전 2세기까지 유행한 대개석묘(대석개묘)와 두형토기를 표지로 하는 초기철기문화를 말한다. 보산문화의 두형토기는 대각의 내부가 비어 있는 공심형(空心形)과 속이 들어차 있는 실심형(實心形)으로 나뉜다. 공심형에는 투공이 뚫려 있는 것도 있다. 보산문화와 유사한 양상이 확인되는 문화를 요령성에서는 양천문화(涼泉文化)라고 부른다(이종수, 2013, 「松花江유역 初期鐵器文化의 변천과 夫餘文化 성립과정 고찰」, 『東洋學』 53, 6쪽).

4  起俊傑·金旭東, 2014, 「吉林九台市關馬山M1的時代, 文化性質及相關問題」, 『考古』 2014-3.

5  이 글에서는 기종을 확인할 수 있는 토기를 중심으로 속성표를 작성하였으며, 동체부 파편 등은 제외하였다. 생활유적은 문화층, 주거지, 수혈, 구상유구 등을 총칭한 것이다. 표면색의 적갈은 적색·적갈색, 황갈은 황색·황갈색·갈색, 흑갈은 흑색·흑갈색을 합친 것이다. 수제는 보고서에 기재된 것만을 표시하였다. 파수 속성에 2라고 표시된 것은 2쌍을 의미한다. 반이(鋬耳)는 돌기형파수를, 수이(豎耳) 또는 수교이(豎橋耳)는 종위상 파수 내지는 종위 대상파수를, 횡이(橫耳) 또는 횡교이(橫橋耳)는 횡위상 파수 내지는 횡위 대상파수를, 맹이(盲耳)는 흔적형 파수를 지칭한다.

6  보고서에서는 해당 심발을 한대(漢代) 무덤에서도 일반적으로 확인되는 것으로, 곤토령문화(滾兔嶺文化) 시기의 유적으로 알려진 흑룡강성(黑龍江省) 집현현(集賢縣) 영홍성지(永紅城址)의 수혈(H3) 출토품과 유사한 것으로 보았다(吉林省文物考古研究所, 2019, 『通化萬發撥子遺址 考古發掘報告』, 科學出版社, 520쪽). 그러나 관련 자료를 확인한 결과, 영홍성지 출토품(高愛

霞, 2007,「黑龍江省集賢縣永紅城址一,二,三號灰坑淸理簡報」,『北方文物』 2007-2)은 2점 모두 완(盌)으로 만발발자 유적에서 출토된 심발과는 전혀 다른 기형이다.

7 보고서에는 해당 유물(도3-4-1-3)을 장백현(長白縣)의 간구자(干溝子) 고분군 출토 천복관(吉林省文物考古硏究所, 2003,「吉林長白縣干溝子墓地發掘簡報」,『考古』 2003-8, 도11-6)과 유사한 것으로 설명하고 있으나, 크기 및 형태에서 차이가 커 직접적인 비교가 어렵다.

8 보고서에는 해당 유물(도3-4-5-4)을 환인 오녀산성 제3기 문화층에서 출토된 고구려 초기의 컵형토기(遼寧省文物考古硏究所, 2004,『五女山城-1996~1999, 2003年度桓仁五女山城調査發掘報告』, 文物出版社, 도84-6)와 유사한 것으로 설명하고 있으나, 크기 및 형태에서 차이가 있어 직접적인 비교는 어렵다.

9 하문식, 2008,「渾河 유역 고인돌의 특이 구조와 성격」,『東洋學』 43, 23쪽.

10 마성자문화는 태자하(太子河) 중상류역 주변에 형성된 석회암 동굴묘(洞窟墓) 출토 유물을 표지로 한다. 동굴묘는 토광묘 혹은 석관묘로, 단인장의 여러 무덤이 모여 있는 집단묘의 특징을 보인다. 장가보(張家堡) A동굴 유적처럼 50여 기의 무덤이 한 동굴에서 발견된 예도 있지만, 대부분 20기 내외가 군집을 이루고 있다. 주로 토기류가 발견되며, 석부·석착·돌자귀 같은 석기류와 청동환이나 청동귀걸이 같은 소형의 청동제 장식품도 소량 확인된다. 한편 마성자문화의 돌대문토기와 이중구연토기는 압록강 중상류와 하류를 거쳐 남한 청동기시대 조기문화의 형성에 큰 영향을 미친 것으로 알려져 있다. 고조선의 표지유물로 알려진 미송리식 토기의 발생 또한 마성자문화와 밀접한 관련이 있다(김승옥, 2015,「묘제의 특징과 변천」,『한국 청동기문화 개론』, 진인진, 48쪽).

11 두형토기는 지역적인 전통이 유지되고 있거나 앞 시기에 해당되는 유물일 가능성도 배제할 수 없다.

12 제5기에 속하는 것으로 보고된 도3-5-1-2의 토기는, 동체부에 작은 흔적 파수(盲耳)가 부착되고 굽이 있는 저부를 가진 직구호라는 점에서 고구려가 아닌 청동기시대 후기(제3기)로 판단된다.

13 趙裏萌, 2016,「多孔器硏究」, 吉林大學 碩士學位論文.

14　吉林省文物考古研究所, 2003, 「吉林長白縣干溝子墓地發掘簡報」, 『考古』 2003-8.

15　遼寧省文物考古研究所·本溪市博物館·桓仁縣文物局, 2016, 「遼寧桓仁縣 馮家堡子積石墓羣的發掘」, 『考古』 2016-9.

16　매장주체부가 지하에 마련되어 있어 대개석적석묘의 뚜껑이 없어졌을 가능성도 배제할 수 없다.

17　무덤 바깥에 놓인 2매의 큰 판석을 뚜껑돌(蓋石)로 보아, 대개석적석묘로 보기도 한다. M12호묘와 마찬가지로 적석분구묘로서 지상에 매장주체부를 마련한 것이 특징이다.

18　武家昌·王俊輝, 2003, 「遼寧桓仁縣抽水洞遺址發掘」, 『北方文物』 2003-2.

19　樊聖英, 2008, 「桓仁縣王義構高句麗時期遺址」, 『中國考古學年鑑 2007』, 文物出版社; 樊聖英, 2009a, 「桓仁縣王義溝鐵器時代遺址」, 『中國考古學年鑒 2008』, 文物出版社.

20　http://www.chinanews.com/cul/2020/01-17/9062897.shtml

21　金旭東, 2011, 「西流松花江, 鴨綠江流域兩漢時期考古學遺存研究」, 吉林大學 博士學位論文(미공개); 王志剛, 2016, 「高句麗王城及相關遺存研究」, 吉林大學 博士學位論文에서 재인용.

22　王志剛, 2016, 「高句麗王城及相關遺存研究」, 吉林大學 博士學位論文, 43쪽.

23　李新全, 2005, 「五女山山城及其周圍的高句麗早期遺跡」, 『고구려 문화의 역사적 의의』, 고구려연구재단.

24　王綿厚, 2009, 「試論桓仁"望江樓積石墓"與"卒本夫餘"-論高句麗起源和早期文化的內涵與分佈」, 『東北史地』 2009-6, 35쪽; 孫顥, 2012, 「高句麗陶器研究」, 吉林大學 博士學位論文, 111쪽.

25　오강원, 2015, 「선고구려·고구려 초기의 기술 혁신과 고분 구조와 장제의 전환-환일 일대를 중심으로」, 『삼국시대 국가의 성장과 물질문화1』, 한국학중앙연구원출판부, 25쪽.

26　遼寧省文物考古研究所, 2004, 『五女山城-1996~1999, 2003年度桓仁五女山城調査發掘報告』, 文物出版社.

27  양시은, 2020, 「오녀산성의 성격과 활용 연대 연구」, 『한국고고학보』 115.

28  박순발, 1999, 「高句麗土器의 形成에 대하여」, 『百濟研究』 29.

29  최종택, 2015, 「고구려 토기의 형성과 변천 과정 연구」, 『삼국시대 국가의 성장과 물질문화2』, 한국학중앙연구원출판부, 226쪽.

30  孫顥, 2012, 「高句麗陶器研究」, 吉林大學 博士學位論文, 111쪽.

# 찾아보기

## ㄱ

각저총  39
간구자(干溝子)  86, 182, 192
간구자 고분  275, 277, 278
간구자 적석총(장백)  127, 128
강상(崗上)  49
검파두식  177, 193
경형동기  178, 197, 202
고구려  11, 13, 172, 199, 207, 209, 211, 213
고구려현  21
고대자  175
고동북유형(古東北類型)  154, 155
고인돌  25, 35, 42
고자(高慈)  38
고장(高藏)  37
고조선  11, 173, 199, 207, 209, 211, 213
고조선연맹체  43
과형동검  180, 195, 202
관자  77
관전  173, 175, 181, 184, 189, 190, 194, 195, 197, 201~203, 207, 213
괘방자  175, 190
교류  172, 186, 197, 199, 203, 205, 207, 209~213
교역  188, 191, 211
교역망  43
구려(句驪)  37
구상유구  17
구획문경  197, 201, 206
글로컬리즘  85, 92
금창진  14
금창촌  173, 177, 178, 182, 195, 204
금창하  16
길림  11, 195, 203, 205, 207, 209, 211, 213
길림성문물고고연구소  14, 16
길림성박물원  17

## ㄴ

남산  37
내만구연발  209, 213
네트워크  173, 199, 201~203, 205, 207~209, 211~213
노남리 유적(시중)  242, 291
노하심 고분  293
노하심 유적(유수)  28, 35
누상(樓上)  49
니콜라예프카  80, 88, 205, 209

## ㄷ

다뉴구획문경　197, 201, 206
다뉴동경　186, 197, 199, 202, 203, 205, 209, 212, 213
다뉴성광문경　187, 202
다뉴엽맥문경　181, 197, 202
다뉴조문동경　203
다인합장　110, 118
다장묘　178, 179, 184, 194
단결-크로우노프카문화　211, 213
단경촉　234
단군　39
단군신화　39
단뉴동경　178, 197
단동　173, 175, 184, 189, 194, 195, 197, 201~203, 207, 211, 213
단장　118
단장묘　178, 181, 182, 184, 194
대개석묘　98, 99, 108, 110, 128, 130, 178, 182~185, 187, 194, 197, 212
대개석적석묘　17, 23, 30, 98, 99, 113, 121, 128, 129, 184~186, 194
『대동운부군옥(大東韻府群玉)』　39
대문구문화　86
대석개묘　129
대전자　174, 184
대전자 석관묘　30
동개궁모　190
동검　172, 173, 175, 177, 178, 180~182, 184, 187, 191~195, 197, 199~213
동과　180, 189~191, 194, 195, 199,
　　　201, 205, 212
동모　179, 181, 186, 187, 190, 194, 195, 199, 201~206, 209, 212
동병철검　172, 184, 195, 204, 205, 207, 209, 288, 293
동부　186, 187, 193, 198, 199, 201~203, 206, 207, 213
동북공정　13
동북사범대학　14
동북아시아　218
『동사절요(東史節要)』　39
동옥저　20
동요하　184, 194, 197, 199, 207, 213
동촉　187, 204
동환수도　190
두만강　205, 207, 209, 213
두형토기　203, 209, 213

## ㅁ

마멋(Marmot)　163
마성자문화　268, 270
만발발자(萬發撥子)　171~173, 177, 178, 182, 184~186, 191, 193~195, 197, 202, 204, 212
만발발자 유적　11, 13, 40, 49, 97, 137, 172, 219, 262
만발발자유적민속공원　12
만주족　12, 13
만주페스트　84
말광기법　291
망강루　182, 186
망강루 고분　275, 285~288, 290,

292, 293, 295
망강루 유적  28
망강루 적석총  125
망강촌  175, 201
매납  172, 173, 175, 177, 186~191, 194, 203, 212
맥(貊)  19
명도전  202, 203, 239
모피  156
몽고족  12
묘역식 대개석묘  114
묘역식 대개석적석묘  117, 130
묘자구(廟子溝) 유적  160
무기단석광적석묘  17, 31, 117
무기류  178, 182, 188, 190, 194, 195, 202, 204
무단석광적석묘  98, 99, 101, 115, 129
무단석광적석총  123
무덤  172, 180, 186, 192, 194, 205, 212, 213
무문식  197, 198, 201~203
무순  21
문화변동  172, 203
미하일로프카  205, 209

## ㅂ

반랍자  175, 197
반월형 철도  241
방단적석묘  11, 17, 98
방단적석석실묘  24
방제석검  186, 191, 193~195

번소  118, 124, 128, 129, 131, 132
벽화고분  39
보산문화(寶山文化)  24, 263, 266, 271, 284
본계  173, 175, 191, 201, 202, 207
봉성(鳳城)  175, 211
부여  124, 125, 129, 210, 213
부이강  18, 173, 175, 186, 205, 211
『북사(北史)』  36
비기령  175, 195, 202
비파형동검문화  22, 23, 172, 187, 193, 197, 212
비한식계 철기문화  255
비한식(非漢式) 철기  241

## ㅅ

『사기(史記)』  38
사이장경호  287, 288, 293
사평가  175, 181, 195, 202
사하촌  175
산룡촌  185, 186
『삼국사기(三國史記)』  36
삼도만자  175
삼진  188, 189, 195
삼차자  187, 198
상보촌(上堡村)  83
상보촌 석관묘  30
상보촌 유적  23
상보촌유형  23, 201, 207, 213
상호교류  254
상호작용  171, 173, 199, 211
서강(西江)  173, 177, 191, 211

서강 유적   152
서구   173, 177
서단산문화   105, 108, 121
서차구   195
서차구 고분   288, 293
서황산둔   91
서황산둔 대개석묘   30
서황산둔-보산문화   211, 213
서황산둔유형   184, 197
석개묘   128
석개석관묘(적석석개묘)   128
석개석광묘   131
석개석광적석묘   127, 128, 131
석곽묘   182
석곽석관묘   99, 110, 117, 121, 129
석관묘   99, 100, 105, 114, 117, 129, 178, 181, 182, 184, 194, 212
석범   177, 179, 186, 187, 195, 198
석붕   108, 129, 131
석붕묘(적석석붕묘)   128
석촉(石鏃)   220, 234
석촌동 고분군   138, 164
선형동부   186, 187, 193, 198, 199, 201~203, 206, 213
성광문경   187, 197, 202
세신형동모   201, 202, 204
세죽리   204, 207
세죽리-연화보유형   79, 218
세형동검   30, 35, 42
세형동검문화   11, 172, 173, 175, 177, 178, 181, 187, 193, 194, 197, 199~203, 205, 207~213
세형동모   203, 209

소노부   39
소도령   173, 177, 179, 186, 195, 197, 198, 201, 202
소자하   175, 186
소황구   175
수뉴형검파두식   193
수암 유적(안산)   250
수혈   17
수혈토광묘   99, 100, 104, 117
슬래그(鐵滓)   232
신빈   173, 175, 182~184, 192, 194, 195, 209
신흥촌   175, 195, 202
십대망   187
십이대영자문화   82
쌍산자   175, 180, 201
쌍조형동검   182, 195, 202~205, 207, 209, 213
쌍조형촉각식검   36, 42

―――――――――――― ㅇ ――――――――――――

아누치노   203
암문   271
압록강   14, 97, 126, 132, 133, 171~173, 175, 187, 188, 189, 194, 197, 203, 211, 212
압록강 유역   217
앙신굴지   101, 140, 144
앙신직지   101
양가   83
양랑문화   82
『양서(梁書)』   38

연국(燕國) 188~192, 202, 210, 217
연나라 계통(燕系) 217
연나라(燕産) 철기 239, 250
연남산 38
연하도 유적 157
연합적 대응 254
연해주 203, 205, 207, 209, 211, 213
연화보 유적 24, 35
엽맥문경 181, 197, 202
예(濊) 19, 36
예맥(濊貊) 13, 19, 37
예맥연맹체 43
오녀산 171, 172, 174, 191
오녀산성 261, 274, 285, 286, 288, 291~293, 295
오도령구문 175, 198, 202
오딘초보(odintsovo)문화 72
옥저 19, 37, 210, 213
완공(完工)무덤 159
왕검성 41
왕의구(王義溝) 175, 191, 211
왕의구 유적 23, 248, 283~285, 289, 292
왕팔발자 11, 16
요동(遼東) 171, 188, 194, 195, 199, 201~203, 205, 207, 209~213, 217
요동반도 41
요령식동과 180, 189, 195, 201
용두산 182~184, 192, 195, 204
용두산 석개묘 271, 288, 293
울루(ulu) 79
원고구려 242
『위서(魏書)』 39

위원 용연동 80
유가대원 174, 202
유가보자(劉家堡子) 유적 234
유문식 181, 197, 201, 202, 204
유엽형(柳葉形) 221, 246
유엽형동모 179, 181, 187, 201, 202
유적공원 13
의기류 178, 202
이뉴이트인 79
이맥 21
이전(耳瑱) 100, 106
이조돌대 주조철부 240
이즈웨스토프카 203, 209

## ㅈ

장경촉 234
장동호 271, 274
장백 171, 173, 175, 182, 189, 192, 195, 201, 203, 212
장백산 12
장백산맥 171
장천1호분 39
적백송 175, 177, 195, 202, 204
적백송고성 21, 80, 175
적석묘 108, 126~129, 131, 132, 182, 184~186, 190, 194, 199
적석분구식 대개석묘 114
적석분구식 대개석적석묘 114, 117
적석총 97~99, 115, 119, 120, 121, 125~130, 132~134
전국시대 화폐 175, 188, 194
전립자 175, 189

점토대토기  23~25, 35, 42
점토대토기문화  175, 177, 201~203, 207, 213
점토대토기발  182, 186, 192
정가와자 유적  150
정가와자유형  163
제련 공정  238
조가보자  175, 201
조국(趙國)  192
조선  37
조선족  12
주거  172, 177, 191~194
주거지  17
주몽(朱蒙)  38, 39
주조철겸  248
주조철기  191, 202, 203
주조철부  177, 186, 193, 220
중원계통  175, 188, 189, 194, 203, 211~213
중원식동과  189
직육면체 토기  272, 274
진국(秦國)  188, 190, 191
집안  14, 173, 175, 195, 197, 198, 201, 203, 212
집장묘(集葬墓)  137

## ㅊ

착두형(鑿頭形)  221, 246
창해군  211, 213
채람둔  182, 195
천산산맥  18, 172, 173, 175, 194, 199~203, 205, 207, 210, 211, 213, 217
천장  101, 114, 118
철검  172, 184, 195, 204, 205, 207, 209
철관  250
철기문화  203, 205, 207~209, 211, 217
철기 생산 전문 거점  254
철삽(鐵鍤)  240
철제 농공구  217
철촉(鐵鏃)  204, 209, 213, 220
청동검초  180, 195
청동공구  194
청동단검문화  171, 172, 212
청동무기  175, 177, 188, 189, 191, 194, 195, 199, 203, 205, 212, 213
청동의기  194, 197, 205, 213
청동장식  194, 204
청동차마구  189
청동화폐  175
초기 고구려  218
추몽(鄒蒙)  38
추수동(환인)  80, 174, 191, 204
추수동 유적  247, 282~284
취족이장(聚族而葬)  138
측신굴지  101
칠원일근  80, 88
침형검파두식  193

## ㅌ

토광묘  128, 178, 179, 194, 212
토성동  209

통화　11, 14, 171~173, 175, 177~179, 181, 182, 184~186, 191, 193~195, 197~199, 201~203, 205, 207~209, 211~213
통화시문물관리실　14
통화시박물관　12
통화장백산민속박물관　12

## ㅍ

팔도구(장백)　80
페스트　162
평양　202, 207, 209
평양묘장　159
포석하　173
풍가보자　174, 185, 186, 192
풍가보자 고분　271, 275, 278, 279, 281, 293

## ㅎ

하가점상층문화　81
하민 유적　84
한나라　225
한나라(漢式) 철기　250
한대　191, 193, 203, 205, 207, 209, 211
『한서(漢書)』　38
합니하　18
합달령(길림)　150
합민망합(哈民忙哈) 유적　160, 161
합장　118
합장묘　137
합주식검　204
헌수봉제(獻首封祭)　158
현도군　20, 21, 37, 38
호로투촌　86
혼강　14, 18, 97, 126, 130, 132, 133, 171~173, 175, 177, 178, 181, 185~188, 191, 194, 197~203, 205, 207~212, 242
홍산문화　84
화살촉　220
화수하구　173, 177, 193
화장　106, 113, 130, 131, 178, 182~184, 186, 194
환구　177, 193
환인　18, 129, 130, 171~175, 177, 182, 184~186, 191~195, 197~199, 201~203, 205, 207~209, 211~213
환호　17
환희령　175, 189, 202
후가장(侯家庄)　72
『후한서(後漢書)』　36, 38
훼손된 주조철부　245
휘발하　184, 187, 194, 197, 199, 207, 209, 213

동북아역사재단 연구총서 130
길림성 통화 만발발자 유적
## 고조선과 고구려의 만남

초판 1쇄 인쇄   2021년 10월 25일
초판 1쇄 발행   2021년 10월 31일

지은이   박선미, 강인욱, 강현숙, 이종수, 이후석, 김상민, 양시은
펴낸이   이영호
펴낸곳   동북아역사재단

등 록    제312-2004-050호(2004년 10월 18일)
주 소    서울시 서대문구 통일로 81 NH농협생명빌딩
전 화    02-2012-6065
팩 스    02-2012-6189
홈페이지   www.nahf.or.kr
제작·인쇄   (주)동국문화

ISBN    978-89-6187-659-9   93910

• 이 책은 저작권법으로 보호를 받는 저작물이므로 어떤 형태나 어떤 방법으로도
  무단전재와 무단복제를 금합니다.
• 책값은 뒤표지에 있습니다. 잘못된 책은 바꾸어 드립니다.